Macros y lenguaje VBA

Descubra la programación en Excel

2ª edición

Jean-Philippe André

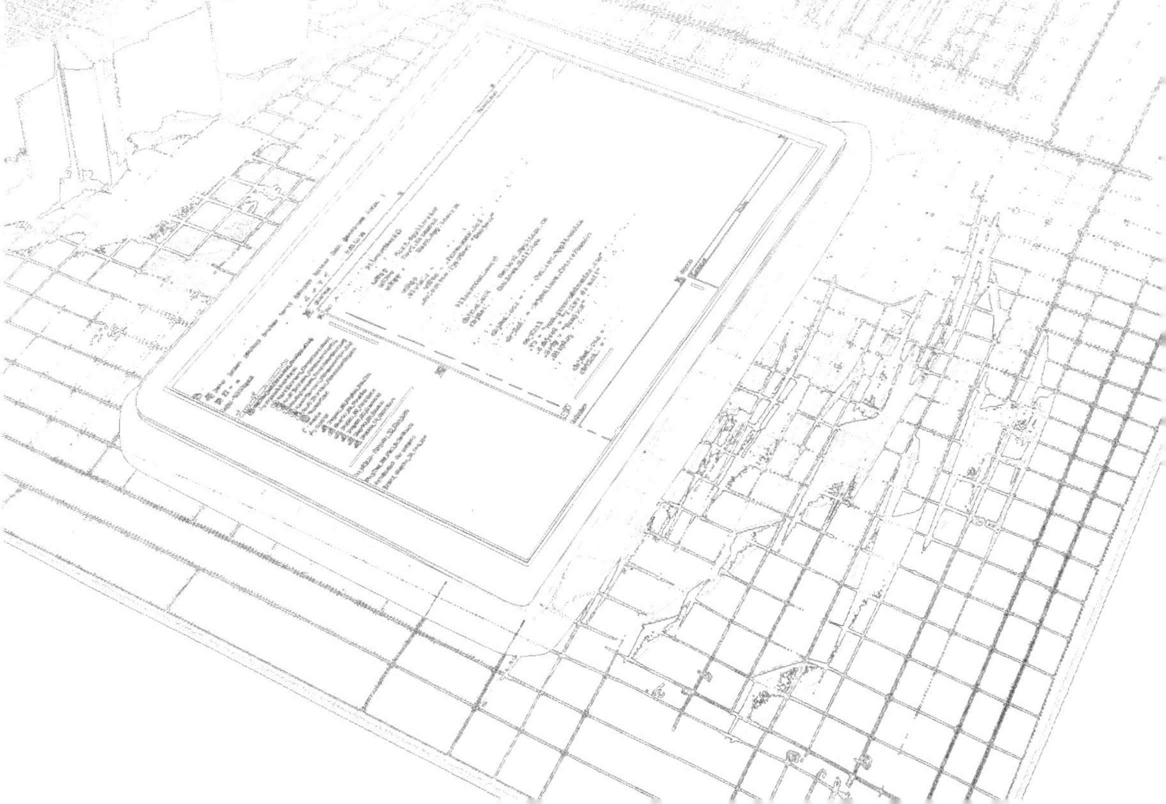

ISBN: 978-2-409-04606-3
Edición original: 978-2-409-04185-3

Ediciones ENI

P° Ferrocarriles Catalanes, 97-117, 2a pl. of. 18
08940 - Cornellà de Llobregat (Barcelona)

Tel: 934 246 401
Fax: 934 231 576

e-mail: info@ediciones-eni.com
http://www.ediciones-eni.com

Autor: Jean-Philippe ANDRÉ
Edición española: Rosa Ana RAMOS GIRALDEZ, Emiliano LLANO DÍAZ
Colección **Objetivo: Soluciones** dirigida por Corinne HERVO

Para poder acceder durante un año
a la versión online de este libro,
envíenos su justificante de compra a

librodigital@ediciones-eni.com

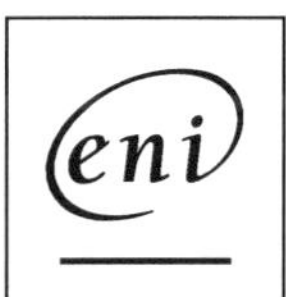

Capítulo 1
Introducción

A. Introducción 25
B. Objetivos de esta obra 25
C. Sus objetivos al empezar a programar en VBA – Filosofía general 26
   1. 1/ Funciona 27
   2. 2/ Se optimiza 27
   3. 3/ Se refactoriza 27

Capítulo 2
La grabadora de macros

A. Objetivos 31
B. La cinta de opciones de Excel y la pestaña Programador 31
   1. Activar la pestaña Programador 31
C. Usar la grabadora de macros 33
   1. Para qué sirve la grabadora de macros 33
   2. Determinar la serie de acciones que quiere reproducir en el código 34
   3. Iniciar la grabación 34
   4. Realizar las acciones que se han de grabar 36
   5. Detener la grabación 37
D. Ejecutar una macro grabada 37
E. Mostrar el código de la macro 38
F. Primera noción en VBA: los comentarios 40
G. Practicar la grabación de macros 40
   1. Caso 1 40
   2. Caso 2 40
   3. Caso 3 41
H. Liberarse de la grabadora de macros 41
   1. Aprender de sus errores para progresar 41
I. Grabar el libro usando macros 41
J. Formato del archivo con macros 43
   1. Antes de Office 2007: una sola extensión, xls 43
   2. Después de Office 2007 43
      a. Archivo sin macros: xlsx 43
      b. Archivo con macros: xlsm 43
      c. Otras extensiones: xlam, xlsb 44
K. Conclusión 44

Capítulo 3
El entorno de programación VBE

A. Objetivos del capítulo 47
B. Acceder al entorno de programación........ 47
  1. Por medio de la cinta de opciones 47
  2. Con un método abreviado de teclado 48
C. El entorno de programación VBE 48
  1. El Explorador de proyectos y la ventana Propiedades 49
    a. Libros y sus hojas 49
    b. Formularios........ 50
    c. Módulos........ 50
    d. Módulos de clase 51
    e. Ventana Propiedades........ 51
  2. Menú y barras de herramientas........ 52
  3. Zona de edición de código........ 52
  4. Ayuda de Office y Examinador de objetos 53
D. Configurar el entorno VBE 55
  1. Ventana Inmediato 55
  2. Ventana Inspecciones 55
  3. Barra de herramientas Edición........ 56
  4. Accesibilidad y mejora de la lectura........ 57
E. Conclusión........ 58

Capítulo 4
Ejecutar un programa y reglas de escritura

A. Objetivos del capítulo 61
B. Ejecutar un programa desde la cinta de opciones 61
C. Ejecutar un programa desde VBE........ 61
  1. Usar la barra de herramientas 61
  2. Usar un método abreviado de teclado........ 62
  3. Usar la ventana Inmediato 62
    a. Ejecutar un procedimiento o una macro........ 62
    b. Ejecutar una función 63
  4. Ejemplo con una macro grabada 64
D. Modo paso a paso........ 64
E. Puntos de interrupción 65
F. Reglas de escritura de un programa........ 66
  1. Programación imperativa 66

2. Respetar una sangría 66
3. Un programa que viaja 67
G. Para lo que resta de este libro 67

Capítulo 5

Comunicarse con el usuario: MsgBox e InputBox

A. Objetivo del capítulo 71
B. Mostrar un mensaje al usuario: MsgBox 71
1. Usar MsgBox para un despliegue básico 72
2. Propiedades y sintaxis general del cuadro de diálogo MsgBox 73
a. Sintaxis general de la función MsgBox 73
3. Texto y despliegue en varias líneas 74
a. Mostrar en varias líneas la constante vbLf 74
4. Botones 74
a. Mostrar un solo botón 75
b. Mostrar dos botones 75
c. Mostrar tres botones 76
d. Tabla recapitulativa de los posibles botones 77
5. Iconos 78
a. Mensaje crítico: vbCritical 78
b. Mensaje de advertencia: vbExclamation 78
c. Mensaje de información: vbInformation 79
d. Mensaje de interrogación: vbQuestion 79
e. Tabla recapitulativa de los posibles iconos 80
6. Título 80
7. Algunas constantes particulares 80
8. Mostrar un botón Ayuda 81
a. Seleccionar un botón predefinido 81
b. Alinear el texto a la derecha 82
c. Mostrar la información de derecha a izquierda 82
9. Respuesta del usuario, clic en un botón 83
a. Tabla de botones que responden a un clic 83
C. Pedir información al usuario: Application.InputBox 84
1. Application.InputBox o VBA.InputBox 84
2. Diálogo básico 84
3. Propiedades y sintaxis general del cuadro de diálogo Application.InputBox 85
a. Sintaxis general de la función Application.InputBox 85
4. Texto y título: Prompt y Title 85
5. Valor predefinido: Default 86

6. Opciones de ayuda: HelpFile y HelpContextId ... 86
7. Tipo de valor introducido: Type ... 86
8. Valor que devuelve una función ... 87
D. Ejercicios ... 88
1. Función MsgBox ... 88
a. Hola a todo el mundo ... 88
b. Juego de botones ... 89
c. Juego de iconos ... 89
d. En qué botón se hizo clic ... 90
2. Función InputBox ... 91
a. Diálogo básico ... 91
3. Información predefinida ... 91

Capítulo 6

Variables y constantes

A. Definiciones ... 95
B. Declarar variables ... 95
C. Tipos de datos ... 96
1. Tipos numéricos ... 96
a. Valores enteros – Byte, Integer y Long ... 96
b. Valores decimales – Single, Double y Currency ... 97
2. Otros tipos de datos ... 98
a. Valores booleanos ... 98
b. Cadenas ... 98
c. Fechas y horas ... 99
3. Tipo Variant ... 99
4. Tabla recapitulativa ... 99
D. Hacer una declaración múltiple ... 100
E. Asignar un valor a una variable ... 101
F. Leer el valor de una variable ... 101
G. Convertir un tipo de dato en otro ... 102
H. Matrices ... 103
1. Concepto de matriz ... 103
2. Declarar una matriz ... 103
a. Matriz de tamaño fijo ... 103
b. Matriz de tamaño dinámico ... 104
c. Matriz multidimensional ... 104

3. Instrucción ReDim . . . 105
a. Conservar los datos presentes en una matriz – Preserve . . . 105
4. Option Base . . . 106
5. Conocer los límites de una matriz: LBound y Ubound . . . 106
6. Alimentar varios valores de una matriz: Array . . . 107
7. Borrar el contenido de una matriz: Erase . . . 107
I. Constantes . . . 108
1. Constantes de usuario . . . 108
2. Constantes de Office . . . 109
J. Convención de nomenclatura . . . 109
1. Nombre único para las variables . . . 109
2. Reglas generales de nomenclatura . . . 110
3. Convención de nomenclatura de variables y constantes . . . 110
a. Nombre explícito . . . 110
b. Nombre legible . . . 111
c. Nombres de variables o de constantes . . . 111
d. Nombre de tipos . . . 111
4. Convención de nomenclatura de controles . . . 112
5. Convención de nomenclatura de objetos de Excel . . . 113
K. Ejercicios . . . 113
1. Declaraciones simples de variables . . . 114
2. Declaraciones múltiples de variables . . . 114
3. Asignar valores . . . 115
a. Cadena . . . 115
b. Fecha . . . 115
c. Booleano . . . 115
d. Numérico . . . 115
e. Constante . . . 115

Capítulo 7

Procedimientos, funciones y macros

A. Objetivos del capítulo . . . 119
B. Procedimientos, funciones y macros . . . 119
1. Procedimientos . . . 119
a. Declarar un procedimiento . . . 119
b. Llamar a un procedimiento . . . 120
2. Funciones . . . 121
a. Declarar una función . . . 121
b. Llamar a una función . . . 121

3. Macros ... 122
   a. Declarar una macro ... 122
   b. Llamar a una macro ... 122

C. Public o Private, todo es cuestión de ámbito ... 122
1. Noción de ámbito ... 123
2. Ámbito de las variables ... 123
3. Duración de vida de las variables ... 124
4. Ámbito de procedimientos y funciones ... 124

D. Parámetros ... 125
1. Sintaxis general ... 125
2. Diferencias entre ByRef o ByVal ... 126
   a. Pasar por referencia: ByRef ... 126
   b. Pasar por valor: ByVal ... 126
3. Parámetros opcionales ... 127
4. Llamar a un procedimiento que requiere parámetros obligatorios u opcionales ... 128

E. Ejercicios ... 130
1. Escribir macros ... 130
   a. Macro privada ... 130
   b. Macro pública ... 130
2. Escribir procedimientos ... 130
   a. Procedimiento de visualización ... 130
3. Compartir variables públicas ... 130
4. Escribir funciones ... 131

Capítulo 8

Condiciones

A. Objetivos del capítulo ... 135

B. Estructuras condicionales ... 135

C. Noción de prueba ... 135

D. Condición Si Entonces - If Then ... 136

E. Condición Si no - Else ... 137

F. Condición Si no Si - ElseIf ... 137

G. Condición Selección de casos - Select Case ... 139

H. Condición condensada: IIf ... 141

I. Ejercicios ... 142
1. Si entonces ... 142
2. SI si no ... 143

3. SI si no si ... 143
4. Según Valor ... 143
5. Condición condensada ... 144

Capítulo 9

Bucles

A. Objetivos ... 147
B. Situaciones de uso de los bucles ... 147
C. ¿Qué es un bucle? ... 148
D. Diferentes tipos de bucles ... 149
1. Bucles For Next ... 149
2. Bucles Do Loop ... 150
3. Concepto general ... 151
a. Bucles Do Until ... 151
b. Bucles Do While ... 152
4. Bucles While Wend ... 153
5. Bucle For Each Next ... 153
E. Bucle infinito y otros tipos de errores relacionados con los bucles ... 154
1. Bucle infinito ... 154
2. Superar la capacidad ... 155
F. Salir de un bucle ... 155
1. Salir de un bucle For - Exit For ... 155
2. Salir de un bucle Do - Exit Do ... 156
G. Resumen según el caso ... 156
H. Ejercicios ... 157
1. Bucles For Next ... 157
a. En incrementos de 1 en 1 ... 157
b. En incrementos de 2 en 2 ... 157
c. Decrementando ... 157
d. En incrementos por medio de un parámetro ... 157
2. Bucle Do Loop ... 158
a. Hacer mientras que ... 158
b. Hacer hasta que ... 158
3. Salir de un bucle ... 158
a. Salir de un For Next ... 158

Capítulo 10

Operadores

A. Objetivos del capítulo . . . 161
B. Operador de asignación = . . . 161
C. Operadores aritméticos . . . 161
1. Operadores de base . . . 161
a. Suma + . . . 162
b. Resta - . . . 162
c. Multiplicación * . . . 162
d. División / . . . 162
2. División entera \ . . . 162
3. Operador módulo mod . . . 162
4. Exponente ^ . . . 162
D. Operadores de comparación . . . 163
1. Estrictamente superior a > . . . 163
2. Superior o igual a >= . . . 163
3. Estrictamente inferior a < . . . 163
4. Inferior o igual a <= . . . 163
5. Igual a = . . . 163
6. Diferente de <> . . . 163
7. Operadores Like e Is . . . 163
E. Operadores de lógica u operadores booleanos . . . 164
1. Operador Y - And . . . 164
2. Operador O – Or . . . 164
3. Operador NO – Not . . . 164
4. Operador O EXCLUSIVO – Xor . . . 165
F. Prioridad de los operadores . . . 165
G. Ejercicios . . . 166
1. Operadores aritméticos . . . 166
a. Operaciones de base . . . 166
b. División euclidiana . . . 167
2. Operadores de comparación . . . 167
a. Comparaciones de valores numéricos . . . 167
b. Comparación de fechas . . . 167
3. Operadores lógicos . . . 168
a. Las mujeres y los niños, primero . . . 168
b. Guante derecho o izquierdo . . . 168

Capítulo 11
Manipular cadenas

A. Objetivos del capítulo 173
B. Concatenar cadenas: & 173
C. Longitud de una cadena: Len() 174
D. Porción de un texto: Left(), Right(), Mid() 175
   1. Tomar caracteres de la izquierda: Left() 175
   2. Tomar caracteres de la derecha: Right() 176
   3. Tomar caracteres del interior de una cadena: Mid() 177
E. Mayúsculas y minúsculas: UCase(), LCase() 177
   1. Transformar una cadena en mayúsculas: UCase() 177
   2. Transformar una cadena en minúsculas: LCase() 178
F. Presencia de una subcadena en una cadena: InStr(), InstrRev() y Like 179
   1. Obtener la posición dentro de un cadena: InStr() 179
   2. Obtener la posición de una cadena empezando por el final: InstrRev() 180
   3. Operador Like 180
G. Borrar espacios de más: Trim() 181
H. Cortar en una matriz, reagrupar: Split, Join 182
   1. Función Split() 182
   2. Función Join() 183
I. Trabajar combinando varias funciones 183
J. Ejercicios 184
   1. Concatenar cadenas 184
      a. Símbolo a su elección 184
      b. Un solo símbolo posible 184
   2. Partes de una cadena 185
      a. Más corto o largo 185
      b. Descomponer una fecha 185
   3. Cadenas en mayúsculas o minúsculas 187

Capítulo 12: Manipular fechas y horas

A. Objetivos del capítulo 191
B. Recordatorio sobre la gestión general de fechas 191
C. Gestión de fechas en VBA Excel 192
   1. No confundir valor y formato 192
   2. Priorizar los años con cuatro cifras 192
D. El tipo Date 192

E. Funciones Date y Now ... 193
1. Función fecha del día: Date() ... 193
2. Función fecha y hora del sistema: Now() ... 193
F. Crear una fecha o una hora: las funciones DateSerial() y TimeSerial() ... 194
1. Asignar una fecha precisa: DateSerial() ... 194
2. Asignar una hora precisa: TimeSerial() ... 194
G. Suma y resta de fechas ... 195
1. Por suma numérica ... 195
2. Función DateAdd() ... 196
H. Partes de una fecha o de una hora ... 197
1. Año, mes o día de una fecha: Year(), Month(), Day() ... 197
2. Día de la semana de una fecha: WeekDay() ... 198
3. Horas, minutos y segundos de una fecha: Hour(), Minute() y Second() ... 199
4. Todas las otras partes de una fecha: DatePart() ... 200
I. Formatear el despliegue de la fecha en forma de texto: FormatDateTime() y Format() ... 201
1. Función específica: FormatDateTime() ... 201
2. Función genérica: Format() ... 202
J. Transformar un valor en fecha u hora: IsDate(), DateValue(), TimeValue() y CDate() ... 203
1. ¿Es este texto una fecha válida?: IsDate() ... 203
2. Recuperar la fecha, la hora o la cadena completa: DateValue(), TimeValue() y CDate() ... 204
K. Ejercicios ... 204
1. Mostrar la fecha y la hora actuales del sistema ... 204
a. Hora del sistema ... 204
b. Fecha actual ... 205
2. Crear una fecha y una hora ... 205
a. Uso de DateSerial ... 205
b. Uso de TimeSerial ... 205
3. Suma y resta de fechas ... 205
a. Hasta el próximo año ... 205
b. La semana pasada ... 206
4. Partes de una fecha ... 206
a. Tratamientos del 2.° trimestre ... 206
b. Tratamientos en semanas ... 207
5. Un poco de buen formato ... 207

Capítulo 13
Manipular celdas de Excel

A. Objetivos del capítulo 211
B. Objeto y variable Range.... 211
  1. Objeto Range.... 211
  2. Variable de tipo Range.... 212
    a. Declaración 212
    b. Asignación.... 212
    c. Uso 212
C. Objeto Cells.... 213
D. Algunas celdas particulares: ActiveCell, Selection y Target 214
  1. Celda activa: ActiveCell 214
  2. Selección activa: Selection.... 215
  3. Celda(s) implicada(s) en los eventos de Excel: Target.... 215
E. Propiedades de las celdas 216
  1. Definir una propiedad.... 216
  2. Contenido de una celda: Value, Value2.... 216
  3. Ubicación de una celda 218
    a. Fila, Columna, Dirección: Row, Column y Address.... 218
    b. Desplazarse a otras celdas: Offset 219
  4. Formato de una celda 219
    a. Texto, tipografía: Font.... 219
    b. Color de fondo de la celda: Interior 220
    c. Tamaño de la celda: ColumnWidth, RowHeight 222
F. Métodos aplicados a las celdas.... 222
  1. Definición de un método 222
  2. Activar y seleccionar una celda.... 223
    a. Activar una celda: Activate 223
    b. Seleccionar una celda o un rango de celdas: Select 223
  3. Copiar, cortar y pegar datos de las celdas: Copy, Cut, Paste.... 223
    a. Copiar y pegar un rango de celdas: Copy.... 223
    b. Cortar y pegar un rango de celdas: Cut 224
    c. Pegado especial de un rango de celdas: PasteSpecial.... 224
  4. Combinar o separar celdas: Merge, UnMerge 225
G. Ejercicios 225
  1. Valor en una celda 226
    a. Con activación 226
    b. Sin activación 226

2. Un poco de color. 226
3. Copiar y pegar celdas 226
a. Con el método Copy. 226
b. Sin el método Copy 226
4. Columnas y filas de celdas 227

Capítulo 14

Manipular hojas de Excel

A. Objetivos del capítulo 231
B. Colección de hojas de un libro: Worksheets. 231
1. Mostrar la lista de hojas 231
2. Conocer el número de hojas de cálculo: Count 232
3. Agregar, mover o suprimir una hoja: Add, Move, Delete 232
a. Añadir una hoja: Add. 232
b. Desplazar una hoja: Move. 233
c. Suprimir una hoja: Delete 233
C. Objeto Hoja de cálculo: Worksheet 233
1. Hojas de cálculo en la interfaz VBE 233
2. La hoja activa: ActiveSheet 234
3. Declarar un objeto Worksheet 234
4. Asignar un objeto Worksheet. 234
a. Asignar a partir del índice de la hoja 235
b. Asignar usando el nombre de la hoja. 235
c. Asignar apuntando a la hoja activa 235
d. Asignar usando el CodeName de la hoja. 235
e. Error al asignar 236
5. Principales propiedades de una hoja 236
a. Nombre de la hoja: Name 236
b. Mostrar u ocultar una hoja: Visible 237
c. Acceder a las celdas: Cells, Range. 237
d. Acceso a rangos con nombre: Names 238
e. Diseño para imprimir: PageSetup 238
6. Principales métodos de una hoja 239
a. Seleccionar una hoja: Select 239
b. Imprimir una hoja: PrintPreview, PrintOut 239
D. Eventos en las hojas. 240
1. Definir un evento en VBA. 240
2. Gestión de eventos en el Editor de Visual Basic 241
3. Activar o desactivar eventos: EnableEvents. 242

4. Algunos eventos para las hojas ... 242
a. Activar o desactivar una hoja: Worksheet_Activate y Worksheet_Deactivate ... 242
b. Doble clic en una celda: Worksheet_BeforeDoubleClick ... 243
c. Clic derecho en una celda: Worksheet_BeforeRightClick ... 243
E. Manipular datos en varias hojas ... 243
1. Copiar de un hoja, pegar en otra ... 243
2. Comparar los datos de varias hojas ... 244
F. Ejercicios ... 244
1. Hoja activa * ... 244
2. Copiar de una hoja a otra * ... 244
3. Número de hojas del un libro * ... 245
4. Jugar con el color de las hojas * ... 245
5. Organizar eventos ... 246
a. Clic derecho ... 246
b. La modificación ... 246

Capítulo 15
Manipular libros

A. Objetivos del capítulo ... 249
B. Colección de libros de la aplicación: Workbooks ... 249
1. Mostrar la lista de libros ... 249
2. Conocer el número de libros abiertos: Count ... 250
3. Crear, abrir o cerrar un libro: Add, Open, Close ... 250
a. Crear un libro: Add ... 250
b. Abrir un libro: Open ... 251
c. Cerrar un libro: Close ... 252
C. Objeto libro: Workbook ... 252
1. Libros en la interfaz VBE ... 252
2. Libro activo y aquel que contiene el código VBA: ActiveWorkbook y ThisWorkbook ... 253
3. Declarar un objeto Workbook ... 253
4. Asignar un objeto Workbook ... 254
a. Asignar a partir del índice del libro ... 254
b. Asignar usando el nombre del libro ... 254
c. Asignar apuntando al libro activo ... 254
d. Asignar al crear o al abrir ... 254
5. Principales propiedades de un libro ... 255
a. Acceder a las hojas de un libro: Worksheets y Sheets ... 255

b. Nombre y ruta de un libro: Name, FullName y Path 255
c. Rangos nombrados en el ámbito del libro: Names 255
6. Métodos principales de un libro. 256
a. Activar un libro abierto: Activate 256
b. Guardar un libro: Save, SaveAs 256
c. Imprimir un libro: PrintPreview, PrintOut. 257
D. Eventos en los libros 257
1. Gestión de eventos en el Editor de Visual Basic 257
2. Algunos eventos para los libros 258
a. Abrir el libro: Workbook_Open 258
b. Guardar el libro: Workbook_BeforeSave 258
c. Cerrar el libro: Workbook_BeforeClose 259
d. Activar o desactivar el libro: Workbook_Activate y Workbook_Deactivate 260
e. Agregar una hoja: Workbook_NewSheet 260
f. Eventos para cada hoja del libro. 260
E. Manipular datos de varios libros 261
F. Ejercicios 262
1. Usar ThisWorkbook. 262
a. Ubicación del libro 262
b. Nombre de la hoja activa. 262
2. Crear, guardar y cerrar un libro 262
a. Crear un libro 262
b. Guardar un nuevo libro 262
c. Cerrar un libro 263

Capítulo 16

Manipular la aplicación Excel

A. Objetivos 267
B. Objeto Application 267
1. Declarar la aplicación Excel. 268
2. Ejecutar una nueva aplicación Excel o usar la actual. 268
3. Cerrar una aplicación Excel: Quit. 269
4. Propiedad común a los objetos: Parent. 269
C. Propiedades del objeto Application 269
1. Objetos activos: ActiveXX. 269
2. Propiedades de despliegue: DisplayXX, Visible 270
a. Mensaje de advertencia: DisplayAlerts 270
b. Mostrar la barra de fórmulas: DisplayFormulaBar 270

c. Mostrar la barra de estado: DisplayStatusBar 271
d. Mostrar u ocultar la aplicación Excel: Visible 271
3. Modo de cálculo: Calculation 271
4. Habilitar eventos o sonidos: EnableEvents, EnableSound 272
a. Habilitar procedimientos basados en eventos: EnableEvents 272
b. Habilitar sonido: EnableSound 272
D. Métodos del objeto Application 272
1. Navegar en el Explorador de archivos: GetOpenFileName 272
E. Ejercicios 274
1. Ejecutar una nueva aplicación Excel 274
2. Obtener objetos activos 274
3. Recorrer algunos archivos 275

Capítulo 17
Manipular fórmulas

A. Objetivos 279
B. Fórmulas en Excel 279
1. Pestaña Fórmulas 279
2. Errores en la salida de las fórmulas 280
C. Fórmulas en VBA 280
1. Usar inicialmente la grabadora de macros 280
a. Manipulaciones por realizar 280
b. Análisis del código generado por la grabadora de macros 281
2. Escribir una fórmula en una celda con VBA 282
3. Distintas propiedades de las fórmulas 284
a. Fórmulas en formato internacional: Formula 284
b. Fórmulas en formato regional: FormulaLocal 284
c. Fórmulas con referencia relativa: FormulaR1C1, FormulaR1C1Local 285
d. Fórmulas matriciales: FormulaArray 285
4. Ocultar una fórmula en una hoja protegida: FormulaHidden 285
5. Gestión de errores en los resultados de las fórmulas 286
a. Reforzar sus fórmulas de Excel: ESERROR o SI.ERROR 286
b. Adaptar su código VBA: IsError y CVErr 286
c. Tabla de números de error encontrados 287
D. Usar sus propias funciones en las fórmulas de Excel 288
E. Usar fórmulas de Excel directamente en VBA - WorksheetFunction 289
1. Propiedad WorksheetFunction 289

2. Miembros de la propiedad WorksheetFunction ... 289
a. Mínimo, máximo y promedio ... 290
b. BuscarV ... 290
F. Opciones de cálculo y cálculo en una hoja o libro ... 291
1. Opciones de cálculo en VBA: Calculation ... 291
2. Calcular una hoja, calcular todo el libro: Calculate ... 291
G. Ejercicios ... 292
1. Escribir fórmulas en español ... 292
a. Número total de elementos ... 292
b. Cantidad máxima ... 292
2. Escribir fórmulas en inglés ... 293
a. Numero total de pedidos ... 293
b. Número total de apariciones de un pedidos ... 293
3. Usar sus propias fórmulas ... 293

Capítulo 18

Gráficos

A. Objetivos ... 297
B. Gráficos en Excel ... 297
C. Jerarquía de los objetos Shape, ChartObject y Chart ... 298
1. Capa de diseño: Shape ... 298
2. Hoja del gráfico: ChartObject ... 299
D. Gráfico: Chart ... 299
1. Colección Charts ... 299
2. Objeto Chart ... 299
3. Crear un gráfico ... 299
4. Definir un rango de datos de origen: SetSourceData ... 300
5. Definir un tipo de gráfico: ChartType ... 300
6. Mostrar ejes, leyenda o título: HasAxis, Has Legend, HasTitle ... 300
a. Gestión de los ejes de un gráfico: HasAxis ... 300
b. Mostrar una leyenda: HasLegend, Legend ... 301
c. Dar un título al gráfico: HasTitle, ChartTitle ... 301
7. Ubicación del gráfico: Left, Top, Width y Heigh ... 302
a. Propiedades de la ubicación del gráfico ... 302
b. Indicar la ubicación durante la creación ... 302
c. Cambiar la ubicación una vez creado el gráfico ... 302
d. Propiedades de la ubicación de la zona de trazado ... 303
E. Usar la grabadora de macros para crear un gráfico ... 303

F. Ejercicios ... 304
1. Crear gráficos sencillos ... 304
a. Ventas mensuales ... 304
b. Desglose de ventas por producto ... 305
2. Mover un gráfico ... 306
a. Al crearlo ... 306
b. Una vez creado ... 306
3. Personalizar el gráfico creado ... 307

Capítulo 19
Formularios de usuario

A. Objetivos del capítulo ... 311
B. Formularios de usuario: UserForm ... 311
1. ¿Qué es un formulario de usuario? ... 311
C. Crear un primer formulario ... 313
1. Agregar un formulario de usuario ... 313
a. Por medio del menú ... 313
b. Directamente en el Explorador de proyectos ... 314
2. Personalizar un formulario de usuario ... 314
a. Dimensionar el formulario ... 314
b. Agregar controles ... 316
c. Añadir eventos a los controles ... 317
d. Programar lo que sucederá ... 318
3. Mostrar un formulario de usuario ... 318
4. Desde el menú o con un método abreviado de teclado ... 318
a. Mostrar por código ... 318
b. Formulario modal o no ... 319
5. Ocultar un formulario de usuario ... 319
6. Cerrar un formulario de usuario ... 320
D. Controles en un formulario de usuario ... 320
1. Etiqueta o título: Label ... 320
a. Texto de la etiqueta: Caption ... 321
2. Cuadro de texto: TextBox ... 321
a. Texto introducido en el cuadro: Value ... 321

3. Cuadro de lista y Cuadro combinado: ListBox y Combobox 321
a. Rango de celdas de origen: RowSource 321
b. Agregar un valor: AddItem 322
c. Valor seleccionado en la lista: Value 322
4. Casilla de verificación: CheckBox 322
a. Marcada o no: Value 322
5. Botón de comando: CommandButton 322
a. Texto mostrado en el botón: Caption 323
6. Propiedades comunes a los controles 323
a. Control visible u oculto: Visible 323
b. Control activo - Enabled 323
c. Ubicación y dimensiones del control: Top, Left, Height y Width 323
E. Gestión de eventos en un formulario 324
1. Al cargar el formulario: UserForm_Initialize 324
2. Al hacer clic: Click 324
3. Al modificar: Change 324
F. Ejercicios 325
1. Formulario básico 325
2. Ir un poco más lejos 325

Capítulo 20
Gestión de errores y depuración

A. Objetivos del capítulo 329
B. Errores en Excel 329
1. Errores en fórmulas 329
2. Errores de concepción 330
C. Errores en VBA 330
1. Obtenga ayuda: Option Explicit 330
a. Agregar la instrucción manualmente 331
b. Añadir automáticamente al crear un módulo 331
2. Error de compilación 332
3. Error de ejecución 333
4. Error propio 334
D. Gestionar errores en el código 334
1. Asegurarse de los valores de las variables 334
a. Usar el ratón 334
b. Usar la ventana Inmediato 335
c. Usar la inspección 335

2. Blindar su código ... 337
a. Identificar los riesgos de error ... 337
b. Usar las funciones de verificación de tipo o de valor ... 338
3. Anticipar los errores: On Error ... 339
a. Admitir la existencia de errores ... 339
b. Continuar el código en un punto determinado: On Error GoTo ... 339
c. Reanudar después de encontrar un error: Resume ... 339
d. Pasar a través de los errores: On Error Resume Next ... 340
e. Detener la gestión de errores: On Error GoTo 0 ... 340
4. Objeto error: Err ... 340
a. Propiedades del objeto Err ... 341
b. Métodos del objeto Err ... 341
E. Gestionar errores en los formularios de usuarios ... 342
1. Validar datos ... 342
2. Forzar al usuario a elegir ... 343
3. Guiar al usuario ... 343
F. Ejercicios ... 343
1. Reforzar los ejercicios precedentes ... 343
2. Implementar una gestión de errores ... 344
3. Usar las funciones de control ... 344

Capítulo 21
Progresar con el código

A. Objetivos ... 347
B. Primero ha de funcionar y luego se optimiza ... 347
1. Obtener el resultado correcto ... 347
2. Obtener el resultado correcto y de la forma óptima ... 348
a. Código más eficaz ... 348
b. Código más fácil de leer ... 348
c. Un programa más robusto ... 348
d. Un programa comentado ... 348
e. Un programa escrito hoy, utilizado mañana, por usted y por otros ... 349
C. Dejar de reinventar la rueda ... 349
1. Usar el código de la grabadora de macros ... 349
2. Reutilizar su propio código ... 349
3. Generalizar procedimientos y funciones ... 349
D. Lo mejor es enemigo de lo bueno ... 350

Capítulo 22
Más allá con VBA

A. Esto es solo el principio ... 353
B. Módulos de clase ... 353
1. Definición básica de un módulo de clase ... 353
2. Agregar un módulo de clase ... 354
3. Variables ... 354
4. Propiedades ... 354
a. Leer una propiedad: Get ... 354
b. Modificar el valor de una propiedad básica: Let ... 355
c. Modificar el valor de una propiedad Objet: Set ... 355
5. Métodos ... 355
6. Eventos ... 356
7. Usar un módulo de clase en un proyecto ... 356
C. Continuar progresando en el control de Excel ... 359
1. Tablas dinámicas ... 359
2. Formatos condicionales ... 359
3. Proteger hojas y libros ... 360
4. Personalizar la cinta de opciones para ejecutar sus macros y mostrar un formulario de usuario ... 360
D. Controlar una aplicación que no sea Excel ... 361
1. Crear y escribir en un documento de Word ... 361
2. Crear y rellenar un correo electrónico de Outlook ... 362

Capítulo 23
Ejercicio final

A. Objetivos del capítulo ... 365
B. Declaración principal ... 365
1. Contexto ... 365
2. Objetivos impuestos ... 366
3. Objetivos libres ... 367
4. Posibles enfoques ... 367
a. Primero el código, las imágenes después ... 367
b. Interfaces para obtener la adhesión de los usuarios, y luego la maquinaria ... 368

Capítulo 24: Correcciones de los ejercicios

A. Correcciones de los ejercicios 371
B. Comunicarse con el usuario 371
1. Ejercicio 1: Función MsgBox 371
2. Ejercicio 2: Función InputBox 373
C. Variables y constantes 373
1. Ejercicio 1: Declaraciones simples de variables 373
2. Ejercicio 2: Declaraciones múltiples de variables 374
3. Ejercicio 3: Asignación de valores 374
D. Procedimientos, funciones y macros 375
1. Ejercicio 1: Escribir macros 375
2. Ejercicio 2: Escribir procedimientos 376
3. Ejercicio 3: Compartir variables públicas 376
4. Ejercicio 4: Escribir funciones 377
E. Condiciones 378
1. Ejercicio 1: Si entonces 378
2. Ejercicio 2: Si si no 378
3. Ejercicio 3: Si no Si 379
4. Ejercicio 4: Según Valor 380
5. Ejercicio 5: Condición condensada 381
F. Bucles 381
1. Ejercicio 1: Bucles For Next 381
2. Ejercicio 2: Bucle Do Loop 383
3. Ejercicio 3: Salir de un bucle 383
G. Operadores 384
1. Ejercicio 1: Operadores aritméticos 384
2. Ejercicio 2: Operadores de comparación 385
3. Ejercicio 3: Operadores lógicos 386
H. Cadenas 388
1. Ejercicio 1: Concatenar cadenas 388
2. Ejercicio 2: Partes de una cadena 389
3. Ejercicio 3: Cadenas en mayúsculas o minúsculas 392
I. Fechas y horas 392
1. Ejercicio 1: Mostrar la fecha y la hora actuales del sistema 392
2. Ejercicio 2: Crear una fecha y una hora 393
3. Ejercicio 3: Sumas y restas 394
4. Ejercicio 4: Partes de una fecha 395
5. Ejercicio 5: Un poco de buen formato 396

J. Celdas y rangos de celdas 397
 1. Ejercicio 1: Valor en una celda 397
 2. Ejercicio 2: Un poco de color 397
 3. Ejercicio 3: Copiar-pegar celdas 397
 4. Ejercicio 4: Columnas y filas de celdas 398
K. Hojas 399
 1. Ejercicio 1: Hoja activa 399
 2. Ejercicio 2: Copiar de una hoja a otra 399
 3. Ejercicio 3: Número de hojas del libro 400
 4. Ejercicio 4: Jugar con el color de las hojas 400
 5. Ejercicio 5: Organizar eventos 400
L. Libros 401
 1. Ejercicio 1: Usar ThisWorkbook 401
 2. Ejercicio 2: Crear, guardar y cerrar un libro 401
M. Manipular la aplicación Excel 402
 1. Ejercicio 1: Ejecutar una nueva aplicación Excel 402
 2. Ejercicio 2: Obtener objetos activos 403
 3. Ejercicio 3: Recorrer algunos archivos 403
N. Fórmulas 404
 1. Ejercicio 1: Escribir fórmulas en español 404
 2. Ejercicio 2: Escribir fórmulas en inglés 404
O. Gráficos 405
 1. Ejercicio 1: Crear gráficos sencillos 405
 2. Ejercicio 2: Mover un gráfico 406
 3. Ejercicio 3: Personalizar el gráfico creado 406
P. Formularios de usuarios 407
 1. Ejercicio 1: Formulario básico 407
 2. Ejercicio 2: Ir un poco más lejos 407
Q. Gestión de errores y depuración 408
 1. Ejercicio 1: Reforzar los ejercicios precedentes 408
 2. Ejercicio 2: Implementar una gestión de errores 409
 3. Ejercicio 3: Usar las funciones de control 410

Índice 411

Capítulo 1
Introducción

A. Introducción 25
B. Objetivos de esta obra 25
C. Sus objetivos al empezar a programar en VBA – Filosofía general 26

A. Introducción

Ya tiene usted algunos conocimientos de Excel y quiere ir más allá descubriendo nuevas posibilidades. Ha elegido este libro y se lo agradecemos. El aprendizaje del lenguaje Visual Basic para Aplicaciones, VBA, es un recorrido sembrado de muchos descubrimientos, de retos y soluciones por encontrar a cada ocasión.

Tanto si se trabaja en una pequeña organización como en una gran multinacional, la aplicación Excel se utiliza en todas partes y sus posibilidades son inmensas.

¿Conoce los fundamentos de Excel y quiere progresar automatizando ciertas tareas para su trabajo, su diversión o como desafío? Entonces tiene usted un lugar entre los lectores de este libro.

Este libro está especialmente dirigido a las personas que se inician en la programación, así como a los programadores principiantes e intermedios en VBA de Excel. Los conceptos tratados son lo suficientemente amplios como para que al final usted sea capaz de crear sus propias aplicaciones y pueda ponerlas a disposición de sus colegas.

B. Objetivos de esta obra

Tanto si es principiante como si tiene ya algo de experiencia en programación, este libro pretende ofrecerle los fundamentos para entender el entorno en el que escribirá sus programas.

Descubrirá las innegables ventajas de la «Grabadora de macros» para ver con un ejemplo lo que el ordenador puede hacer por usted. Aprenderá a comunicarse con los usuarios a través de cuadros de diálogo cada vez más elaborados.

Retomará desde el principio las nociones de variables y constantes en VBA, y aprenderá a distinguir entre una función, un procedimiento y una macro. Se tratarán las estructuras de código que le permitirán ejecutar instrucciones según condiciones que usted establezca o realizar varias veces una operación de forma muy sencilla.

Ya sea que requiera manipular texto, valores numéricos, fechas o un poco de todo eso en celdas, hojas y libros, en este libro verá cómo trabajar a todos los niveles de la forma más eficiente.

Tanto si ya se siente en confianza con las fórmulas y los gráficos como si no, aprenderá a crearlos automáticamente a través de sus propios programas.

También verá cómo hacer más sólidos sus programas y cómo mejorar constantemente sus conocimientos.

Al final de cada capítulo, encontrará ejercicios para completar; la corrección se encuentra al final de este libro.

Se le proporcionará un proyecto que agrupa todos los temas tratados para que usted pueda seguir progresando.

Este libro abarca desde la versión 2010 de Excel hasta la 2021, así como Excel Microsoft 365. Las capturas de pantalla pueden diferir ligeramente según la versión que esté utilizando.

Los archivos de corrección de los ejercicios pueden descargarse del sitio web de Ediciones ENI, desde la página web que presenta este libro.

C. Sus objetivos al empezar a programar en VBA – Filosofía general

En un mundo en el que todo tiene que ser inmediato y rápidamente recompensado, aprender un lenguaje de programación como VBA, que existe desde 1993, es una tarea compleja. Se necesitan varios años de práctica diaria para poder considerarse un experto, como en cualquier campo.

Cuando lea este libro, le quedará claro que hay temas que son más fáciles de entender y otros más complejos y nebulosos, y esto es completamente normal.

Durante mis años de docencia en diferentes instituciones, he visto que las prioridades que cada uno se fija no son las mismas porque los objetivos de cada quien son diferentes. Aquí le presento mi trilogía ganadora para ir en la dirección correcta y en el orden correcto.

1/ Funciona, 2/ Se optimiza, 3/ Se refactoriza

1. 1/ Funciona

Siempre les he dicho a mis alumnos que lo primero que importa cuando entregan un programa es que funcione. Si un programa perfectamente legible termina con un resultado erróneo, ¡seguirá siendo inservible!

El hecho de que su código sea largo e indigesto no es algo que deba preocuparle al principio. Lo importante, cuando se está empezando, es hacer que su programa muestre o realice lo que usted espera de él. Así que no se desanime y persevere en los ejercicios que se le propongan.

Una vez obtenido el resultado esperado, puede intentar mejorar su código y hacer que evolucione, siguiendo las líneas que se mencionarán en este libro.

2. 2/ Se optimiza

Tener un código legible, limpio, documentado y robusto es el sueño de todo programador, independientemente de su nivel de experiencia. Esa etapa solo será posible una vez que su programa funcione correctamente.

Optimizar un programa significa hacerlo más rápido, pero también más robusto ante los posibles errores que puedan producirse. Los datos que no están en el formato esperado, un archivo que falta en una carpeta o un valor incoherente en una celda son errores posibles a los que debe prestar atención al escribir sus líneas de código.

Y, sobre todo, no olvide que la principal fuente de errores en informática procede del usuario.

3. 3/ Se refactoriza

Cuando su programa es compartido y utilizado por muchas personas, ya ha alcanzado una etapa importante. Pero, al igual que las leyes de un país deben evolucionar con el tiempo, usted o sus colegas deberán dar mantenimiento a sus programas para seguir respondiendo a la realidad de su trabajo.

Luego viene la etapa de cuestionamiento y, probablemente, de cambio de enfoque de algunas de las herramientas a las que ha dedicado tanto tiempo para poner en marcha.

No se ofusque por ello y encuentre en esta evolución una gran oportunidad para aplicar todas las nuevas funcionalidades que ha aprendido para seguir progresando, una y otra vez.

Capítulo 2
La grabadora de macros

A. Objetivos 31
B. La cinta de opciones de Excel y la pestaña Programador 31
C. Usar la grabadora de macros 33
D. Ejecutar una macro grabada 37
E. Mostrar el código de la macro 38
F. Primera noción en VBA: los comentarios 40
G. Practicar la grabación de macros 40
H. Liberarse de la grabadora de macros 41
I. Grabar el libro usando macros 41
J. Formato del archivo con macros 43
K. Conclusión 44

A. Objetivos

Tanto si ya está familiarizado con las macros de Excel como si acaba de empezar a aprenderlas, la grabadora de macros incorporada en Excel es una de las herramientas más eficaces que le permite, a partir de manipulaciones elementarías, generar código VBA automáticamente, replicando lo que hace con el teclado y el ratón en su libro de Excel.

Este capítulo pretende mostrarle cómo iniciar una grabación, cómo detenerla y analizarla, y, finalmente, con la experiencia, cómo arreglárselas sin ella.

En este punto de la lectura, no se requiere ningún conocimiento de VBA.

Este capítulo no contiene ejercicios, pero le invitamos a reproducir los casos 1, 2 y 3 tratados en la sección Practicar la grabación de macros.

B. La cinta de opciones de Excel y la pestaña Programador

Antes de acceder al entorno de programación, es importante configurar correctamente su aplicación Microsoft Excel. Para ello, deberá activar la pestaña **Programador**. He aquí cómo hacerlo.

1. Activar la pestaña Programador

En la cinta de opciones de Excel, encontrará varias pestañas visibles de forma predefinida, como **Inicio**, **Insertar** o **Ayuda**.

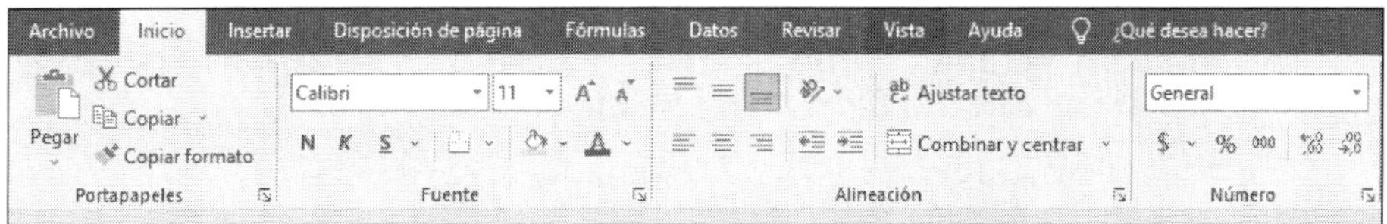

Para que aparezca la pestaña **Programador**, si aún no la ve, simplemente haga la siguiente operación:

- Haga clic derecho en la cinta de opciones, en un lugar donde no haya comandos, y luego haga clic en **Personalizar la cinta de opciones...** dentro de las opciones propuestas.

Personalizar la cinta de opciones...
Contraer la cinta de opciones

Aparece una interfaz con dos cuadros de lista.

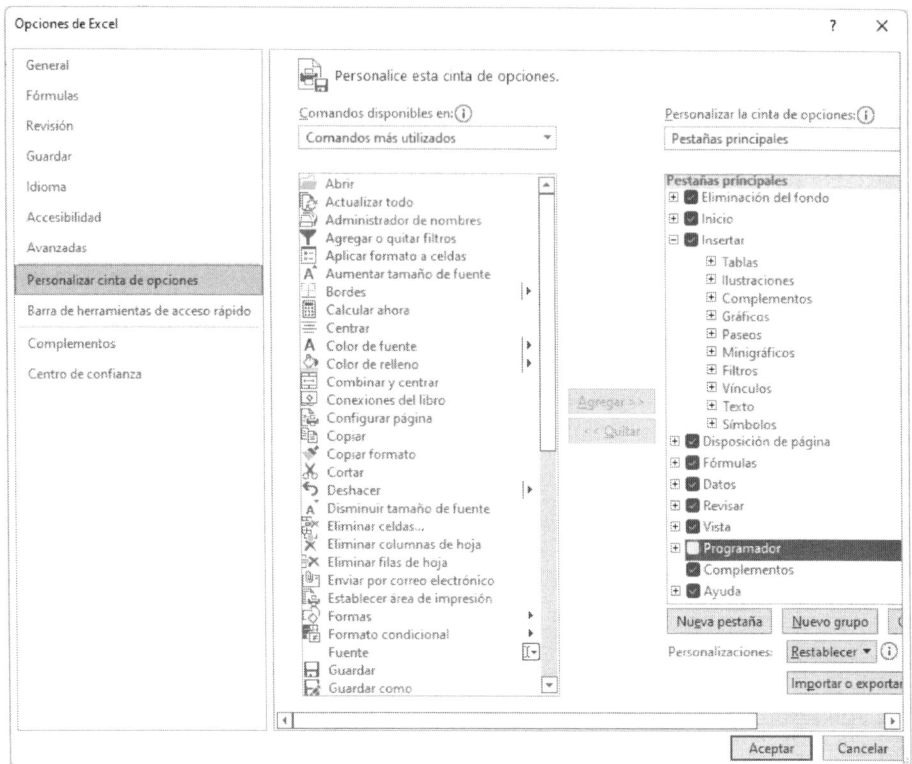

- Marque la casilla **Programador** en el cuadro de lista de la derecha y haga clic en el botón **Aceptar** en la parte inferior derecha de la ventana.

En ese momento la pestaña **Programador** aparece entre las pestañas **Vista** y **Ayuda**:

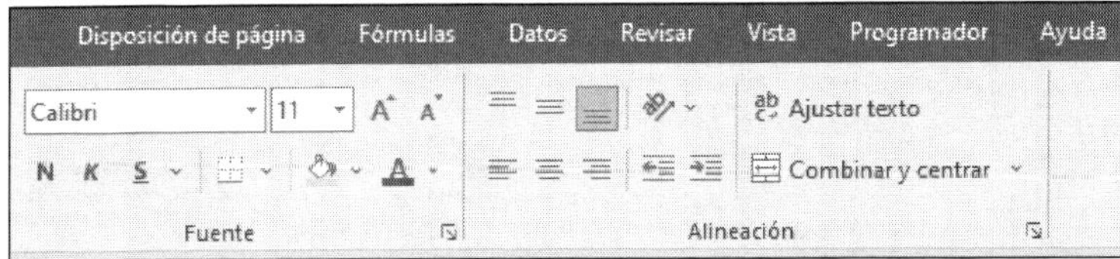

Esta pestaña está dedicada a las tareas de programación (en el mundo informático se habla de programador o desarrollador).

En esta pestaña encontrará, principalmente, una valiosa herramienta para aprender a programar con el ejemplo, la grabadora de macros, de la que hablaremos con más detalle en la siguiente sección.

C. Usar la grabadora de macros

Como ha visto en la sección anterior, en la pestaña **Programador** hay un botón para grabar una macro. Si aún no ha desplegado esta pestaña, hágalo.

1. Para qué sirve la grabadora de macros

Como usuario de Excel, a veces tiene que realizar series de copiado y pegado, que son repetitivas y en ocasiones incluso tediosas porque son complejas y requieren mucho tiempo. Su beneficio en estos casos puede ser difícil de determinar, y parece muy molesto realizar las mismas acciones en sus archivos de Excel día tras día.

Dado que ha tomado la decisión correcta al abrir este libro, podrá utilizar esta gran herramienta que Excel pone a su disposición: la grabadora de macros.

Su función es recordar todas sus acciones en Excel y reescribirlas como instrucciones VBA, que pueden ejecutarse tantas veces como usted desee.

Aunque esta herramienta no sustituye a un buen programador, le permitirá inicialmente familiarizarse con el código y luego adaptar el resultado obtenido con el fin de escribir sus propios programas.

Incluso los desarrolladores de VBA más experimentados la utilizan, simplemente para obtener fragmentos de código que les faltan o porque estiman que ahorran tiempo utilizando el código que les proporciona la grabadora en lugar de escribirlo ellos mismos.

2. Determinar la serie de acciones que quiere reproducir en el código

Si empieza con un libro en blanco y la pestaña **Programador** está visible, su configuración está completa.

Su primera macro se resumirá en las siguientes acciones:

- seleccionar la celda A1 de la hoja,
- escribir el valor «Hola» en la celda seleccionada,
- colorear el fondo de dicha celda en amarillo,
- aplicar el formato subrayado al contenido de la celda.

Antes de iniciar la grabación, planifique las acciones que va a realizar porque todo lo que se haga en Excel desde el momento en que inicie la grabación se transcribirá en lenguaje VBA. Por lo tanto, es importante limitarse a los pasos que realmente quiere hacer, para no generar código inútilmente.

3. Iniciar la grabación

Cuando esté listo para grabar sus acciones, haga clic en el botón **Grabar macro**.

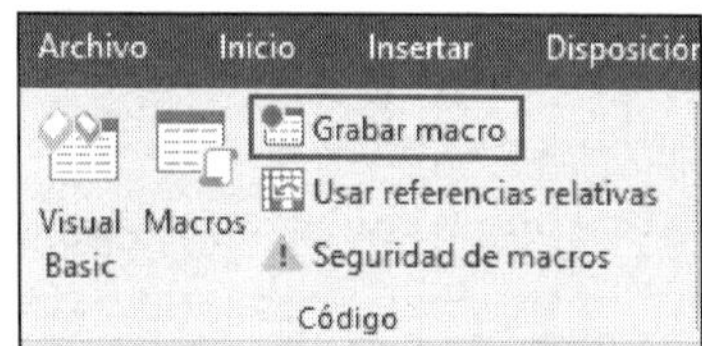

También puede hacer clic en el botón situado en la parte inferior izquierda de la barra de estado:

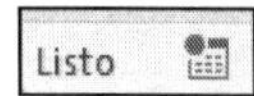

Cuando haga clic en este botón, aparecerá una ventana que le pedirá nombrar la macro que está a punto de generar.

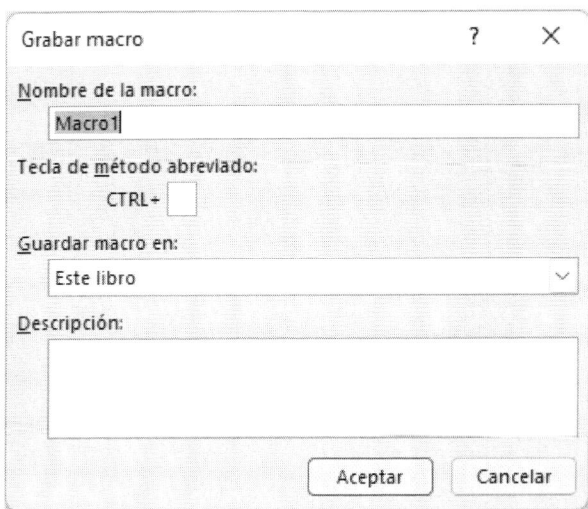

El nombre de esta macro debe respetar algunas reglas simples:

- Comenzar únicamente con una letra (no con números ni signos de puntuación);
- No contener ningún espacio (puede utilizar _ para representar el espacio si lo desea);
- Contener solo letras o números; no se recomienda utilizar caracteres acentuados.

Se recomienda que utilice un nombre de macro explícito, ya que es importante saber fácilmente lo que hace una macro.

La **Tecla de método abreviado** le permite definir una combinación de teclas Ctrl + un carácter utilizado para ejecutar la macro. Si no tiene previsto ningún método abreviado, deje el cuadro de texto en blanco.

No introduzca una combinación de teclas que ya esté asignada a un método abreviado de Excel (como Ctrl + C o Ctrl + V).

La lista desplegable **Guardar macro en** le ofrece varias opciones:

Este libro: le permite almacenar la macro en el libro de trabajo. La persona a la que envíe el libro de trabajo puede, a su vez, utilizar la macro.

Libro nuevo: crea un libro de trabajo para almacenar la macro. Esta segunda opción solo le interesará en contadas ocasiones.

Libro de macros personal: la macro que usted cree se guardará en un libro de trabajo especial. Cada vez que inicie Excel se abrirá, pero será invisible. Las macros guardadas de este modo pueden utilizarse para todos sus libros de trabajo. Si utiliza esta opción, tendrá que proporcionar el libro de macro personalizado a la persona que desee utilizar la macro.

Después, puede dar una **Descripción** de la macro que va a realizar.

✎ ¡Rellene el cuadro de diálogo como se indica a continuación!

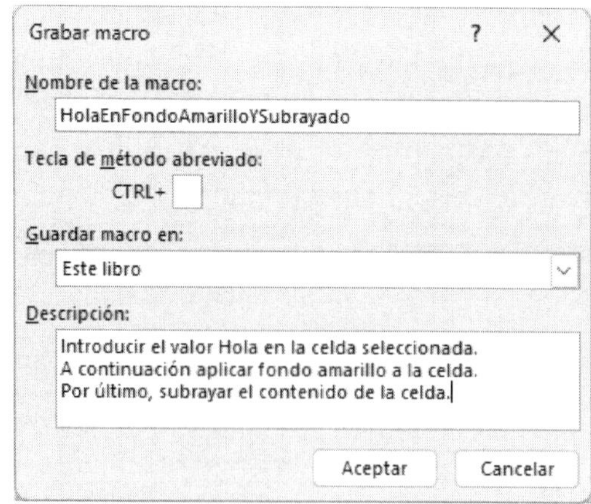

✎ Haga clic en el botón **Aceptar**.

Una vez que hace clic en **Aceptar**, el icono de la parte inferior de la aplicación cambia a Listo . Si coloca el ratón sobre el icono, verá el mensaje **Se está grabando una macro en este momento. Haga clic para detener la grabación.**

4. Realizar las acciones que se han de grabar

Lleve a cabo las acciones que planificó anteriormente:

- Seleccione la celda A1 de su hoja activa.
- Introduzca el valor «Hola» en la celda seleccionada.
- Coloree el fondo de esta celda en amarillo.
- Por último, aplique un formato subrayado al contenido de la celda.

Tenga cuidado de no hacer clic por todos lados o dudar, ya que casi todas sus acciones se registran en cuanto la grabación se inicia.

Las acciones que no cambien el libro serán ignoradas, como mover el ratón por la cinta para seleccionar una u otra pestaña.

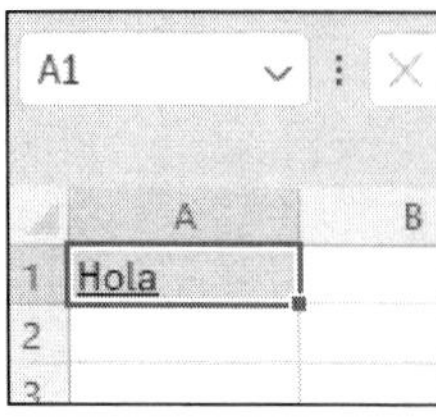

5. Detener la grabación

- Una vez que haya terminado todas las acciones que tenía previstas, detenga la grabación haciendo clic en el botón **Detener grabación** de la pestaña **Programador**.

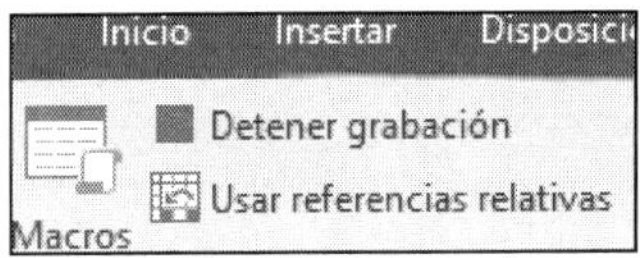

También puede hacer clic en el botón ■ para detener la grabación:

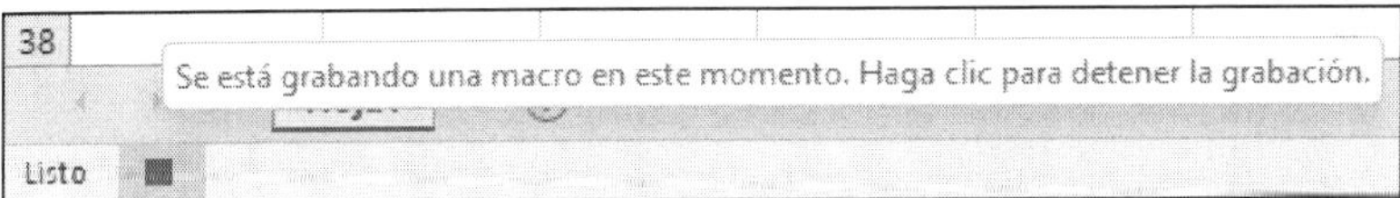

- Una vez terminada la grabación, puede borrar el contenido de su hoja y eliminar el formato de la celda **A1**.

D. Ejecutar una macro grabada

- Para ejecutar una macro grabada, haga clic en el botón **Macros** situado en el grupo **Código** de la pestaña **Programador**.

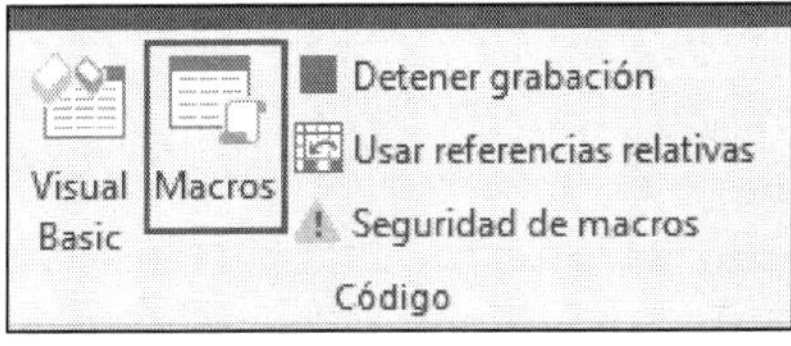

Se muestra la ventana **Macro**. Esta contiene una lista de macros grabadas.

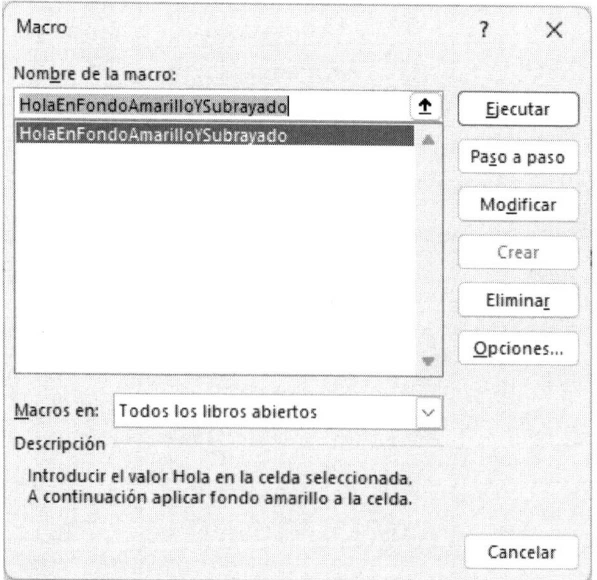

Solo son visibles las macros del libro activo. La opción **Este libro** es la que aparece seleccionada en la lista desplegable **Macros en**.

- Seleccione la macro que acaba de crear y haga clic en **Ejecutar**.

  La macro se ejecutará: volverá a obtener el texto «Hola» en la celda A1, subrayado y con fondo amarillo.

E. Mostrar el código de la macro

- Vuelva a mostrar la ventana **Macro**. Seleccione la macro «HolaEnFondoAmarilloYSubrayado» y haga clic en el botón **Modificar**.

Se abre una ventana y verá las instrucciones del código.

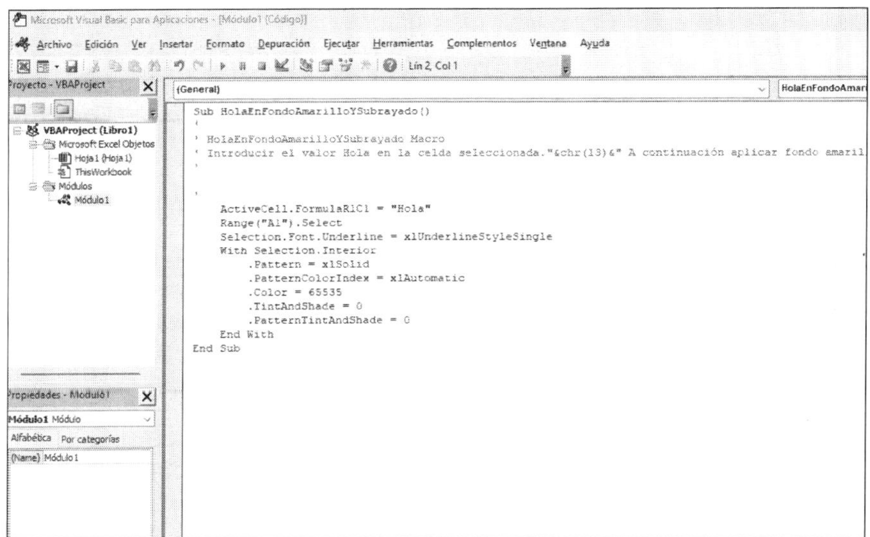

En el próximo capítulo describiremos el entorno que está activo actualmente.

El código resultante será similar al siguiente:

```
Sub HolaEnFondoAmarilloYSubrayado()'

' HolaEnFondoAmarilloYSubrayado Macro
' Introducir el valor Hola en la celda seleccionada.
' A continuación aplicar fondo amarillo a la celda.
' Por último, subrayar el contenido de la celda.

   Range("A1").Select
   ActiveCell.FormulaR1C1 = "Hola"
   Range("A1").Select
   Selection.Font.Underline = xlUnderlineStyleSingle
   With Selection.Interior
      .Pattern = xlSolid
      .PatternColorIndex = xlAutomatic
      .Color = 65535
      .TintAndShade = 0
      .PatternTintAndShade = 0
   End With
End Sub
```

Código generado por la grabadora de macros

Podrá comprender la función de cada bloque de código a medida que vaya leyendo este libro. De ahora en adelante puede constatar que todo el programa comienza con la instrucción **Sub**, seguida del nombre de la macro con paréntesis, y termina con **End Sub**. Estas declaraciones permiten que el código sepa dónde empieza y termina el programa. En el capítulo Ejecutar un programa y reglas de escritura verá las otras instrucciones que pueden encapsular sus programas.

F. Primera noción en VBA: los comentarios

Recorriendo el ejemplo anterior, lo primero que podrá leer son las líneas que están escritas en verde: corresponden al texto que ha redactado para la descripción de la macro.

Cada una de las líneas que comienzan con el carácter apóstrofe (') no será leída por el programa. A esto se le llama un comentario. Los comentarios solo son visibles para el programador.

Los comentarios pueden colocarse en una línea completa o después de una instrucción, al final de la línea:

```
'Comentario en toda la línea
Range(" A1 ").Select 'Selecciona la celda A1
```

Comentarios en una línea o al final de la línea

G. Practicar la grabación de macros

Para practicar el uso de la grabadora de macros, he aquí algunos ejemplos de manipulaciones comunes que puede usted verse tentado a repetir. Los datos son libres; tanto si se trata de datos de empleados como de datos bursátiles o financieros, el objetivo es activar la grabación de macros, realizar una serie de manipulaciones y, a continuación, detener la grabación para ver el código correspondiente.

1. Caso 1

Dispone de una hoja con datos ya presentes; quiere insertar una columna entre otras dos y poner una fórmula en ella para validar la información. Este paso repetitivo puede registrarse en una macro.

2. Caso 2

Quiere copiar una serie de renglones de datos de la hoja A y pegarlos en la hoja B, cambiando el color de fondo de las celdas. Una vez más, estas operaciones pueden guardarse.

3. Caso 3

Partiendo de una hoja en blanco, puede introducir información en las celdas, cambiar el nombre de la hoja en la que ha realizado las entradas, crear otra y confeccionar un gráfico a partir de los datos introducidos.

H. Liberarse de la grabadora de macros

Cuando comience a hacer sus primeras macros, la grabadora de macros le ayudará a comprender mejor el proceso que realiza Excel paso a paso. Después vendrá el momento de intentar codificar sus propios programas, a veces basándose en lo que la grabadora ha generado para usted.

1. Aprender de sus errores para progresar

No hay ningún secreto: para convertirse en un buen desarrollador, necesitará mucha práctica, y el lenguaje VBA en Excel no es una excepción. El camino hacia el dominio de la sintaxis, las estructuras de código y la escritura de código robusto implicará mucho ensayo y error; pero no se desanime, ya que el resto de este libro le mostrará cómo estar lo mejor equipado posible para el viaje.

I. Grabar el libro usando macros

Para conservar lo que se acaba de hacer, hay que guardar el libro de Excel. Como este libro contiene macros, ya no puede guardarse en formato xlsx, sino con la extensión xlsm.

✎ Haga clic en la pestaña **Archivo** y luego en **Guardar como**.

- Seleccione la carpeta y luego el tipo de archivo **Libro de Excel habilitado para macros (*.xlsm)**.

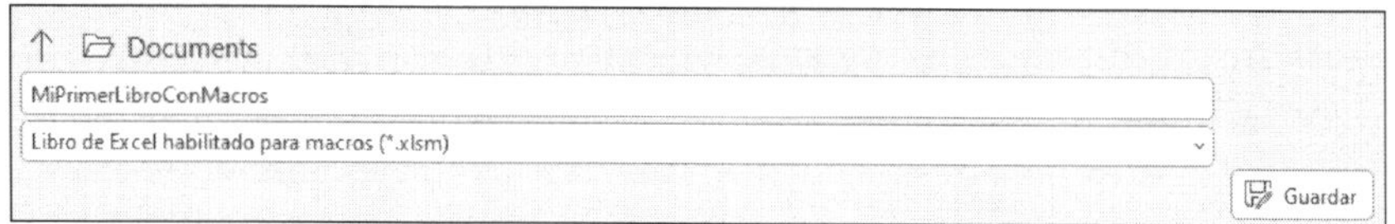

- Haga clic en **Guardar**.

La siguiente sección le muestra las diferencias entre las distintas versiones de Excel según la extensión asignada al libro.

J. Formato del archivo con macros

Una cosa importante que hay que saber antes de proceder concierne al archivo que contendrá sus macros. El nombre de un libro de trabajo tiene la extensión xls o xlsx; esto es lo que permite saber que se trata de un archivo de Excel. Si el libro tiene macros, la extensión será diferente (xlsm). Estas extensiones han evolucionado con las diferentes versiones de Excel. Vamos a repasar rápidamente las extensiones que puede encontrar durante su proceso de aprendizaje.

1. Antes de Office 2007: una sola extensión, xls

Antes de la versión Office 2007, la extensión histórica de los archivos de Excel era **.xls**. Este formato de archivo, que ahora se llama **Libro de Excel 97-2003** (incluso existe la posibilidad de utilizar **Libro de Microsoft Excel 5.0/95**, que está totalmente obsoleto, pero que sigue siendo visible en las opciones de guardado de Excel), se utiliza cada vez con menos frecuencia, pero todavía existe. Este tipo de archivo permitía almacenar 65 536 filas y 256 columnas en cada hoja. Con este tipo de archivo no se sabía si contenía macros o no. La versión 2007 ha añadido más extensiones disponibles para guardar sus archivos.

2. Después de Office 2007

Office 2007 ha visto la creación de varias extensiones, que dan más visibilidad al contenido del archivo. La cantidad de información que se puede almacenar en una hoja también ha evolucionado.

Ahora es posible utilizar 1 048 576 filas y 16 384 columnas, es decir, ¡más de 17 000 millones de celdas por hoja!

a. Archivo sin macros: xlsx

Un archivo de Excel que no contiene ninguna macro tiene la extensión xlsx. Este archivo se adapta mejor a los programas más recientes que la versión xls, con total compatibilidad con el formato XML. Lo encontrará el primero en la lista de formatos de archivo cuando lo guarde, bajo el nombre de **Libro de Excel (*.xlsx)**.

b. Archivo con macros: xlsm

Un archivo con macros tiene la extensión xlsm, que puede encontrar bajo el nombre de **Libro de Excel habilitado para macros (*.xlsm)**. Es importante utilizar este formato cuando guarde su libro de trabajo que contenga código porque, si utiliza la extensión xlsx «incorrecta», su código será pura y simplemente destruido. En el caso de que haya elegido el formato xlsx para un libro que contiene código, Excel mostrará un mensaje de advertencia.

c. Otras extensiones: xlam, xlsb

Existen otras extensiones para los libros de Excel 2019 (**xlam**, para macros adicionales o **xlsb**, formato binario de Excel). No nos detendremos aquí en estos formatos. Si le interesa el tema, no dude en buscar más información en Internet.

K. Conclusión

Utilizando un libro de trabajo que usted mismo tendrá el cuidado de crear para realizar las manipulaciones y los ejercicios que se propondrán en este libro, podrá llevar un registro de sus intentos a lo largo de los capítulos que va a recorrer.

La grabadora de macros es solo el primer paso del proceso.

Capítulo 3

El entorno de programación VBE

A. Objetivos del capítulo 47
B. Acceder al entorno de programación. 47
C. El entorno de programación VBE 48
D. Configurar el entorno VBE 55
E. Conclusión. 58

A. Objetivos del capítulo

Antes de iniciarse en los placeres de la programación VBA, es importante entender cómo se puede acceder al entorno de programación.

En todas las herramientas de Office, ya sea Excel, Access, Outlook o Word, el entorno de programación se llama Editor de Visual Basic, también conocido como VBE. Para simplificar la lectura, en el resto de este libro se utilizará el término VBE.

Sin hacer un repaso exhaustivo a todos los menús y objetos que podrá manipular, descubrirá los principales lugares y elementos que debe conocer para iniciarse en la programación VBA.

B. Acceder al entorno de programación

Los dos métodos principales para acceder al entorno de programación son a través de la cinta de opciones de Excel o mediante un método abreviado de teclado.

1. Por medio de la cinta de opciones

- Una vez que haya activado la pestaña **Programador** (véase el capítulo La grabadora de macros), haga clic en el botón **Visual Basic**, visible en el grupo **Código**.

2. Con un método abreviado de teclado

Si usted forma parte de esos usuarios a los que les gusta utilizar el teclado en lugar del ratón, sepa que puede acceder al entorno de programación directamente pulsando Alt F11.

C. El entorno de programación VBE

El entorno de programación VBE es donde puede crear, editar y ejecutar sus programas. También se conoce como el editor de macros. No importa el nombre que utilice; sepa que es en esta parte de Excel en la que tendrá lugar la programación la mayor parte del tiempo.

Cuando se abre, este es el aspecto del entorno de programación VBE.

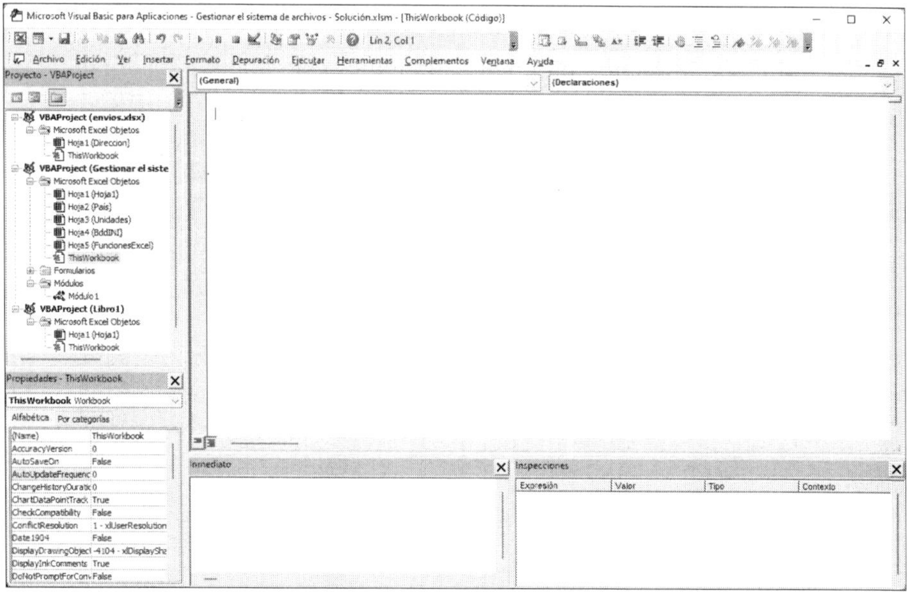

Repasaremos brevemente los principales puntos de interés de esta interfaz para poder después programar.

1. El Explorador de proyectos y la ventana Propiedades

El Explorador de proyectos está visible en la esquina superior izquierda del entorno VBE.

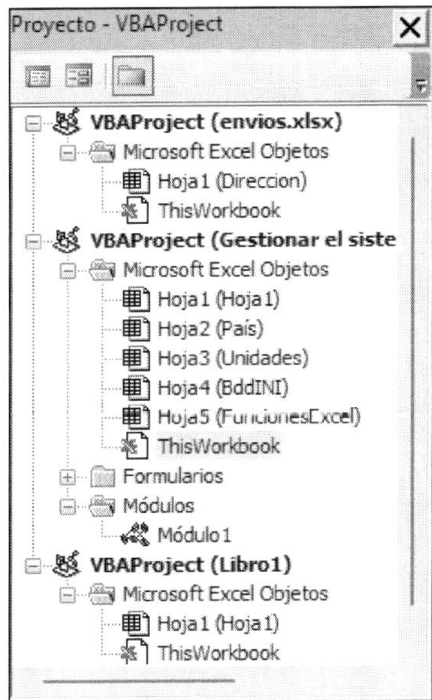

Contiene el conjunto de objetos con los que interactuará al escribir sus programas.

a. Libros y sus hojas

En el Explorador de proyectos puede ver los objetos de Microsoft Excel, como las hojas de su libro, así como el propio libro, siempre con el nombre **ThisWorkbook**. Estos objetos aparecen en la carpeta **Microsoft Excel Objetos**. No se pueden eliminar ni mover, solo puede cambiarles el nombre (eliminar o añadir una hoja se hace en la parte de Excel, no en VBE).

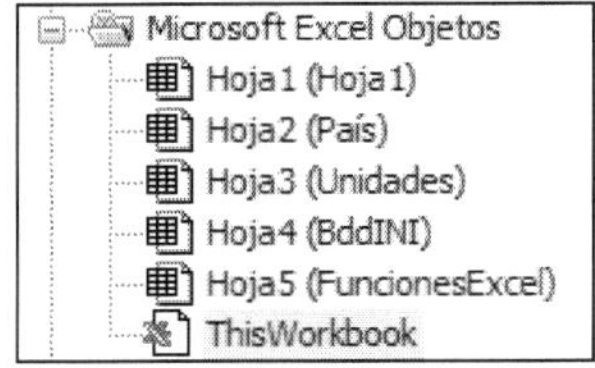

El código que se encuentra dentro de estos objetos solo podrá utilizarse en el «interior» de la hoja o del libro en cuestión.

b. Formularios

Los formularios son interfaces en las que usted puede interactuar con los usuarios. Estos formularios pueden contener cuadros de texto, casillas de verificación o cuadros de lista. Aparecen en la carpeta **Formularios** (usan el prefijo «UserForm» del inglés).

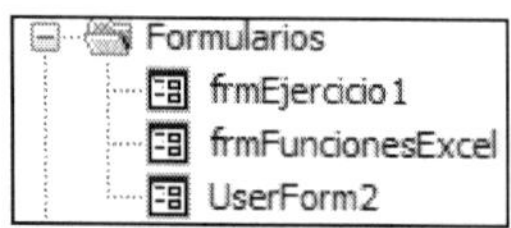

Verá cómo crear y utilizar formularios en el capítulo dedicado a ellos: Formularios de usuario.

c. Módulos

Los **módulos** son archivos donde escribirá sus programas. Aparecen en la carpeta **Módulos** del Explorador de archivos.

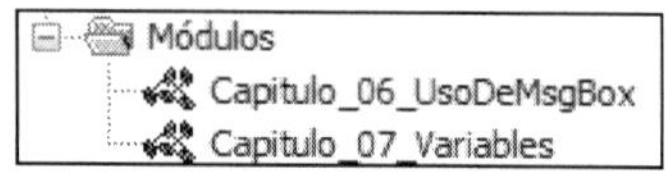

Al programar, tendrá que crear módulos.

Para cada capítulo o serie de ejercicios, podrá utilizar un módulo que usted creará especialmente.

- Para agregar un módulo, haga un clic derecho en la arborescencia del proyecto y seleccione **Insertar - Módulo**.

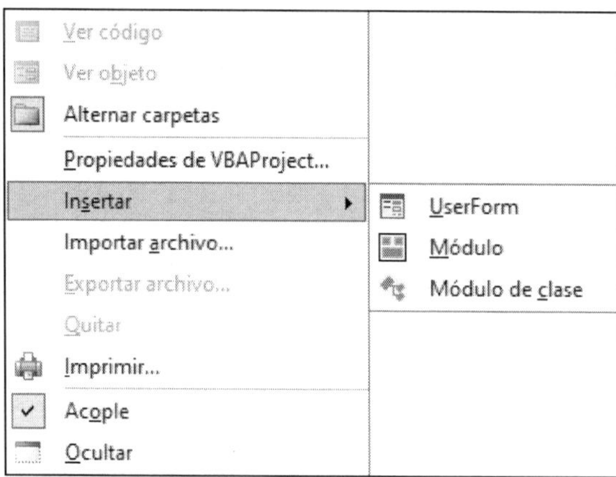

- Cuando el módulo está seleccionado, puede cambiar su nombre de forma manual, directamente en el campo **(Name)** del área **Propiedades**.

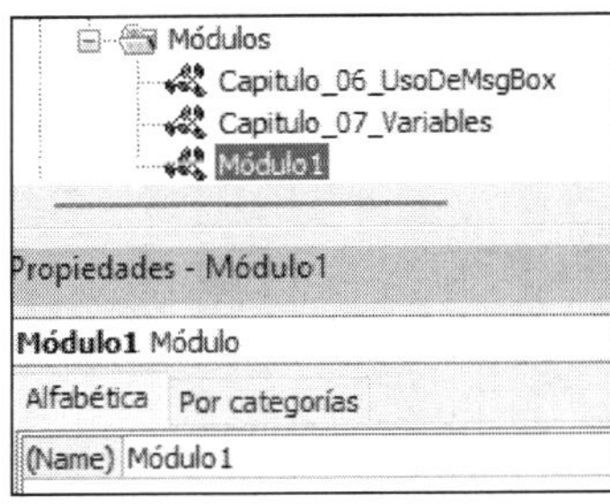

d. Módulos de clase

Los **módulos de clase** también son archivos en los que podrá programar. Estos módulos se utilizan en la programación avanzada de VBA. Aparecen en la carpeta **Módulos de clase**.

Este tema se trata en el capítulo Más allá con VBA.

e. Ventana Propiedades

Debajo del **Explorador de proyectos** puede ver la ventana **Propiedades**, que le permite acceder a las características del objeto seleccionado.

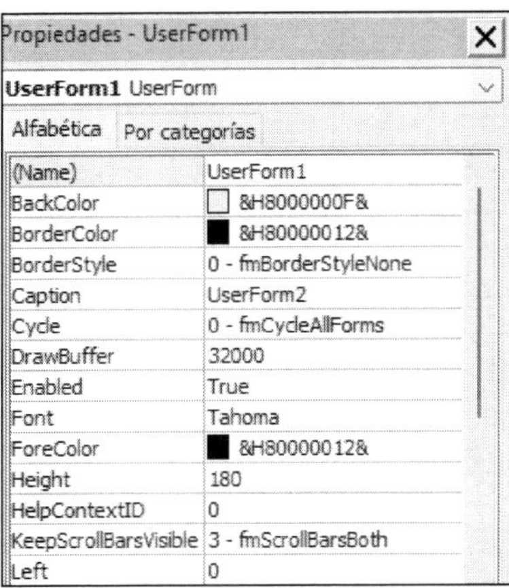

En la columna de la izquierda están las propiedades, y en la de la derecha, el valor asociado a ella.

2. Menú y barras de herramientas

En la parte superior de la interfaz encontrará el menú desde el que podrá acceder a las funciones del VBE.

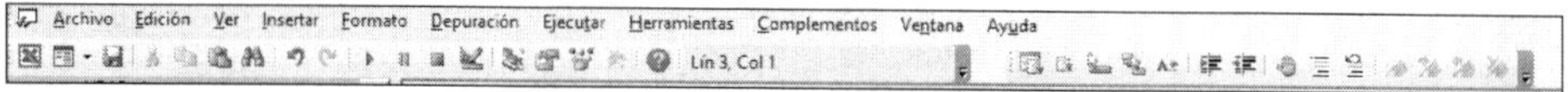

Aquí también puede ver las diferentes barras de herramientas.

3. Zona de edición de código

En la zona más grande de la interfaz se encuentra la ventana de edición de código.

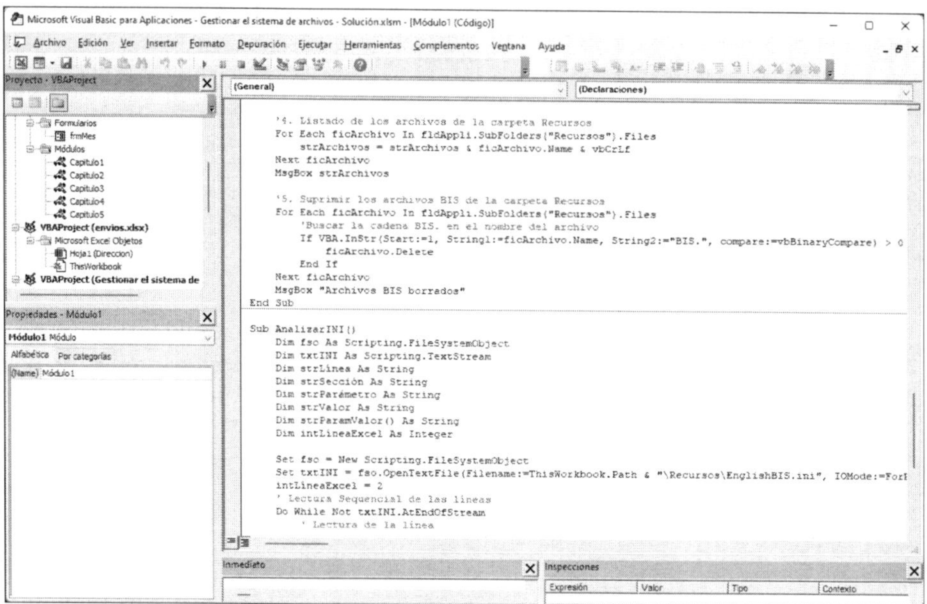

Es en esta zona donde escribirá sus programas en VBA.

Dado que VBA es un lenguaje de programación que utiliza eventos para activarse (hacer clic en un botón, marcar una casilla, validar un valor, etc.), podrá ver en la parte superior del área de código dos zonas con listas desplegables, en las que encontrará, a la izquierda, los objetos desde los que VBA podrá controlar los eventos y, a la derecha, los eventos asociados al objeto seleccionado:

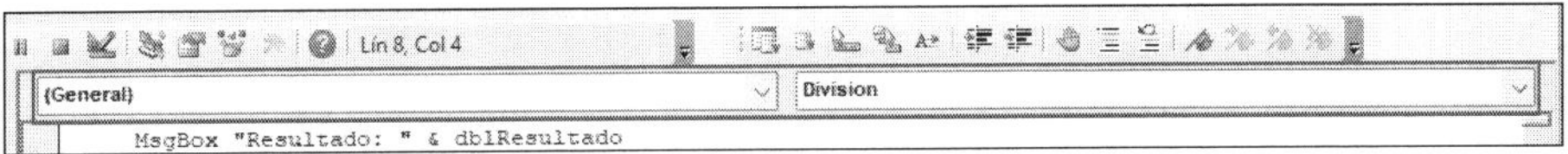

4. Ayuda de Office y Examinador de objetos

En cualquier momento mientras esté programando, usted puede obtener la ayuda de Office en línea.

Pulse la tecla F1 para abrir la página de ayuda en línea de Microsoft.

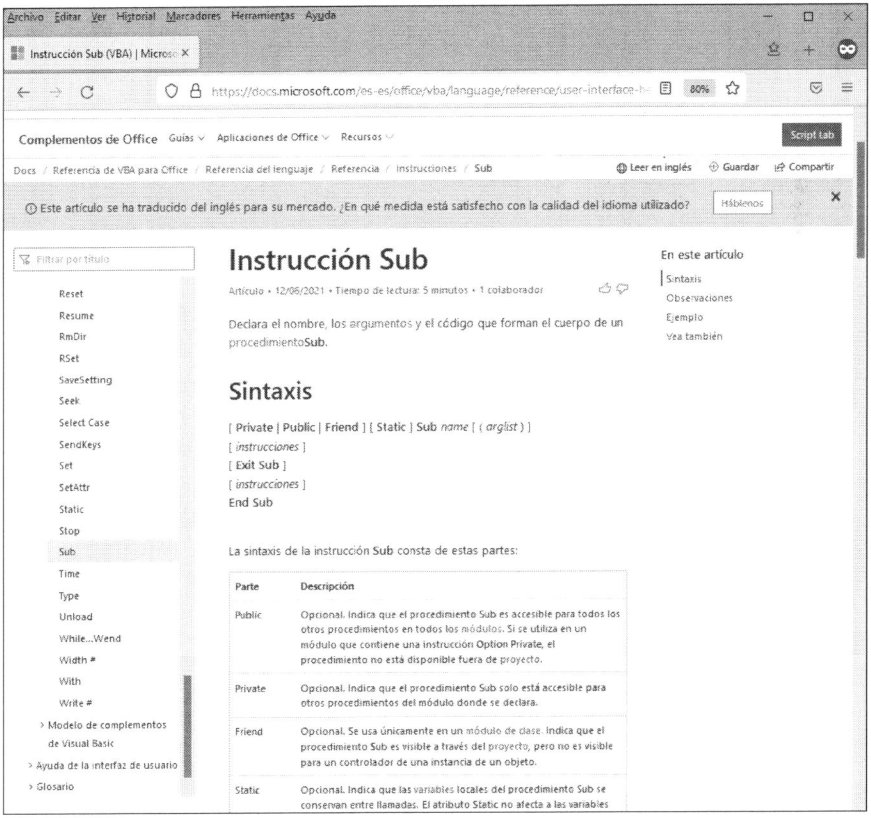

Archivo Editar Ver Historial Marcadores Herramientas Ayuda

Instrucción Sub (VBA) | Micros

https://docs.microsoft.com/es-es/office/vba/language/reference/user-interface-h

Complementos de Office Guías Aplicaciones de Office Recursos Script Lab

Docs / Referencia de VBA para Office / Referencia del lenguaje / Referencia / Instrucciones / Sub Leer en inglés Guardar Compartir

Este artículo se ha traducido del inglés para su mercado. ¿En qué medida está satisfecho con la calidad del idioma utilizado? Háblenos

Filtrar por título

Reset
Resume
RmDir
RSet
SaveSetting
Seek
Select Case
SendKeys
Set
SetAttr
Static
Stop
Sub
Time
Type
Unload
While...Wend
Width #
With
Write #
› Modelo de complementos de Visual Basic
› Ayuda de la interfaz de usuario
› Glosario

Instrucción Sub

Artículo • 12/06/2021 • Tiempo de lectura: 5 minutos • 1 colaborador

Declara el nombre, los argumentos y el código que forman el cuerpo de un procedimientoSub.

Sintaxis

[**Private** | **Public** | **Friend**] [**Static**] **Sub** *name* [(*arglist*)]
[*instrucciones*]
[**Exit Sub**]
[*instrucciones*]
End Sub

La sintaxis de la instrucción **Sub** consta de estas partes:

Parte	Descripción
Public	Opcional. Indica que el procedimiento Sub es accesible para todos los otros procedimientos en todos los módulos. Si se utiliza en un módulo que contiene una instrucción Option Private, el procedimiento no está disponible fuera de proyecto.
Private	Opcional. Indica que el procedimiento Sub solo está accesible para otros procedimientos del módulo donde se declara.
Friend	Opcional. Se usa únicamente en un módulo de clase. Indica que el procedimiento Sub es visible a través del proyecto, pero no es visible para un controlador de una instancia de un objeto.
Static	Opcional. Indica que las variables locales del procedimiento Sub se conservan entre llamadas. El atributo Static no afecta a las variables

En este artículo

Sintaxis
Observaciones
Ejemplo
Vea también

Asimismo, si está buscando un complemento de información sobre determinados objetos, la sintaxis de las funciones o los procedimientos de VBA, pulse la tecla F2. Accederá al **Examinador de objetos**: le permite encontrar la arborescencia de los objetos y ver las propiedades, métodos y eventos (llamados miembros del objeto), con su sintaxis:

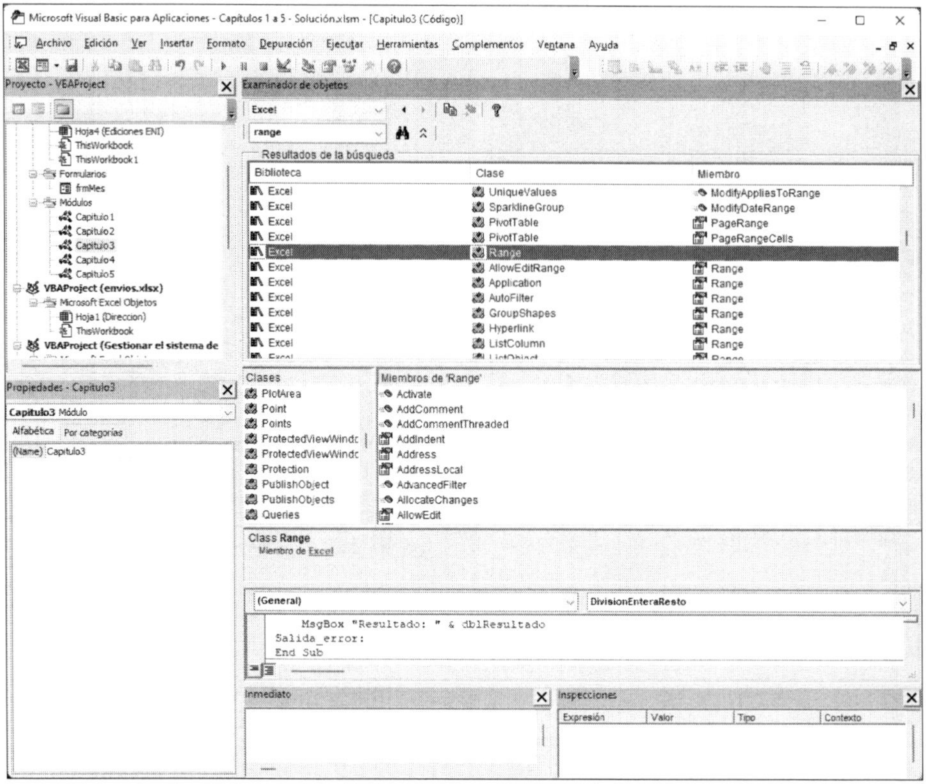

Las nociones de propiedades y métodos se abordarán en el capítulo Manipular celdas de Excel.

D. Configurar el entorno VBE

Con el fin de estar en las mejores condiciones para programar en VBA en el entorno VBE, se recomienda utilizar ciertas ventanas y barras de herramientas muy útiles.

1. Ventana Inmediato

Cuando su programa se ejecuta, se puede mostrar información que solo es visible para el programador. Esta información puede ser útil para probar o supervisar el progreso de su código.

- Para hacer que aparezca esta pantalla, abra el menú **Ver** y seleccione **Ventana Inmediato** o bien utilice el método abreviado Ctrl G.

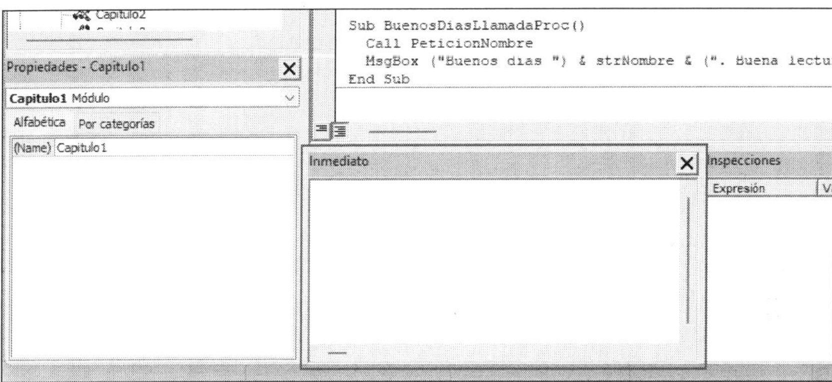

Esta ventana tiene la doble utilidad de mostrar información solo destinada al programador y también de poder ejecutar programas, lo que verá en el capítulo Ejecutar un programa y reglas de escritura.

2. Ventana Inspecciones

Además de la ventana **Inmediato**, es interesante poder utilizar la ventana **Inspecciones**, que permite conocer el valor de las variables o expresiones durante la ejecución de sus programas.

- Para hacer que aparezca esta ventana, abra el menú **Ver** y luego seleccione **Ventana Inspecciones**.

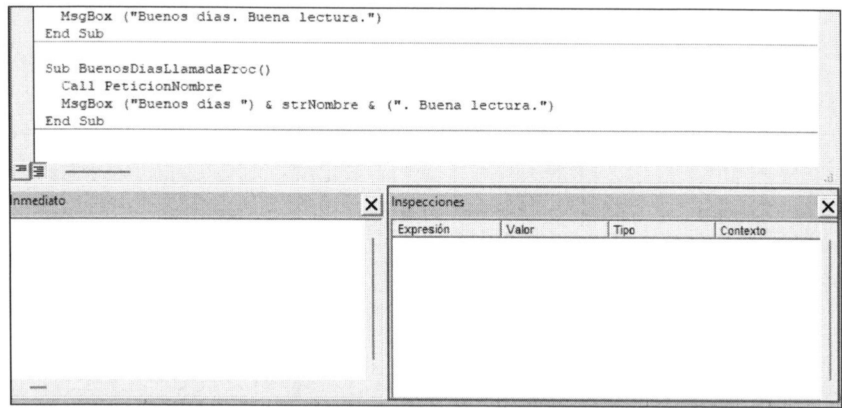

Esta ventana se utilizará en particular en el capítulo Gestión de errores y depuración.

3. Barra de herramientas Edición

Para completar la configuración de su entorno de programación, puede activar la barra de herramientas **Edición**. Esto facilitará la escritura de sus programas.

✎ Para ello, abra el menú **Ver** y luego seleccione **Barras de herramientas - Edición**.

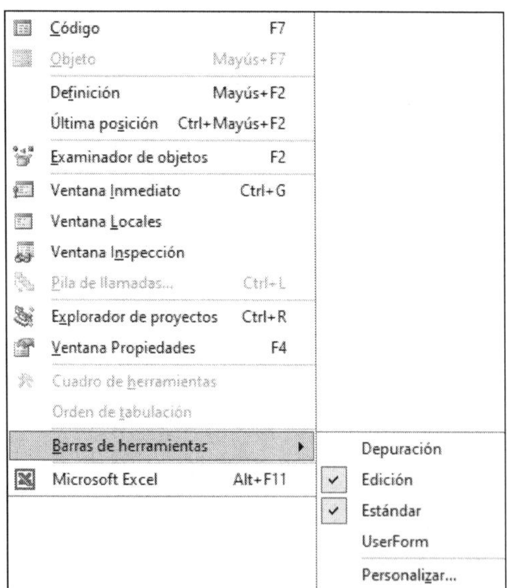

Esta barra de herramientas permite particularmente gestionar los comentarios en el código, de los que hablamos al tratar las herramientas en el capítulo anterior.

4. Accesibilidad y mejora de la lectura

Como puede constatar en las distintas capturas de pantalla de este capítulo, el fondo de la zona de edición es blanco y los colores del texto varían en función de las palabras clave o los comentarios colocados en sus programas.

Si considera que el texto no es lo suficientemente legible, que el contraste de color predefinido no es lo suficientemente eficaz o que prefiere trabajar con un fondo oscuro, siempre puede cambiar estas opciones en VBE.

Para acceder a estas opciones, haga clic en el menú **Herramientas - Opciones** y seleccione la pestaña **Formato del editor**.

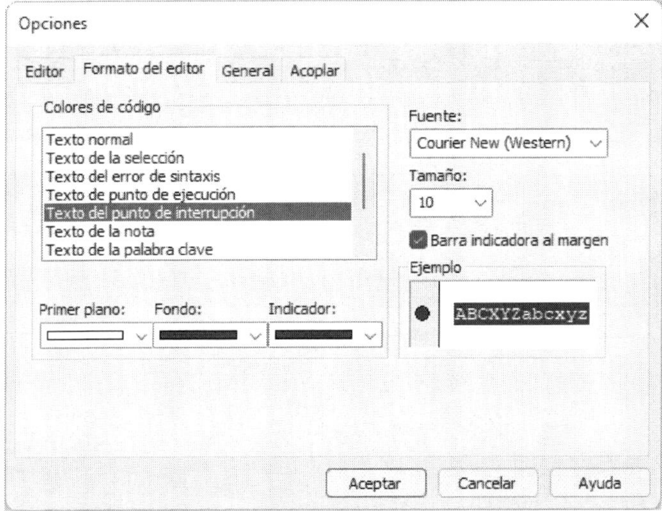

Aquí puede elegir la tipografía y el tamaño de esta, seleccionar los colores según el tipo de código y ver el diseño final en la ventana **Ejemplo**.

Aunque es divertido hacer una pantalla tipo Matrix (fondo negro con escritura verde), la sobriedad también tiene sus ventajas.

E. Conclusión

Al igual que sucede cuando conoce bien su entorno físico de trabajo, dominar su entorno informático le permitirá ahorrar tiempo y sentirse más confiado.

En este capítulo ha aprendido a acceder a su entorno de código VBE, así como a activar las ventanas principales y las barras de menú que utilizará con frecuencia cuando tenga que escribir programas.

Una vez que tenga el conjunto de estos elementos en su sitio, puede empezar a trabajar.

Capítulo 4

Ejecutar un programa y reglas de escritura

A. Objetivos del capítulo 61
B. Ejecutar un programa desde la cinta de opciones 61
C. Ejecutar un programa desde VBE. 61
D. Modo paso a paso. 64
E. Puntos de interrupción 65
F. Reglas de escritura de un programa. 66
G. Para lo que resta de este libro 67

A. Objetivos del capítulo

Una vez que haya utilizado con éxito la grabadora de macros y haya creado su primer programa, es el momento de ejecutarlo.

Este capítulo le permitirá aprender las diferentes formas de ejecutar un programa.

Aprenderá algunas reglas de escritura que le aconsejamos encarecidamente que respete.

También verá las primeras herramientas de depuración.

B. Ejecutar un programa desde la cinta de opciones

Ya ha visto en el capítulo La grabadora de macros cómo ejecutar una macro previamente grabada desde Excel. Pero esta no es la única forma que se puede utilizar para ejecutar un programa.

C. Ejecutar un programa desde VBE

Hay varias formas de ejecutar un programa cuando se está en el entorno de programación VBE. Dependiendo de su desenvoltura o de sus hábitos, puede utilizar la que más le convenga.

1. Usar la barra de herramientas

- Para iniciar un programa, la primera solución es situar el cursor dentro de la macro que desea ejecutar, es decir, entre las etiquetas Sub y End Sub que definen los límites de la macro.
- Haga clic en el botón **Ejecutar Sub/UserForm (F5)** de la barra de herramientas.

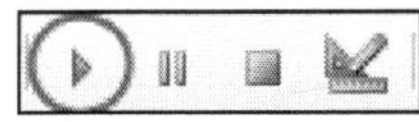

El programa se ejecuta.

2. Usar un método abreviado de teclado

Si prefiere utilizar el teclado, también puede ejecutar su macro desde este.

- Coloque el cursor dentro de la macro que desea ejecutar y pulse la tecla F5, que tiene la misma función que el botón **Ejecutar Sub/UserForm (F5)** de la barra de herramientas.

3. Usar la ventana Inmediato

Si desea ejecutar una función o procedimiento que requiera parámetros, las dos primeras soluciones no funcionarán, ya que el programa necesita recibir esta información para poder ejecutarse. Pasar por la ventana **Inmediato** es la solución adecuada.

a. Ejecutar un procedimiento o una macro

- Si desea ejecutar una macro o procedimiento, introduzca el nombre en la ventana **Inmediato** y confirme pulsando ↵.

```
Macro1
```

*Ejemplo 1: llamada a una macro por su nombre en la ventana **Inmediato***

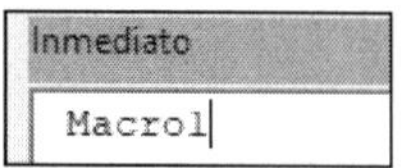

- Si su procedimiento necesita parámetros para funcionar, colóquelos después del nombre, separados por comas.

```
NombreDeSuProcedimiento Parámetros
```

*Ejemplo 2: llamada a un procedimiento por su nombre en la ventana **Inmediato***

Cuando un programa necesita información, puede proporcionarla directamente después de su nombre, separada por comas:

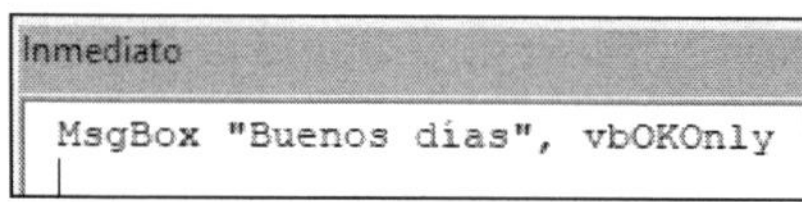

b. Ejecutar una función

- Si desea ejecutar una función para comprobar el valor que devuelve, escriba en la ventana **Inmediato** el carácter **?** (signo de interrogación) seguido del nombre de su función.

```
?NombreDeSuFuncion()
```

*Ejemplo 3: llamada genérica a una función en la ventana **Inmediato***

Como, por ejemplo:

```
?FuncionRegresa3()
```

*Ejemplo 4: llamada a una función a partir de su nombre en la ventana **Inmediato***

El resultado devuelto por la función se mostrará en la siguiente línea de la ventana **Inmediato**.

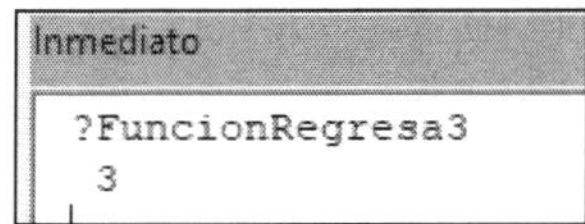

- De la misma forma que para los procedimientos, si su función requiere parámetros, puede escribirlos dentro de los paréntesis.

```
?RegresaElTriple(5)
```

*Ejemplo 5: llamada a una función personalizada en la ventana **Inmediato***

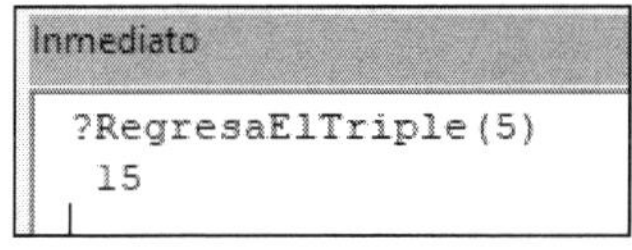

Cuidado: si intenta poner los parámetros sin los paréntesis, obtendrá un mensaje de error como este:

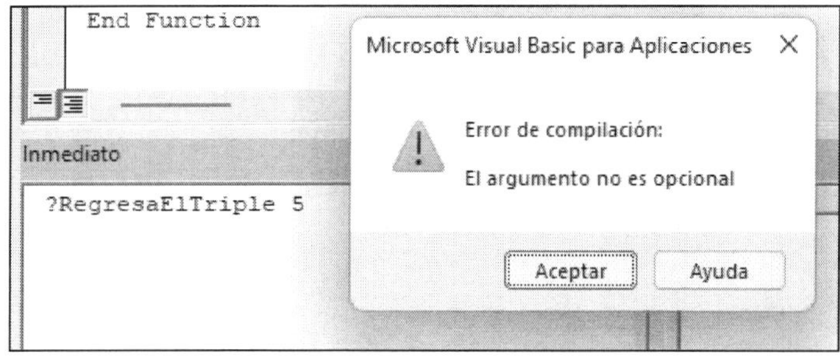

4. Ejemplo con una macro grabada

Retomando el ejemplo de la macro grabada en el capítulo La grabadora de macros, puede ejecutarla utilizando cualquiera de estos métodos.

- Borre las celdas y los colores; luego ejecute la macro desde VBE en el modo que le guste.

Podrá constatar el mismo resultado que anteriormente.

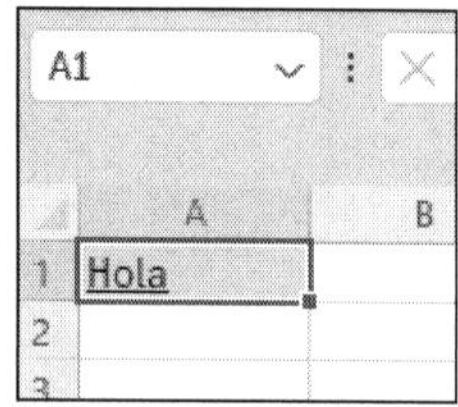

D. Modo paso a paso

Cuando se ejecuta una macro, todas las instrucciones se leen de una sola vez hasta llegar al final del programa.

Como desarrollador, puede desplazarse por el código en modo paso a paso, para que las instrucciones se ejecuten una tras otra.

Aquí, se trata de que usted pueda ver el progreso de su programa línea por línea.

- Pulse la tecla F8 en lugar de F5; el programa se iniciará con la primera línea ejecutable.

La línea se resalta en amarillo y aparece un cursor en forma de flecha en la franja gris, a la izquierda de la línea de código.

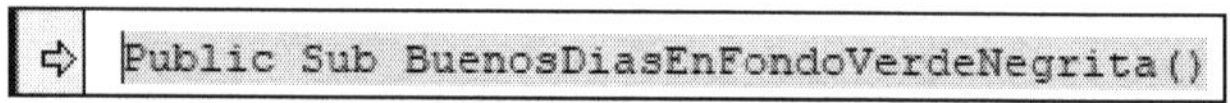

Esta línea resaltada será la siguiente línea que ejecutará el programa. Solo tiene que volver a pulsar la tecla F8 para pasar a la próxima línea. Las líneas comentadas no se leen y el programa pasará a la siguiente línea ejecutable automáticamente.

- También puede hacer que el resto del programa se ejecute de nuevo hasta el final, pulsando la tecla F5.

E. Puntos de interrupción

Hasta ahora ha visto las dos formas de ejecutar un programa: de una sola vez, con la tecla F5, y en modo paso a paso con F8.

También se puede hacer pasar el código hasta una línea específica.

Para conseguirlo, puede utilizar lo que se conoce como puntos de interrupción.

- Para añadir puntos de interrupción en una o varias líneas de su programa, haga clic en la parte derecha del código donde debe insertarse el punto de interrupción y, a continuación, pulse la tecla F9 o haga clic directamente en la franja gris situada a la izquierda de su línea de código.

También puede hacer clic en la herramienta **Alternar punto de interrupción (F9)**.

Aparecerá un punto de color granate:

La presencia de un punto de interrupción actúa de forma tal que el programa se iniciará desde la primera instrucción y, cuando tenga que ejecutar la línea identificada con un punto de interrupción como su siguiente línea, el programa se detendrá, dejándole el campo libre para realizar sus comprobaciones:

- Para eliminar un punto de interrupción, después de mover el cursor a la línea en cuestión, pulse la tecla F9, haga clic en la herramienta **Alternar punto de interrupción (F9)** o haga clic directamente en el punto granate.
- Usted puede desactivar todos los puntos de interrupción pulsando la combinación de teclas Ctrl Mayús F9.

F. Reglas de escritura de un programa

1. Programación imperativa

El lenguaje VBA sigue una lógica imperativa, es decir, las líneas se ejecutan una tras otra, según su orden de aparición en el programa. Si una instrucción no se ejecuta, la siguiente tampoco lo hará.

2. Respetar una sangría

Cuando escriba un programa, este será leído por el ordenador, pero, para el ser humano que usted es, la lectura y relectura de su código son primordiales. Así, cuando las instrucciones están englobadas por otras, por ejemplo, con estructuras condicionales o bucles, que aprenderá en este libro, las instrucciones incluidas deben tener sangría, es decir, estar separadas por tabuladores de la instrucción que las engloba.

He aquí un ejemplo de un programa que no tiene sangría:

```
Sub MalEjemplo()
Dim i As Integer
For i = 1 To 5
If I Mod 2 =0 Then
MsgBox i
End If
Next i
End Sub
```

Ejemplo 6: usar un código sin sangría

El hecho de sangrar un código significa simplemente hacerlo más legible, así:

```
Sub MalEjemplo()
   Dim i As Integer
   For i = 1 To 5
       If i Mod 2 =0 Then
           MsgBox i
      End If
   Next i
End Sub
```

Ejemplo 7: usar un código sangrado correctamente

Al espaciar su código y sangrarlo, hará que sea mucho más fácil codificar y descodificar su programa.

3. Un programa que viaja

Cuando usted escribe un programa, lo hace usando su teclado, su ratón y los caracteres acentuados asociados. Una de las reglas que se aconseja seguir es no utilizar caracteres acentuados ni símbolos diacríticos (como ç o Ø). Los teclados que hay en España no son los mismos que los de EE. UU. o Alemania. Un acento sobre una letra o una cedilla bajo otra es muy difícil de reproducir según el tipo de teclado del que se disponga localmente.

Las instrucciones VBA no tienen tampoco ninguna limitación geográfica, por lo que limitar los riesgos de no poder utilizar completamente una aplicación VBA significa limitar los caracteres elementales al nombrar sus variables, constantes, funciones o procedimientos.

Por lo tanto, prefiera usar la línea:

```
Dim DateAccion As Date
```

Ejemplo 8: priorice los nombres no acentuados

En lugar de:

```
Dim DateAcción As Date
```

Ejemplo 9: el uso de caracteres acentuados dificulta el trabajo de los desarrolladores

G. Para lo que resta de este libro

Para que pueda beneficiarse de los ejemplos de código que se ofrecen a lo largo de este libro, se recomienda que copie las instrucciones que se le presentarán y las ejecute en la forma que usted prefiera.

Capítulo 5

Comunicarse con el usuario: MsgBox e InputBox

A. Objetivo del capítulo 71
B. Mostrar un mensaje al usuario: MsgBox 71
C. Pedir información al usuario: Application.InputBox 84
D. Ejercicios 88

A. Objetivo del capítulo

A fin de equiparle mejor para comunicarse con los usuarios sin tener que escribir cientos de líneas de código, descubrirá en este capítulo las funciones **MsgBox** e **InputBox**. Mostrar mensajes a los usuarios puede servir para varios propósitos, como darles la bienvenida o informarles sobre el proceso de su programa, pero también advertirles de los pasos críticos.

Así, en este capítulo, se repasará la función **MsgBox**, con los botones e iconos que puede añadir a sus cuadros de diálogo, y la función **InputBox**, con las diferentes opciones de que dispone cuando quiere interactuar de forma más específica con sus usuarios.

Al final del capítulo, encontrará una serie de ejercicios para entrenarse en adaptar mejor su comunicación a través de las herramientas VBA.

B. Mostrar un mensaje al usuario: MsgBox

Independientemente del lenguaje informático, siempre es importante mostrar la información al usuario y obtener una confirmación o afirmación por su parte. En VBA, esta función de visualización de mensajes se llama **MsgBox**, que se pronuncia «Message Box» (mesaʒ boks).

La función **MsgBox** es probablemente la más utilizada de las disponibles en VBA. Es importante saber cómo escribirla, pero también las opciones que se le ofrecen al utilizarla.

1. Usar MsgBox para un despliegue básico

✎ Después de añadir un módulo en el que pueda escribir su código, comience escribiendo estas pocas líneas:

```
Sub Hola()
  'Mostrar Hola al usuario
End Sub
```

Ejemplo 1: escribiendo una primera macro

Las palabras clave **Sub** y **End Sub** se tratarán en el capítulo Procedimientos, funciones y macros. Por el momento su código no contiene más que un comentario. Si ejecuta la macro, no pasará nada.

Para mostrar «Buenos días» al usuario, basta con añadir la siguiente sentencia para obtener el siguiente código completo:

```
Sub Hola()
  'Mostrar Hola al usuario
  MsgBox "Hola"
End Sub
```

Ejemplo 2: llamando a la función MsgBox

✎ Ejecute la macro; deberá ver en su pantalla el siguiente mensaje:

Enhorabuena, ¡ha escrito y ejecutado su primera macro! Siga ahora para descubrir cómo mejorarlo.

2. Propiedades y sintaxis general del cuadro de diálogo MsgBox

Cuando quiera mostrar un mensaje, deberá escribir la función **MsgBox**, seguida del texto que quiera mostrar. El texto va entre comillas.

De forma predefinida, la ventana muestra un único botón Aceptar y tiene el título Microsoft Excel.

Las cuatro partes que le interesarán en los próximos párrafos se muestran en la siguiente imagen.

El texto es la información principal que aparece en el cuadro de diálogo (1). A continuación, tiene uno o varios botones en la parte inferior de la caja (2). En la parte superior de la caja está el título (3). Por último, a la izquierda del texto puede ver lo que se llama un icono (4).

Usted puede manipular cada una de estas propiedades a su conveniencia, a través de la llamada a la función `MsgBox` y de la información que proporcione a dicha función.

a. Sintaxis general de la función MsgBox

La sintaxis general de la función `MsgBox` es la siguiente:

```
MsgBox (MensajeMostrado, [ botones,] [ título,]
[ archivodeayuda, contexto])
```

Ejemplo 3: sintaxis general de la función MsgBox

La primera información que se suministra a la función, que se denomina **parámetro** o **argumento**, es el texto que se mostrará en el cuadro de diálogo.

El resto de la información, cuyos nombres aparecen convencionalmente entre corchetes en este libro, se proporciona opcionalmente al llamar a la función.

La información al llamar a la función `MsgBox` está separada por comas (,). El carácter coma es el que separa los argumentos en VBA.

En las siguientes secciones verá los valores que se pueden proporcionar para cada uno de los parámetros.

3. Texto y despliegue en varias líneas

La principal información del cuadro de diálogo es el texto; se proporciona obligatoriamente al llamar a la función `MsgBox`.

```
MsgBox "Hola" 'Muestra Hola
```

Ejemplo 4: mostrar texto «incrustado» en el código

Puede, igualmente, utilizar el contenido de una celda:

```
MsgBox Range("B5").Value 'Muestra el valor contenido en la celda B5
```

Ejemplo 5: mostrar el contenido de una celda

O incluso usar el contenido de una variable (esta noción será tratada más en detalle en el capítulo Variables y constantes):

```
Dim MiTexto As String
MiTexto = "Texto personalizado"
MsgBox MiTexto
```

Ejemplo 6: mostrar el valor de una variable

a. Mostrar en varias líneas la constante vbLf

Es posible mostrar el texto en varias líneas. Para romper la línea, debe utilizar la palabra clave **vbLf**, que es una constante de VB, rodeada por el símbolo & (et o y; se usa su nombre en inglés, *ampersand*), que se utiliza para la concatenación. Las constantes se abordarán en la sección Variables, constantes y cadenas en el capítulo Manipular cadenas.

```
MsgBox "Un Anillo para gobernarlos a todos, un Anillo para encontrarlos."
& vbLf & _
    "Un Anillo para atraerlos a todos y atarlos en las tinieblas."
```

Ejemplo 7: mostrar texto en varias líneas

Al ejecutar el código del ejemplo 7, se mostrará la siguiente ventana con su mensaje.

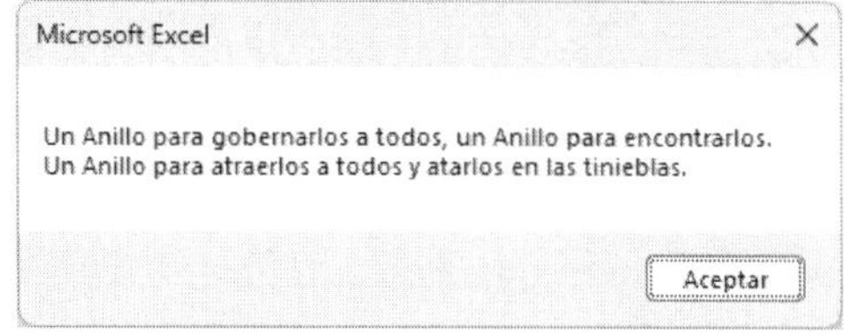

4. Botones

El segundo elemento que le interesará a la hora de mostrar un cuadro de diálogo es el conjunto de botones que el usuario verá en la pantalla. Si hay uno, dos, tres, o incluso cuatro botones, todos ellos son posibilidades disponibles para el usuario.

Partiendo de una sintaxis similar a la del conjunto de diálogos que se mostrarán, su código será el siguiente:

```
MsgBox "Mensaje mostrado", CombinacionDeBotones, "Título del diálogo"
```

Ejemplo 8: conjunto común para la visualización de botones

a. Mostrar un solo botón

Cuando su cuadro de diálogo tiene solo un botón, mostrará el texto **Aceptar**. Este es el comportamiento predeterminado. Hay dos sintaxis posibles para este caso:

```
MsgBox " Mensaje mostrado", , "Título del diálogo" 'no hay información,
VBA aplica el valor predefinido

MsgBox " Mensaje mostrado", vbOKOnly, "Título del diálogo" 'solo
el botón Aceptar es representado con la constante vbOkOnly
```

Ejemplo 9: despliegue de una caja de diálogo con un solo botón

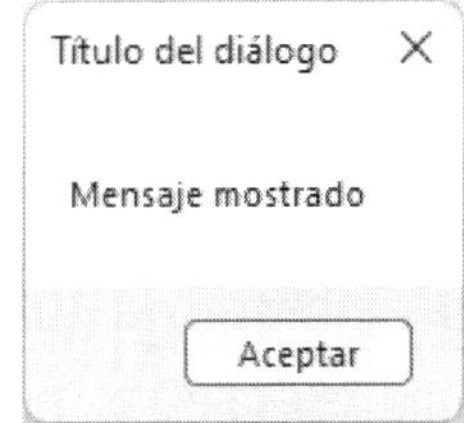

b. Mostrar dos botones

Hay tres conjuntos que ofrecen dos botones al usuario.

El primero de ellos contiene los botones **Aceptar** y **Cancelar**. Puede mostrar este conjunto de botones usando el valor **`vbOKCancel`**.

```
MsgBox "Mensaje mostrado", vbOKCancel, "Título del diálogo"
'Aceptar + Cancelar
```

*Ejemplo 10: mostrar los botones **Aceptar** y **Cancelar***

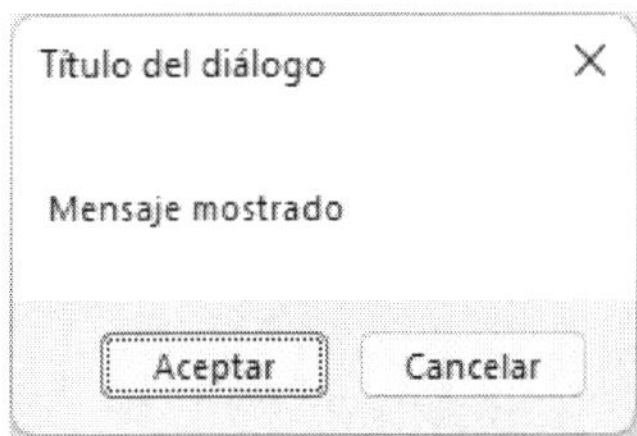

El segundo conjunto está formado por los botones **Sí** y **No**. Puede mostrar este conjunto de botones usando el valor **vbYesNo**.

```
MsgBox "Mensaje mostrado", vbYesNo, "Título del diálogo" 'Sí + No
```

*Ejemplo 11: mostrar los botones **Sí** y **No***

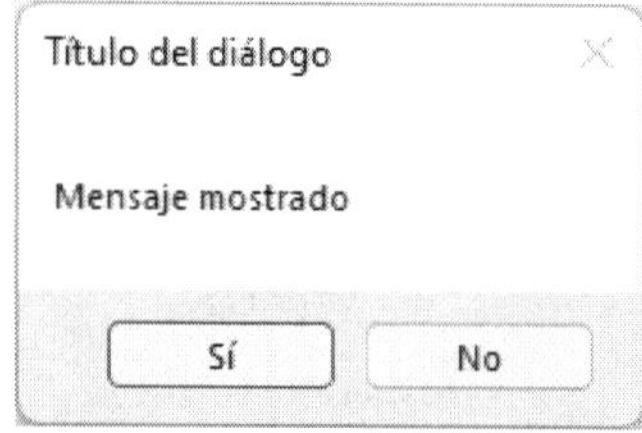

El tercer conjunto de botones incluye los botones **Reintentar** y **Cancelar**. Puede mostrar este conjunto de botones usando el valor **vbRetryCancel**.

```
MsgBox "Mensaje mostrado", vbRetryCancel, "Título del diálogo"
'Reintentar + Cancelar
```

*Ejemplo 12: mostrar los botones **Reintentar** y **Cancelar***

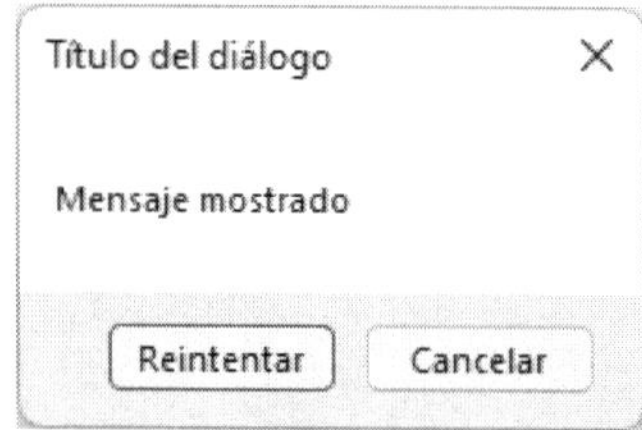

c. Mostrar tres botones

También existen dos conjuntos de cuadros de diálogo que presentan tres botones.

El primer conjunto muestra los botones **Sí**, **No** y **Cancelar**. Puede mostrar este conjunto de botones usando el valor **vbYesNoCancel**.

```
MsgBox "Mensaje mostrado", vbYesNoCancel, "Título del diálogo"
'Si + No + Cancelar
```

Ejemplo 13: mostrar los botones Sí, No *y* Cancelar

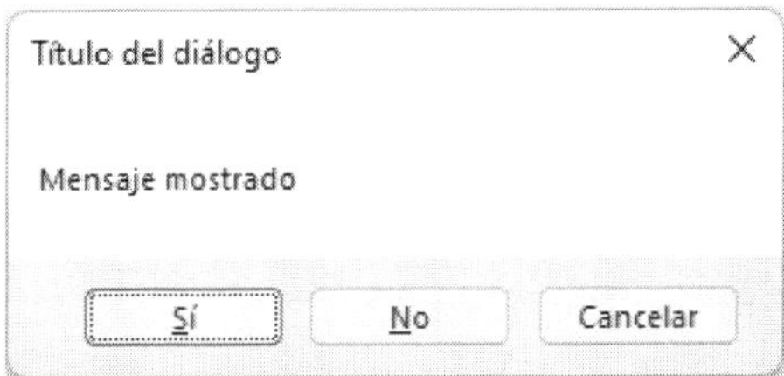

Finalmente, el último conjunto de esta lista muestra los botones Anular, Reintentar y Omitir. Este conjunto está representado por el valor **vbAbortRetryIgnore**.

```
MsgBox "Mensaje mostrado", vbAbortRetryIgnore, "Título del diálogo"
'Anular + Reintentar + Omitir
```

Ejemplo 14: mostrar los botones Anular, Reintentar *y* Omitir

d. Tabla recapitulativa de los posibles botones

Para ayudarle a orientarse, aquí tiene las constantes que se han de utilizar y los valores numéricos asociados a cada una de ellas.

Constante	Botones mostrados	Valor numérico
vbOkOnly	Aceptar únicamente	0
vbOkCancel	Aceptar y Cancelar	1
vbAbortRetryIgnore	Anular, Reintentar y Omitir	2
vbYesNoCancel	Sí, No y Cancelar	3
vbYesNo	Sí y No	4
vbRetryCancel	Reintentar y Cancelar	5

5. Iconos

Además de texto y botones, se puede mostrar un icono en su cuadro de diálogo. Dependiendo del tipo de mensaje que quiera enviar al usuario, hay cuatro iconos diferentes.

La información de los iconos se proporciona al mismo tiempo que la de los botones, mediante una simple suma numérica. El código común de los iconos que se ofrecen como ejemplo es el siguiente:

```
MsgBox "Mensaje mostrado", vbOKCancel + CódigoDelIcono,
"Título del diálogo"
```

Ejemplo 15: conjunto común a la visualización de iconos

Cada cuadro de diálogo mostrará los botones **Aceptar** y **Cancelar** de forma predefinida, pero, por supuesto, puede utilizar el que le convenga.

Si no se proporciona ningún valor de icono, el cuadro de diálogo mostrará el texto sin ningún icono en particular.

a. Mensaje crítico: vbCritical

El primer icono es el de mensaje crítico, una cruz en un círculo rojo, con el que se invita al usuario a prestar especial atención. El valor de este icono es proporcionado por la constante **vbCritical**.

```
MsgBox "Mensaje mostrado", vbOkCancel + vbCritical,
"Título del diálogo" 'Mensaje crítico
```

Ejemplo 16: mostrar el icono Mensaje Crítico

El cuadro de diálogo que se mostrará será, entonces, el siguiente:

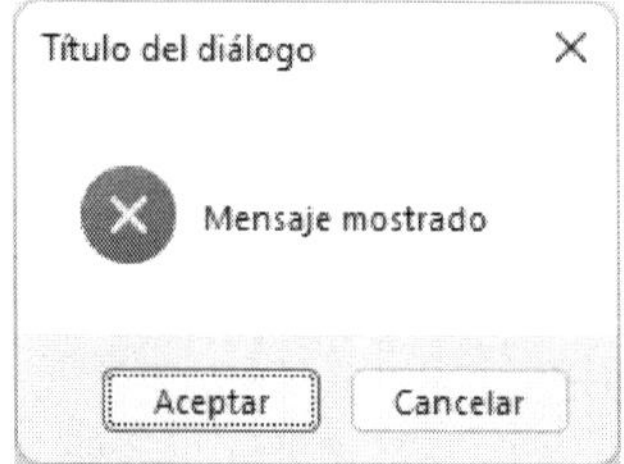

b. Mensaje de advertencia: vbExclamation

El segundo icono es el de mensaje de advertencia, un signo de exclamación en un triángulo amarillo, con el que se advierte al usuario de un caso potencialmente problemático. El valor de este icono se establece mediante la constante **vbExclamation**.

```
MsgBox "Mensaje mostrado", vbOKCancel + vbExclamation,
"Título del diálogo" 'Mensaje de advertencia
```

Ejemplo 17: mostrar el icono Mensaje de advertencia

El cuadro de diálogo que se mostrará será, entonces, el siguiente:

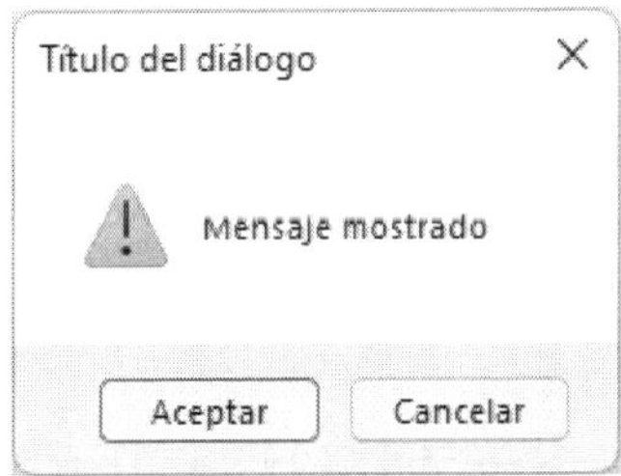

c. Mensaje de información: vbInformation

El tercer icono es el de mensaje informativo, una letra i en un círculo azul, con el que se informa al usuario. El valor de este icono es proporcionado por la constante **vbInformation**.

```
MsgBox "Mensaje mostrado", vbOKCancel + vbInformation,
"Título del diálogo" 'Mensaje de información
```

Ejemplo 18: mostrar el icono ***Mensaje de información***

El cuadro de diálogo que se mostrará será, entonces, el siguiente:

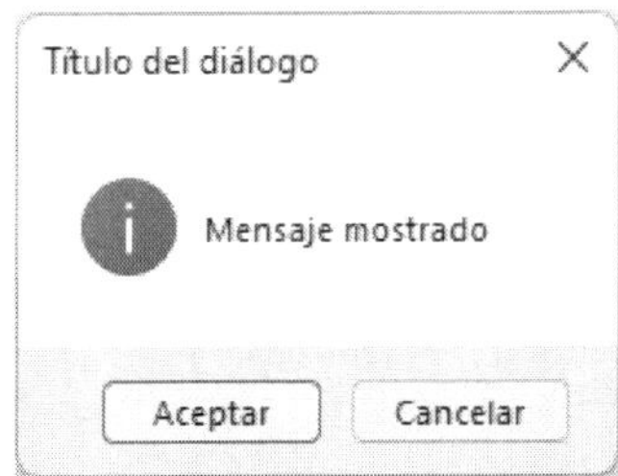

d. Mensaje de interrogación: vbQuestion

El último icono es el de mensaje de pregunta, el símbolo del signo de interrogación (?) en un círculo azul, con el que se hace una pregunta al usuario. El valor de este icono se establece mediante la constante **vbQuestion**.

```
MsgBox "Mensaje mostrado", vbOKCancel + vbQuestion,
"Título del diálogo" 'Mensaje de interrogación
```

Ejemplo 19: mostrar el icono ***Mensaje de interrogación***

El cuadro de diálogo que se mostrará será, entonces, el siguiente:

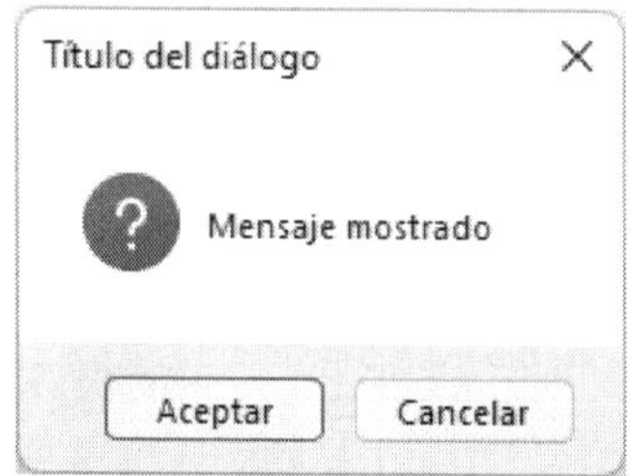

e. Tabla recapitulativa de los posibles iconos

He aquí las constantes que se han de utilizar dependiendo del icono que desee mostrar en su cuadro de diálogo, así como los valores numéricos asociados a cada constante.

Constante	Icono mostrado	Valor numérico
`vbCritical`	Mensaje crítico	16
`vbQuestion`	Mensaje de interrogación	32
`vbExclamation`	Mensaje de advertencia	48
`vbInformation`	Mensaje de información	64

6. Título

Cuando despliega un cuadro de diálogo, este muestra «Microsoft Excel» como título predefinido. Es posible que desee mostrar un título específico, que represente el nombre de su empresa, el de su aplicación o cualquier otro título que realce su diálogo.

El título es el tercer dato que espera la función **MsgBox**. Como ya ha visto en los ejemplos anteriores, se puede mostrar el título que se quiera, así:

```
MsgBox "Mensaje mostrado", , "Título personalizado"
```

Ejemplo 20: personalizar el título en el cuadro de diálogo

7. Algunas constantes particulares

Hay algunas constantes que todavía pueden enriquecer su cuadro de diálogo, pero que se utilizan con menos frecuencia; he aquí algunas de ellas.

8. Mostrar un botón Ayuda

Además de los conjuntos de botones mencionados anteriormente, es posible mostrar un botón Ayuda. Al mostrar este botón, se utilizará la última información posible de la función **MsgBox**. Se puede adjuntar un archivo de ayuda (extensión *.hlp*), así como un contexto, para abrir el archivo de ayuda en un lugar determinado.

```
MsgBox "Mensaje mostrado", vbOKOnly + vbMsgBoxHelpButton,
"Título personalizado", Camino_Completo_al_Archivo_de_Ayuda, 1
```

Ejemplo 21: mostrar un botón Ayuda

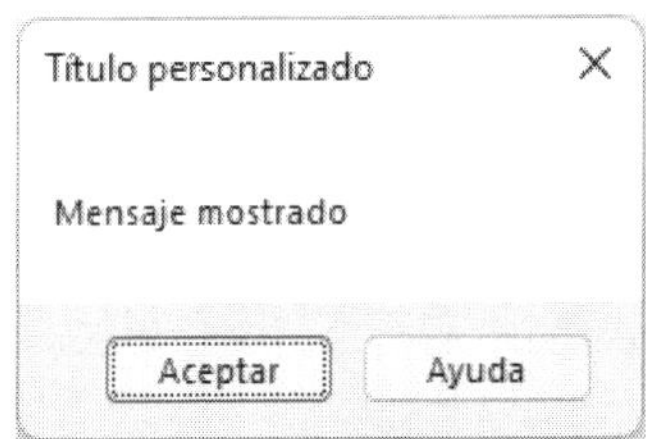

a. Seleccionar un botón predefinido

Cuando se muestran varios botones en el cuadro de diálogo, se puede seleccionar un botón predefinido para facilitar al usuario la toma de decisiones, por ejemplo, permitiéndole pulsar directamente la tecla ↵. De forma predefinida, es el primer botón del conjunto el que se selecciona cuando se muestra el diálogo.

Como hay hasta cuatro botones visibles, las constantes son las siguientes:
vbDefaultButton1, **vbDefaultButton2**, **vbDefaultButton3** y **vbDefaultButton4**.

He aquí un ejemplo que permite seleccionar de forma predefinida el botón No en una pantalla que muestra Sí y No.

```
MsgBox "Mensaje mostrado", vbYesNo + vbDefaultButton2,
"Título personalizado"
```

Ejemplo 22: preseleccionar un botón en un cuadro de diálogo

El cuadro de diálogo se mostrará así:

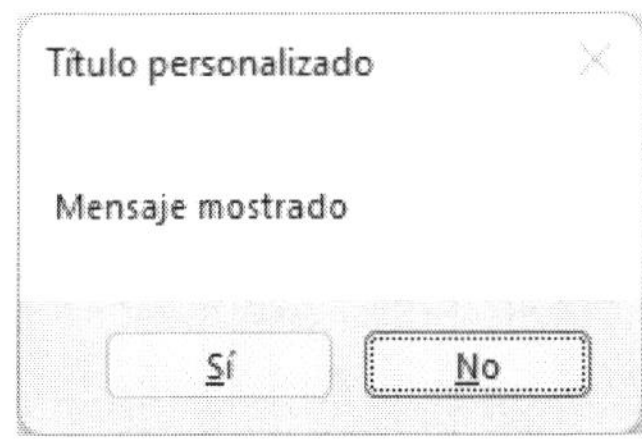

b. Alinear el texto a la derecha

Entre las demás opciones de visualización en un cuadro de diálogo, puede alinear el texto a la derecha en lugar de a la izquierda. La constante **vbMsgBoxRight** le permite esta opción.

```
MsgBox "Mensaje alineado a la derecha", vbOKOnly + vbInformation +
vbMsgBoxRight, "Título personalizado"
```

Ejemplo 23: mostrar texto alineado a la derecha

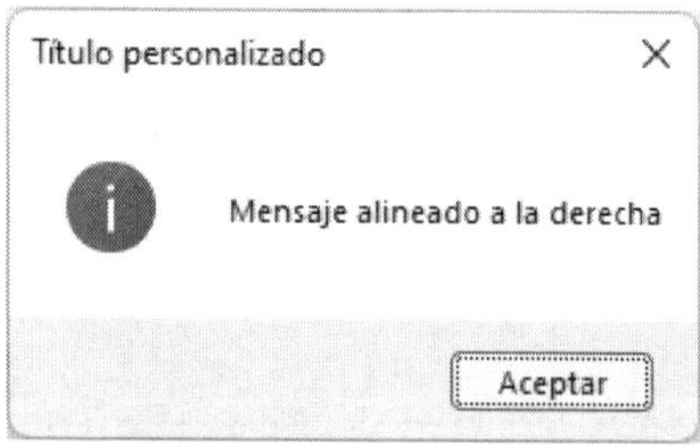

c. Mostrar la información de derecha a izquierda

Finalmente, una última opción que potencialmente puede utilizar en algunas regiones del mundo le permite mostrar la información de derecha a izquierda y no de izquierda a derecha, por ejemplo, para la escritura árabe o hebrea. La constante que se utiliza para dicho formato es **vbMsgBoxRtlReading**.

```
MsgBox "Mensaje invertido", vbYesNoCancel + vbInformation +
vbMsgBoxRtlReading, "Título personalizado"
```

Ejemplo 24: mostrar la información de derecha a izquierda

El diálogo tendrá, entonces, el siguiente aspecto:

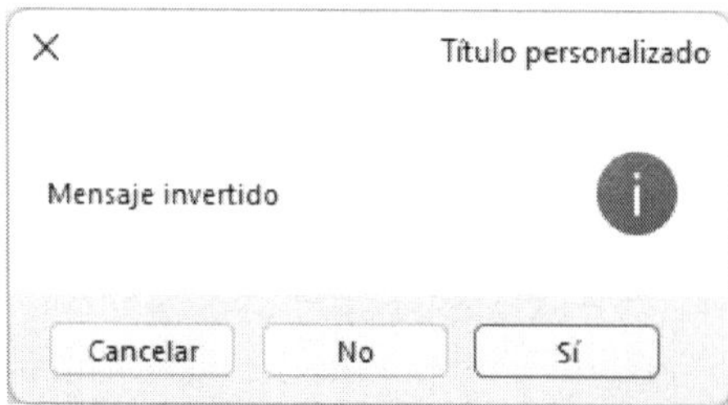

Todo el conjunto de datos se presentará en una imagen especular en relación con lo que hasta ahora se ha visto, con la ubicación de los iconos y el orden de los botones invertidos.

9. Respuesta del usuario, clic en un botón

Una vez que haya tenido el cuidado de mostrar la información al usuario como deseaba, es el momento de considerar qué botón pulsará este cuando se muestre el cuadro de diálogo.

Hay un total de siete botones posibles (sin incluir el botón de ayuda) que pueden ser seleccionados por el usuario. Cada uno de estos botones tiene un valor constante propio.

Aunque las estructuras de decisión se presentan con más detalle en el capítulo Condiciones, aquí hay un ejemplo de código que ejecutará instrucciones dependiendo de en qué botón se haga clic.

```
Select Case MsgBox("Mensaje mostrado", vbYesNoCancel)
'Mostrar los botones Sí + No + Cancelar
  Case vbYes
    'instrucciones si el usuario hace clic en Sí
  Case vbNo
    'instrucciones si el usuario hace clic en No
  Case vbCancel
    'instrucciones si el usuario hace clic en Cancelar
End Select
```

Ejemplo 25: gestión de un botón en el que el usuario hace clic

a. Tabla de botones que responden a un clic

Esta es la lista de botones en los que el usuario puede hacer clic:

Constante	Botón seleccionado	Valor numérico
vbOk	Aceptar	1
vbCancel	Cancelar	2
vbAbort	Anular	3
vbRetry	Reintentar	4
vbIgnore	Omitir	5
vbYes	Sí	6
vbNo	No	7

C. Pedir información al usuario: Application.InputBox

Cuando hacer clic en un botón ya no es una opción suficientemente útil para su programa, debe utilizar otros medios. Ya sea que se trate de un texto, un valor numérico o de una celda de Excel que se ha de suministrar, la función **InputBox** es una valiosa herramienta a su disposición.

1. Application.InputBox o VBA.InputBox

Una peculiaridad que puede confundirle en su proceso de aprendizaje es que hay dos funciones llamadas **InputBox** en VBA. Ambas tienen el mismo propósito: mostrar un cuadro de diálogo para solicitar información al usuario. Se puede considerar que ambas tienen las mismas propiedades y parámetros, con la salvedad de que aquí se estudiará **Application.InputBox**, que permite una gestión aún más fina de los tipos de valores solicitados al usuario. En los siguientes capítulos descubrirá que aquí Application hace referencia a Excel. Además, **Application.InputBox** solo está disponible en Excel, mientras que **InputBox** únicamente estará accesible para otras aplicaciones de Office (Access, Word u Outlook, por nombrar algunas).

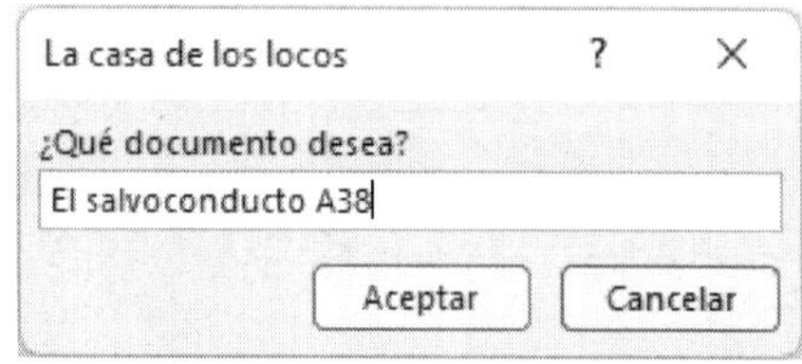

Ejemplo visual de la caja de diálogo InputBox

Otro punto, técnicamente hablando, `Application.InputBox` llama al método `VBA.InputBox`. Por último, tenga en cuenta, que, si utiliza `InputBox` sin especificar `Application` delante, la versión llamada será entonces `VBA.InputBox`.

2. Diálogo básico

Application.Inputbox es un cuadro de diálogo que le pide al usuario introducir información con el teclado o el ratón para poder utilizar esa información en el resto del programa.

He aquí hay un primer ejemplo de código que muestra este cuadro de diálogo.

```
Sub PideNombre()
   Application.InputBox "Introduzca su nombre"
End Sub
```

Ejemplo 26: llamada a la función Application.InputBox

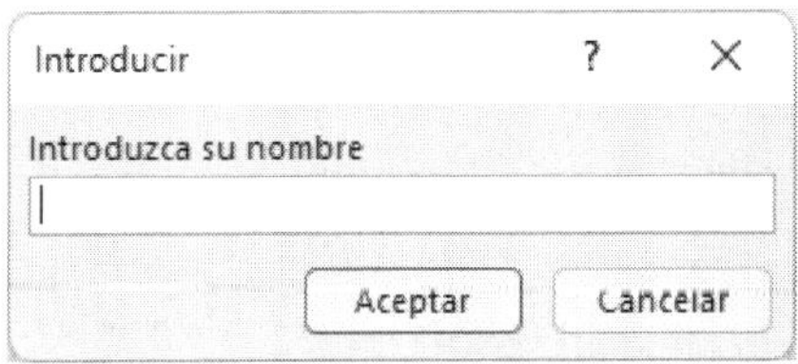

3. Propiedades y sintaxis general del cuadro de diálogo Application.InputBox

En este cuadro de diálogo encontrará propiedades similares a las ya vistas en **`MsgBox`**.

Cuando quiera solicitarle información al usuario, tiene que escribir la función **`Application.InputBox`**, seguida del texto que quiere mostrar.

De forma predefinida, la ventana muestra un botón Aceptar y otro Cancelar, un cuadro de texto donde el usuario puede introducir la información solicitada y que tiene el título Introducir.

a. Sintaxis general de la función Application.InputBox

La función **`Application.InputBox`** utiliza una sintaxis próxima a la ya vista para **`MsgBox`**:

```
Application.InputBox Prompt, [Title], [Default], [Left], [Top],
[HelpFile], [HelpContextId], [Type]
```

Ejemplo 27: sintaxis general de la función Application.InputBox

Aunque parte de la información ya se ha visto antes, otra necesita cierta explicación, así que vamos a ir paso a paso.

En primer lugar, debe saber que los parámetros **`Left`** y **`Top`** son ahora obsoletos y no se utilizan desde la versión de Office 2007.

4. Texto y título: Prompt y Title

Como aprendió con `MsgBox`, se puede indicar, al llamar a la función, el texto que se mostrará en la pantalla, pero también el título del cuadro de diálogo.

Estos dos datos son los primeros que aparecen en la lista y, una vez más, solo el texto que aparece como **`Prompt`** es obligatorio, mientras que el título, **`Title`**, es opcional.

De este modo, puede personalizar su cuadro de diálogo con esta información.

```
Application.InputBox "Mensaje personalizado", "Título explicativo"
```

Ejemplo 28: utilización de los parámetros Prompt y Title

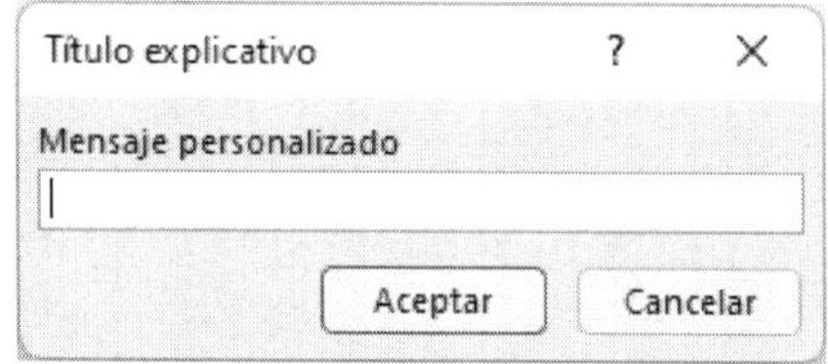

5. Valor predefinido: Default

La primera información nueva aquí es el valor predefinido que estará presente en el campo de texto cuando se muestre el cuadro de diálogo. De este modo, puede preparar el valor más frecuente o dar información al usuario sobre el tipo de valor esperado.

```
Application.InputBox "Introduzca un número de factura",
"Inscripción de Factura", "ABC123XYZ"
```

Ejemplo 29: utilización del parámetro Default

Esto tendrá por resultado que se muestre el valor predefinido en el cuadro de texto.

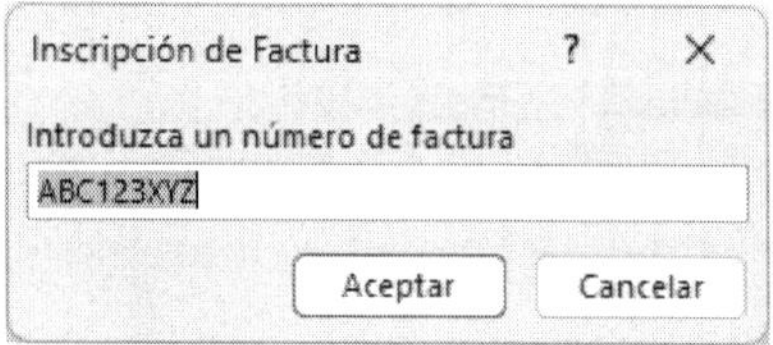

6. Opciones de ayuda: HelpFile y HelpContextId

Como ya lo visto con la función `MsgBox`, se puede proporcionar un archivo de ayuda y una ubicación de este, utilizando los parámetros **`HelpFile`** y **`HelpContextId`**.

7. Tipo de valor introducido: Type

El principal valor añadido de la función `Application.InputBox` es que se puede especificar el tipo de valor que debe introducir el usuario. De forma predefinida, el usuario puede introducir texto, pero hay otros tipos de valores posibles, como una fórmula o un número. Cada tipo corresponde a un valor entero.

Por ejemplo, si quiere que el usuario pueda seleccionar una celda, el valor sería 8.

```
Application.InputBox "Seleccione una celda",,,,,,,8
```

Ejemplo 30: utilización del tipo de valor devuelto

Esto dará por resultado el siguiente cuadro de diálogo.

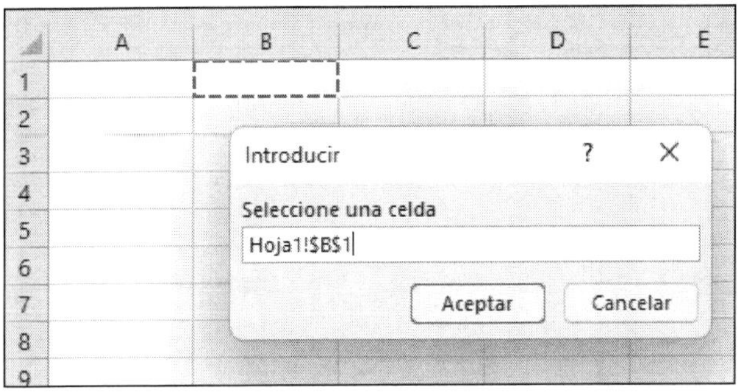

Esta es la tabla de tipos de valores que la función `Application.InputBox` le permite utilizar.

Valor	Descripción
0	Una fórmula
1	Un número
2	Un texto (cadena de caracteres)
4	Valor lógico (Verdadero o Falso)
8	Referencia a una celda
16	Un valor de error; por ejemplo, #N/A
64	Una matriz de valores

Tenga en cuenta que, si el cuadro de texto acepta más de un tipo de datos, puede simplemente sumarlos. Por ejemplo, si el cuadro de texto acepta un número o un valor booleano Verdadero/Falso, el valor del parámetro tipo será 1 + 4.

8. Valor que devuelve una función

Al igual que ha visto que se puede recuperar el valor devuelto por el cuadro de diálogo `MsgBox`, también se puede recuperar el valor devuelto por `InputBox`.

Si el usuario hace clic en **Aceptar**, el valor devuelto será lo que el usuario escribió en el cuadro de texto.

Si el usuario hace clic en **Cancelar**, la función `InputBox` devuelve el valor `False` (Falso).

He aquí es un ejemplo de código que muestra el valor que el usuario introdujo, o un mensaje de advertencia si el usuario hace clic en **Cancelar** en el cuadro de diálogo.

```
Dim Valor
Valor = InputBox("Introduzca el número de factura")
If Valor = False Then
   MsgBox "Hizo clic en Cancelar", vbExclamation + vbOKOnly
Else
   MsgBox Valor
End If
```

Ejemplo 31: gestión del botón ***Cancelar***

D. Ejercicios

Con el fin de aprender mejor las diferentes posibilidades que ofrecen las funciones `MsgBox` y `Application.InputBox`, he aquí una serie de ejercicios. Aunque todavía no sabe cómo hacer programas elaborados, aquí intentará mostrar cuadros de diálogo respetando ciertas restricciones.

- Comience por crear un módulo al que llamará **`Capítulo_05_Msgbox_InputBox`**.

Cada ejercicio puede realizarse por separado. Puede escribir su código entre las siguientes líneas:

```
Public Sub NumEjercicio()
   'su código aquí
End Sub
```

- A continuación, ejecute su programa a través de la cinta de opciones de Excel o colocando el cursor dentro de su programa y pulsando la tecla F5.

Las correcciones de los ejercicios se encuentran en el capítulo Correcciones de los ejercicios, y el archivo de corrección pueden descargarse del sitio web de Ediciones ENI.

1. Función MsgBox

a. Hola a todo el mundo

En el interior de una estructura:

```
Public Sub HolaATodoElMundo()
End Sub
```

- Escriba una instrucción que muestre al usuario, en un cuadro de diálogo, el texto simple «Hola a todo el mundo».

✎ Ejecute el código para comprobar que obtiene el siguiente cuadro de diálogo:

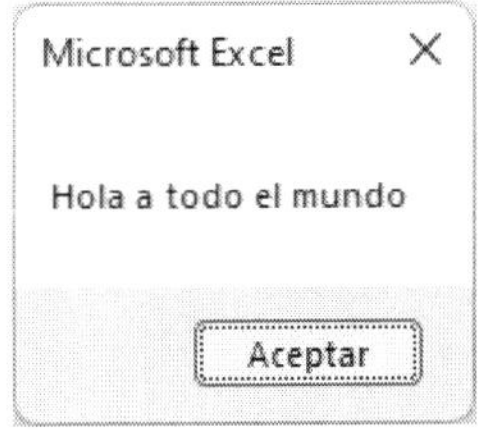

b. Juego de botones

En el interior de una estructura:

```
Public Sub JuegoDeBotones()
End Sub
```

✎ Escriba una instrucción que muestre al usuario, en un cuadro de diálogo, el texto «¿Listo para la guerra de los botones?» y proponga los botones **Sí** y **No**.

✎ Ejecute el código para comprobar que obtiene el siguiente cuadro de diálogo:

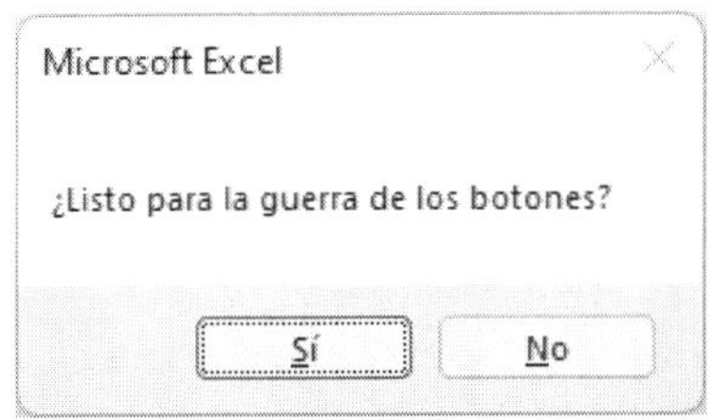

c. Juego de iconos

En el interior de una estructura:

```
Public Sub JuegoDeIconos()
End Sub
```

✎ Escriba una instrucción que muestre al usuario, en un cuadro de diálogo, el texto «¿Listo para la guerra de los botones?», proponga los botones **Sí** y **No** y muestre el icono del signo de interrogación (**`vbQuestion`**).

- Ejecute el código para comprobar que obtiene el siguiente cuadro de diálogo:

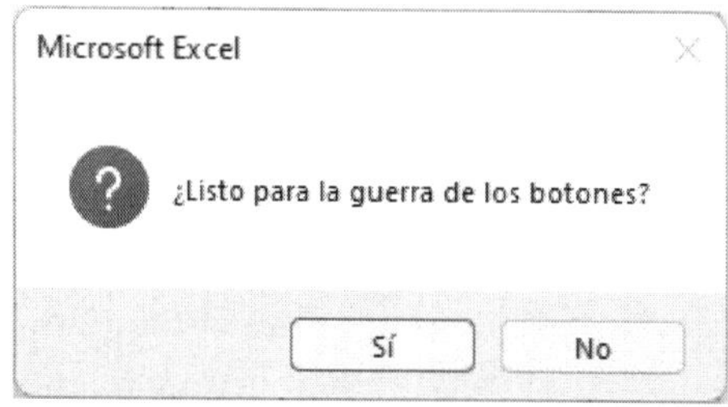

d. En qué botón se hizo clic

En el interior de una estructura:

```
Public Sub QueBoton()
End Sub
```

- Escriba una instrucción que muestre al usuario, en un cuadro de diálogo, el texto «¿Qué botón?» y proponga los botones **Sí** y **No**.
- Tomando las instrucciones propuestas en la sección Respuesta del usuario, clic en un botón, escriba una instrucción que muestre «Sí» si el usuario hace clic en el botón **Sí**, y «No» si el usuario hace clic en el botón **No**.
- Ejecute el código para comprobar que obtiene los siguientes cuadros de diálogo:

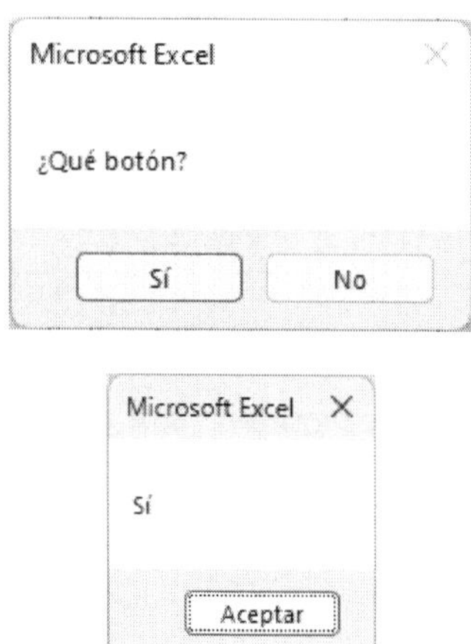

2. Función InputBox

a. Diálogo básico

En el interior de una estructura:

```
Public Sub DialogoBasico()
End Sub
```

- Escriba una instrucción que muestre el texto «Buenos días. ¿Cómo te llamas?» al usuario y le pida que introduzca su nombre.
- Usando las instrucciones propuestas en la sección Valor que devuelve una función, escriba una instrucción que muestre el nombre introducido por el usuario.
- Ejecute el código para comprobar que obtiene el siguiente cuadro de diálogo:

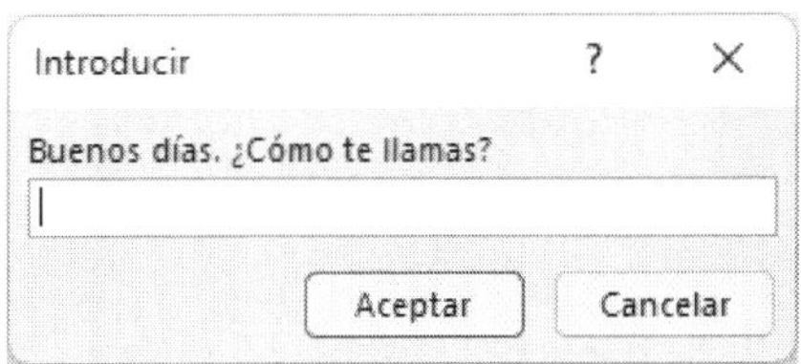

Y que también se muestra el nombre introducido.

3. Información predefinida

En el interior de una estructura:

```
Public Sub InformacionPredefinida()
End Sub
```

- Escriba una instrucción que muestre el texto «Hola, ¿cómo se llama?» al usuario y le pida que introduzca su nombre. El texto «**Bond, James Bond**» se mostrará de forma predefinida en el cuadro de texto.
- Usando las instrucciones propuestas en la sección Valor que devuelve una función, escriba una instrucción que muestre el nombre introducido por el usuario.

✎ Ejecute el código para comprobar que obtiene el siguiente cuadro de diálogo:

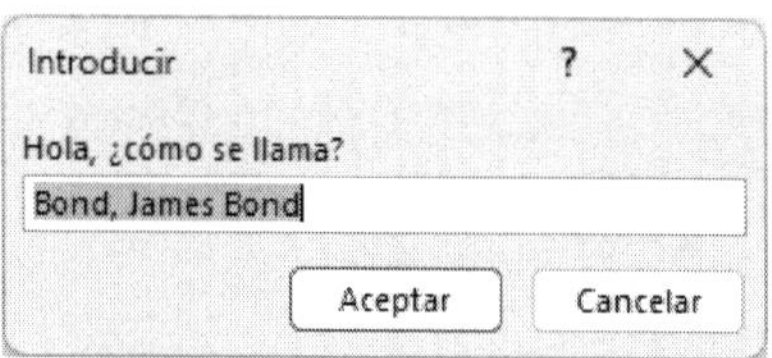

Y que también se muestra el nombre introducido.

Capítulo 6

Variables y constantes

A. Definiciones 95
B. Declarar variables 95
C. Tipos de datos 96
D. Hacer una declaración múltiple 100
E. Asignar un valor a una variable 101
F. Leer el valor de una variable 101
G. Convertir un tipo de dato en otro 102
H. Matrices 103
I. Constantes 107
J. Convención de nomenclatura 109
K. Ejercicios 113

A. Definiciones

En la programación VBA, para almacenar la información que se utilizará en sus programas, se usan contenedores llamados variables o constantes. Una constante tiene un valor único que nunca será cambiado, mientras que una variable puede tener valores diferentes durante la ejecución de su programa.

Para manipular variables es necesario conocer dos atributos:

- el nombre de la variable, que puede elegir en función de sus necesidades, respetando algunas reglas mencionadas en el apartado Convención de nomenclatura,
- el tipo de datos que se almacenarán en la variable.

B. Declarar variables

Para poder utilizar una variable, primero hay que declararla con objeto de indicarle al programa que se utilizará posteriormente. Por lo tanto, las declaraciones suelen hacerse al principio del programa y deben realizarse siempre antes del primer uso de estas variables.

La sintaxis general para declarar una variable es la siguiente:

```
Dim NombreDeLaVariable As TipoDeVariable
```

Por ejemplo, la siguiente línea permite declarar la variable **dtFechaPresupuesto**, que contendrá una fecha.

```
Dim dtFechaPresupuesto As Date
```

Ejemplo 1: declarar una variable de tipo Date

La palabra clave **Dim** se utiliza para indicar la declaración de una variable. Luego sigue el nombre de la variable. A continuación, encontrará la palabra clave **As**, que permite precisar el tipo de datos que contendrá la variable. Por último, se halla el tipo de datos, cuyos principales tipos verá en la siguiente sección.

En el ejemplo 1, el tipo de datos es **Date**, lo que permite almacenar una fecha y una hora en la variable.

C. Tipos de datos

Existen centenares de tipos de datos, pero aquí verá los más comunes y básicos, que siempre necesitará.

1. Tipos numéricos

Existen varios tipos de datos para gestionar los valores numéricos, dependiendo de si necesita almacenar valores pequeños o grandes, enteros o decimales.

a. Valores enteros – Byte, Integer y Long

El tipo **Byte** permite almacenar un valor entero entre 0 y 255. El término **Byte** son 8 bits.

```
Dim b As Byte
b = 12
```

Ejemplo 2: declarar una variable de tipo Byte

El tipo **Integer** permite almacenar un valor entero entre -32 768 y 32 767. Se almacena en 16 bits (2 bytes).

```
Dim i As Integer
i = 2390
```

Ejemplo 3: declarar una variable de tipo Integer

El tipo **Long** permite almacenar un valor entero entre -2 147 483 648 y 2 147 483 647. Se almacena en 32 bits (4 bytes).

```
Dim l As Long
l = 45678
```

Ejemplo 4: declarar una variable de tipo Long

Si utiliza una variable entera y le asigna un valor decimal (por ejemplo, i = 1,23), el valor final asignado a la variable i será 1. Si este es el caso, debe utilizar una variable de tipo decimal.

b. Valores decimales – Single, Double y Currency

Cuando los valores numéricos que desea manipular son decimales (como 3,14, 2,50 o 0,75), también dispone de varios tipos de datos que le permiten almacenar dichos valores. Tenga en cuenta que el separador decimal en la programación VBA es el punto (.).

El tipo **Single** permite almacenar números decimales, para valores entre -3.402823E38 y -1.401298E-45 (E38 significa 10 a la 38 potencia, esto es: un 1 seguido de treinta y ocho 0) para valores negativos y entre 1.401298E-45 y 3.402823E38 para valores positivos. Este tipo usa 32 bits (4 bytes).

```
Dim s As Single
s=4E-2
'es equivalente a
s=0.04
```

Ejemplo 5: declarar una variable de tipo Single

El tipo **Double** le permite almacenar números en el rango más amplio posible de valores, que van desde -1,79769313486231E308 (1 seguido de trescientos ocho 0) hasta -4,94065645841247E-324 para valores negativos y entre 4,94065645841247E-324 y 1,79769313486232E308 para valores positivos. Este tipo se codifica en 64 bits (8 bytes).

```
Dim d As Double
d=-4.567
```

Ejemplo 6: declarar una variable de tipo Double

Por último, dispone del tipo **Currency**, que le permite almacenar un valor entre -922 337 203 685 477,5808 y 922 337 203 685 477,5807. Este tipo utiliza 64 bits (8 bytes), y se usa particularmente para cálculos monetarios (*currency* significa divisa monetaria en inglés), así como para los cálculos de punto fijo.

```
Dim c As Currency
c=123456789.0123
```

Ejemplo 7: declarar una variable de tipo Currency

*Aunque hoy en día, con los discos duros de varios terabytes, el espacio que ocupan las variables en la memoria no es tan significativo, es importante elegir el tipo de datos adecuado. En caso de duda, elija siempre el rango más grande, ya sea **Long** para números enteros o **Double** para los decimales.*

2. Otros tipos de datos

a. Valores booleanos

El tipo **Boolean** permite almacenar un valor de tipo **True** o **False** (verdadero o falso). Solo hay dos valores posibles para este tipo de datos. Puede utilizarlo, por ejemplo, para almacenar el resultado de una prueba, que verá en el capítulo Condiciones.

```
Dim b As Boolean
b=False
```

Ejemplo 8: declarar una variable de tipo Boolean

En programación VBA, falso corresponde igualmente al valor 0 y el valor verdadero a -1.

b. Cadenas

Una cadena es el término utilizado para referirse a un texto. En la programación VBA, para manejar este tipo de datos, se puede utilizar el tipo **String**. Al declarar una cadena, puede elegir entre una cadena de longitud fija y una cadena de longitud variable. La cadena de longitud fija puede contener hasta 65 536 caracteres, mientras que la de longitud variable puede contener algo más de 2 000 millones de caracteres (2 147 483 648 para ser exactos).

```
Dim strFija As String * 30
Dim strVariable As String
strFija = "Demostración de texto"
strVariable = "Demostración de texto"
```

Ejemplo 9: declarar una variable de tipo String

Para seleccionar una cadena de longitud fija, añada el carácter * seguido de la longitud elegida después de **String**.

En el ejemplo 9, habrá declarado una variable **strFija** de una longitud fija de 30 caracteres, así como una variable **strVariable** de una longitud variable. También observará que los valores del texto van entre comillas dobles. Si utiliza una longitud fija para su variable, el carácter espacio « » complerará el texto hasta la logitud total de la variable (aquí strFija conservará el valor "`Demostración de texto`", osea los 30 caracteres fijados en la declaración)..

La manipulación de cadenas se trata en un capítulo aparte titulado Manipular cadenas.

c. Fechas y horas

Si debe manipular fechas u horas en sus programas, el tipo **Date** satisfará sus necesidades. Este tipo le permite almacenar información de fecha y hora en 64 bits (8 bytes). El intervalo de fechas posible abarca el período comprendido entre el 1 de enero de 100 y el 31 de diciembre de 9999.

```
Dim dt As Date
dt = #11/9/1989 11:30:00 PM#
```

Ejemplo 10: declarar una variable de tipo Date

El manejo de fechas y horas es el tema de un capítulo dedicado titulado Manipular fechas y horas.

3. Tipo Variant

Cuando quiera utilizar una variable sin conocer su tipo de antemano, puede utilizar el tipo **Variant**, que combina las características de todos los demás tipos de datos. Se codifica en 16 bits, pero puede llegar hasta 22 bytes para almacenar texto. Cuando se declara una variable sin especificar su tipo, VBA la interpreta como **Variant**.

```
Dim V As Variant
'es equivalente a
Dim V
V=1.23
```

Ejemplo 11: declarar una variable de tipo Variant

4. Tabla recapitulativa

Con el fin de ayudarle a orientarse, aquí tiene una tabla resumen de los diferentes tipos de datos vistos hasta ahora, clasificados por tamaño creciente.

Tipo de datos	Tamaño en bytes	Uso y rango de valores
`Byte`	1	Número entero de 0 a 255
`Integer`	2	Número entero de -32 768 a 62 767
`Boolean`	2	Devuelve Verdadero (`True`/-1) o Falso (`False`/0)
`Long`	4	Número entero de -2 147 483 648 a 2 147 483 647
`Single`	4	Número decimal de -3.402823E38 a 3.402823E38

`Double`	8	Número decimal de -1,79769313486231E308 a 1,79769313486232E308
`Currency`	8	Número decimal de -922 337 203 685 477,5808 a 922 337 203 685 477,5807
`Date`	8	Fecha y hora del 1 enero enero 100 al 31 diciembre 9999
`String` (longitud fija)	1 por carácter	Texto de 1 a 65 400 caracteres
`String` (longitud variable)	10 + 1 por carácter	Texto de 0 a 2000 millones de caracteres
`Variant`	Entre 16 y 22	Si el tipo de datos no se conoce de antemano.

D. Hacer una declaración múltiple

Si tiene varias variables para utilizar en su programa (por ejemplo, una variable `dtFechaPresupuesto` de tipo `Date`, así como una variable `strTituloProyecto` de tipo `String`, y otra `strDespacho`, también de tipo `String`), tiene varias formas de declararlas.str

```
'Declaraciones separadas por comas (la más común)
Dim dtFechaPresupuesto As Date, strTituloProyecto As String, strDespacho As String
'Declaraciones en varias líneas (1 línea por tipo de dato)
Dim dtFechaPresupuesto As Date
Dim strTituloProyecto As String, strDespacho As String
'Declaraciones en una sola línea (poco frecuente)
Dim dtFechaPresupuesto As Date : Dim strTituloProyecto As String : Dim strDespacho
As String
```

Ejemplo 12: diferentes formas de efectuar declaraciones múltiples

Como cada una de las formas de declarar variables es equivalente a las otras, utilice la que le parezca más fácil.

Tenga cuidado de especificar, para cada variable, el tipo de datos que le corresponde; de lo contrario, se arriesga a utilizar la `Variant` *predefinida.*

```
Dim dtFechaPresupuesto, strTituloProyecto As String
```

Ejemplo 13: una declaración incompleta

En el ejemplo anterior, tendrá una variable de tipo `Variant` dtFechaPresupuesto y otra de tipo `String` strTituloProyecto. Aunque este código sea operativo, favorezca siempre una buena sintaxis.

En caso de que su línea de instrucciones sea demasiado larga para mostrarse en todo el ancho de la pantalla, puede cortarla en varias líneas utilizando el caracter subrayado (_) como en el siguiente ejemplo:

```
Dim a As
String
```

E. Asignar un valor a una variable

Una vez sus variables declaradas, llega la hora de utilizarlas. Como pudo ver en los ejemplos anteriores, la sintaxis para asignar un valor a una variable es la siguiente:

```
NombreDeSuVariable = valor_asignado
```

Como en el siguiente caso:

```
Dim X As Integer
X = 28
```

Ejemplo 14: declarar y asignar un valor a una variable

La asignación se realiza a través del carácter igual =. El valor asignado está a la derecha del signo, mientras que la variable está a la izquierda. El cálculo se realiza de derecha a izquierda para la asignación. Tras la ejecución de la línea, la variable X contiene el valor 28.

F. Leer el valor de una variable

Del mismo modo que el signo = se utiliza para asignar un valor a una variable, este signo también se utiliza para leer el valor de una variable. En lugar de colocarla a la izquierda del signo =, se colocará a su derecha.

```
Dim i As Integer, j As Integer
i = 1
j = i + 3
```

Ejemplo 15: lectura y asignación de una variable

En el código anterior, se asigna el valor 1 a la variable i, luego se suma el valor de la variable i y 3, para, finalmente, asignarlo a la variable j. Después de ejecutar las instrucciones, tendrá el valor 1 en la variable i y el valor 4 en la variable j.

G. Convertir un tipo de dato en otro

Como verá durante la lectura de este libro, a veces puede ser útil transformar un tipo de datos en otro tipo para poder manipularlos más fácilmente.

Ya sea que se trate de convertir un valor numérico en texto, de transformar un texto en una fecha o de transformar una fecha en un valor numérico, existen varias funciones que permiten estas conversiones.

Por ejemplo, para convertir una cadena en un valor entero, puede utilizar la función **CInt()**, o para convertir un valor numérico en un valor booleano, puede utilizar la función **CBool()**.

```
?CInt("456")
456
?CBool(-1)
Verdadero
```

Para que se produzca una conversión, el valor convertido debe estar, por supuesto, dentro del rango de valores permitidos por su tipo convertido. Las conversiones entre valores numéricos son relativamente infrecuentes, mientras que las conversiones entre cadenas o fechas a valores numéricos, y viceversa, son bastante comunes.

He aquí una tabla de las funciones de conversión existentes:

Tipo de datos de destino	Función de conversión	Ejemplo
Boolean	CBool	CBool(-1) =>Verdadero
Byte	CByte	CByte("12")=>12
Currency	CCur	CCur("14")=>14
Date	CDate	CDate(45000) => 15/03/2023
Double	CDbl	CDbl("9.876")=>9.876
Decimal	CDec	CDec("10.2")=>10.2
Integer	CInt	CInt("2.3")=>2
Long	CLng	Clng("12345")=>12345
Single	CSng	CSng("3E+5")=>3E+6 (=3000000)
String	CStr	CStr(5)=> "5"
Variant	CVar	

H. Matrices

1. Concepto de matriz

Cuando se desean manipular grupos de datos del mismo tipo, se pueden ordenar en una matriz. Al igual que se manipulan los datos en Excel, es posible acceder a los datos de una matriz utilizando su índice dentro de ella.

Una matriz puede tener una o varias dimensiones. En los siguientes párrafos verá ejemplos de matrices con 2 o incluso 3 dimensiones. Al declarar la matriz, se puede especificar un tamaño fijo, o definirlo como una matriz de tamaño dinámico (su tamaño se definirá más adelante en el programa).

Todos los tipos de datos pueden ser objeto de una matriz.

2. Declarar una matriz

Del mismo modo que hay que declarar una variable para poder utilizarla, las matrices de datos deben declararse.

a. Matriz de tamaño fijo

Para declarar una matriz de tamaño fijo, la sintaxis general de la declaración será la siguiente:

```
Dim NombreDeLaMatriz(TamañoDeLaMatriz) As TipoDeDatos
'ejemplo
Dim TabString(7) As String
```

Ejemplo 16: declarar una matriz de tamaño fijo

El índice 7 corresponde al tamaño de la matriz. Para apuntar sobre los elementos de la matriz, tendrá que pasar por su índice.

El índice inferior de la matriz puede empezar en 0 o en 1, dependiendo del valor que se especifique en la instrucción **Option Base** en la parte superior del módulo. Esto se abordará en la siguiente sección. El recuento comienza con el valor 0 de forma predefinida.

He aquí un ejemplo de cómo declarar y alimentar una matriz de cadenas de caracteres.

```
Option Base 0
Dim Semana(6) As String
Semana(0)="Lunes"
Semana(1)="Martes"
Semana(2)="Miércoles"
Semana(3)="Jueves"
Semana(4)="Viernes"
Semana(5)="Sábado"
emana(6)="Domingo"
```

Ejemplo 17: alimentar una matriz de tamaño fijo

b. Matriz de tamaño dinámico

Cuando no se conoce de antemano el tamaño de la matriz que se va a necesitar, queda la posibilidad de declararla sin especificar su tamaño inmediatamente. Se dice que una matriz de este tipo es dinámica. Puede especificar el tipo de datos cuando la declare y cambiar el tamaño de la matriz tantas veces como quiera.

La declaración de una matriz dinámica se hará según la siguiente sintaxis:

```
Dim NombreDeLaMatriz() As TipoDeDatos
'Ejemplo
Dim ReferenciasProducto() As Integer
```

Ejemplo 18: declarar una matriz de tamaño dinámico

Una vez declarada la matriz, puede utilizar la instrucción **ReDim** para modificar su tamaño, sus dimensiones o los límites de los índices.

c. Matriz multidimensional

Si necesita manipular matrices con múltiples dimensiones, esto también es posible.

El número máximo de dimensiones para una matriz es de 60, pero muy pocos dominios necesitan tal cantidad.

Para declarar un matriz con múltiples dimensiones, puede hacerlo separando cada dimensión con una coma e indicando el número de elementos de cada una.

```
Dim MatrizCompleja(3,4,5) As Integer
```

Ejemplo 19: declarar una matriz tridimensional

Su matriz tendrá entonces 3 * 4 * 5 = 60 elementos.

Solo la última dimensión de la matriz multidimensional puede ser modificada por la instrucción **Redim**.

3. Instrucción ReDim

Una vez declarada una matriz, ya no se puede utilizar la palabra clave **Dim** para cambiar su tamaño. Tanto si su matriz tiene un tamaño fijo como variable, puede utilizar la instrucción **ReDim** de la siguiente forma.

```
'Declarar una matriz de tamaño dinámico
Dim Matriz() As Integer
' Definición del tamaño de la matriz
ReDim Matriz(4)
```

Ejemplo 20: modificar el tamaño de la matriz una vez declarada

Atención: la instrucción ReDim no permite cambiar el tipo de datos contenidos en la matriz.

```
Dim Tabl() As Integer
ReDim Tabl(3) As String 'genera un error de compilación
```

Ejemplo 21: error al intentar cambiar el tipo de datos con la instrucción ReDim

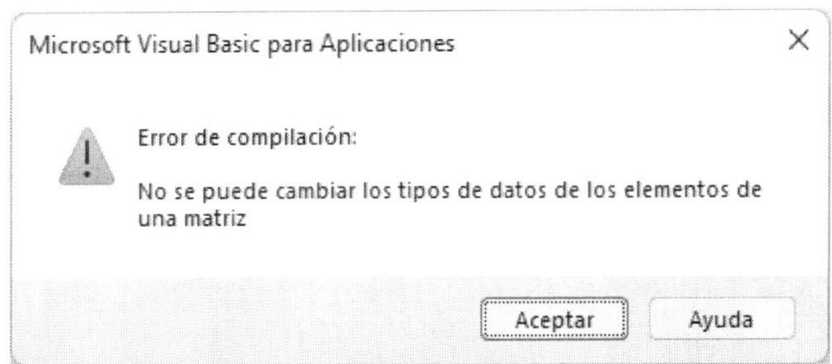

Tenga en cuenta también que la instrucción ReDim borra los datos presentes en la matriz. Para mantener los datos ya presentes, es necesario utilizar la palabra clave **Preserve** en la instrucción.

a. Conservar los datos presentes en una matriz – Preserve

Dado que el cambio de tamaño de una matriz (hacia arriba o hacia abajo) puede ocurrir mientras esta ya contiene datos, es posible indicarle al programa que quiere mantener los datos ya presentes en la una matriz. Para ello, debe utilizar la palabra clave **Preserve** en su instrucción, como en el siguiente ejemplo.

```
Dim Matriz(5) As Integer
'Alimenta la matriz...
ReDim Preserve Matriz(6)
```

Ejemplo 22: conservar los datos presentes usando la palabra clave Preserve

4. Option Base

El índice de numeración de los elementos de una matriz depende directamente de la instrucción **Option Base**, que siempre se situará en la parte superior de un módulo, antes de cualquier declaración de variable, función o procedimiento.

Los dos valores posibles para esta instrucción son 0 y 1. Cualquier otro valor generará un error de compilación. Dependiendo del valor dado, el número de elementos no será el mismo.

```
Option Base 1
Dim Matriz(6) As Integer 'los índices irán de 1 a 6 => 6 elementos
```

Ejemplo 23: declarar una matriz con una numeración que comienza en 1

Mientras que en el otro caso

```
Option Base 0
Dim Matriz(6) As Integer 'los índices irán de 0 a 6 => 7 elementos
```

Ejemplo 24: declarar una matriz con una numeración que comienza en 0

Esta noción de `Option Base` puede parecerle un poco indigesta, pero aun así puede definir sus propios límites para utilizar en la matriz, los cuales ya no tendrán ningún vínculo con el valor de `Option Base`, precisándolos durante su declaración o modificación. La palabra clave que separa los límites es la cláusula **To**.

```
Dim Matriz(LimiteMin To LimiteMax) As TipoDeDatos
'Ejemplo
Dim TablaMarcadores(-5 To 10)
```

Ejemplo 25: definir límites específicos durante la declaración

5. Conocer los límites de una matriz: LBound y Ubound

Cuando se recorre una matriz, se utiliza el índice para acceder a un elemento específico.

Como verá más adelante en este libro, los bucles sirven para iterar entre un límite inferior y un límite superior.

Como se ha visto en el párrafo anterior, el límite inferior se puede definir mediante la instrucción `Option Base`, pero también se puede personalizar durante su declaración.

Para evitar tener que buscar dónde tuvo lugar la última declaración o redefinición de los límites, puede utilizar dos funciones que le devuelven esta información.

Así, para conocer el límite inferior utilizado por una matriz, puede utilizar la función **LBound** (del inglés *Lower Bound*) y para conocer el límite superior, dispone de la función **UBound** (del inglés *Upper Bound*).

Su recorrido a través de la matriz se puede hacer de esta forma:

```
Dim Matriz() As Integer
Dim is As Integer
'definición de los límites desconocida
For i= LBound(Matriz) To UBound(Matriz)
   Msgbox Matriz(i) 'muestra el elemento del índice i de la matriz
Next i
```

Ejemplo 26: usar las funciones LBound y UBound para conocer los límites de una matriz

6. Alimentar varios valores de una matriz: Array

Cuando se trabaja con una matriz, se pueden introducir los datos de uno en uno, pasando por el índice del elemento. También es posible pasar un conjunto de valores con una sola instrucción **Array**. Cada uno de los valores del conjunto estará separado por una coma.

Si desea utilizar esta función, debe declarar su matriz como tipo **Variant**. El uso de esta función será posible de la siguiente forma:

```
Dim Capitales As Variant
Capitales = Array("Paris", "Ottawa", "Londres", "Madrid")
```

Ejemplo 27: usar la función Array

7. Borrar el contenido de una matriz: Erase

Todos los valores de una matriz se pueden borrar directamente utilizando la instrucción **Erase**. Esto se hace indicando el nombre de la matriz directamente en la instrucción.

```
Dim Matriz() As Integer
'usar la matriz
Erase Matriz 'vaciar los datos
```

Ejemplo 28: borrar los datos de una matriz por medio de la instrucción Erase

El valor encontrado en la matriz después de la instrucción **Erase** será el valor predefinido, dependiendo del tipo de datos utilizados (por ejemplo, 0 para valores numéricos o False para booleanos).

I. Constantes

Cuando quiera mantener los valores sin cambios durante los programas, tiene la posibilidad de hacerlo a través de constantes. También hay constantes disponibles directamente en Office, que ya ha visto por ejemplo en el capítulo Comunicarse con el usuario: MsgBox e InputBox.

1. Constantes de usuario

Si, como desarrollador, desea almacenar un valor que no debe modificarse, puede declarar una constante con la palabra clave **Const**. La sintaxis general para declarar una constante es la siguiente:

```
Const NombreDeSuConstante [As TipoDeSuConstante]= ValorConstante
```

Por ejemplo, para declarar una constante **Mayor_Edad** de tipo numérico entero y con un valor de 18, la declaración sería la siguiente:

```
Const Mayor_Edad As Integer = 18
```

Ejemplo 29: declarar una constante

Una vez efectuada la declaración, no se puede asignar otro valor a una constante. En el siguiente ejemplo, cuando se ejecute el código, aparecerá un mensaje de error en la pantalla.

```
Const Mayor_Edad As Integer = 18
Mayor_Edad = 19
```

Ejemplo 30: tentativa de modificar el valor de una constante

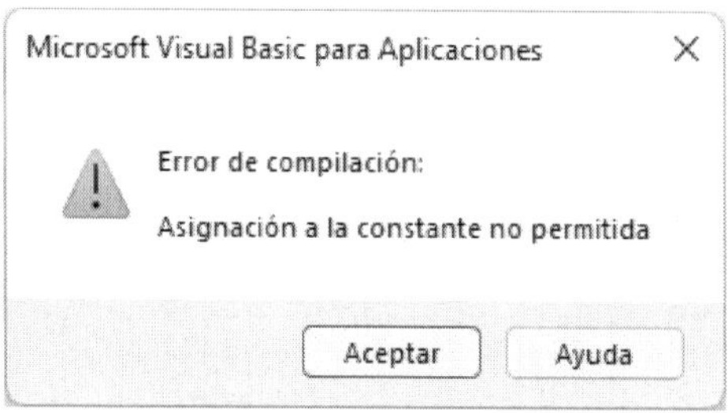

Es interesante utilizar constantes cuando se necesita el mismo valor en varios lugares del programa. Cuando por alguna razón haya que cambiar el valor de la constante, solo tendrá que hacerlo en un lugar. ¿Cuándo ocurrirá esto? Probablemente no sea tan frecuente, pero ¡piense en un cambio de tipo de IVA!

2. Constantes de Office

Además de las constantes que puede crear para sus programas, hay varias constantes que ya existen directamente, que son comunes a todas las aplicaciones de Office (**vbNo**) o específicas de Excel (**xlSheetHidden**). Su nombre se basará siempre en la nomenclatura ApplicationNombreDeConstante (xl para Excel, vb para VBA, ac para Access u ol para Outlook).

Estos son algunos ejemplos de constantes de Office que puede encontrar en sus desarrollos. En la sección Apéndices figura una lista más completa.

Herramienta/aplicación	Ejemplos de constantes
Excel	`xlDown`, `xlCalculationManual`, `xlMax`
Office	`vbYesNo`, `vbRed`, `vbCrLf`

J. Convención de nomenclatura

Para facilitarle el trabajo, pero también porque VBA pone límites, la forma de nombrar las variables y las constantes no es totalmente libre. Aunque cada empresa puede tener su propia convención de nomenclatura, estas son las reglas más comúnmente aceptadas y seguidas cuando se desarrollan herramientas VBA.

1. Nombre único para las variables

Para empezar, no es posible tener dos variables con el mismo nombre dentro del mismo ámbito (esta noción se trata con más detalle en el capítulo Procedimientos, funciones y macros). Así, un código como el siguiente generará un error.

```
Dim a As Integer
Dim a As Date
```

Ejemplo 31: prohibido tener dos variables con el mismo nombre

El error que aparecerá en la pantalla será el siguiente:

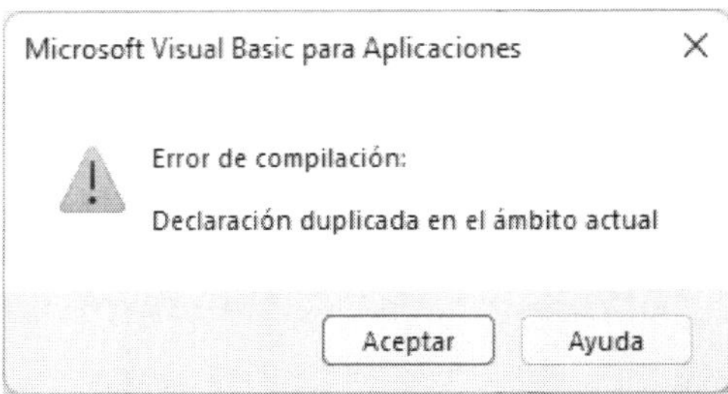

2. Reglas generales de nomenclatura

Ya sea que se trate de variables, de constantes o de cualquier otro objeto en sus programas VBA, estas son las principales reglas que debe respetar:

- El nombre debe comenzar por una letra.
  - Por lo tanto, los nombres _ABC y 8Titulo no están permitidos.
- El nombre está limitado a 255 caracteres.
- El nombre debe estar compuesto por letras, números y el carácter de subrayado (_).
  - No se permiten A-BC y dt%.
- El nombre no puede contener caracteres de puntuación ni espacios.
- El nombre no puede corresponder a una palabra clave de VBA.
  - `Dim`, `As` o `For`, por lo tanto, no están permitidos.

He aquí hay una serie de nombres de variables válidos:

- Texto08,
- Txt08Nombre,
- Nombre_8_txt.

Aunque no está prohibido por las reglas impuestas por VBA, no se recomienda utilizar caracteres acentuados (é, à, ù) o diacríticos (ç, ø) en la denominación de sus variables. Esto se debe a que la configuración de su teclado no es necesariamente la misma que la de los compañeros a los que se les pedirá que se hagan cargo de su trabajo.

```
' Por ejemplo, es posible que prefiera utilizar
Dim dtAccion As Date
'A
Dim dtAcción As Date
```

Ejemplo 32: priorizar caracteres no acentuados

3. Convención de nomenclatura de variables y constantes

a. Nombre explícito

Cuando se nombra una variable, es interesante darle un nombre que haga explícito su uso. Por lo tanto, es preferible un nombre como **`dtFechaNacimiento`** para almacenar una fecha de nacimiento en lugar de utilizar **`dtEdad`**, con el que tendrá dificultades en determinar si es una fecha o la edad de la persona y, por lo tanto, un valor entero. Este detalle puede parecer anodino, pero no olvide que pueden pasar varios meses entre la redacción de su programa y su revisión por usted o por otra persona. Obviamente, cuanto más largo sea su programa, más variables y constantes tendrá, así que esto le facilitará el trabajo.

b. Nombre legible

Cuando el nombre de la variable está formado por varias palabras, es preferible utilizar un carácter subrayado para separar las palabras o utilizar letras mayúsculas dentro del nombre (hablamos de notación *snake case* y de notación *camel case* respectivamente).

Por ejemplo, las sintaxis **Numero_Presupuesto** o **NumeroPresupuesto** son mucho más legibles que **numeropresupuesto** o **NuMeRoPreSuPuEsTo**.

A diferencia de otros lenguajes, como C#, en VBA no hay distinción de mayúsculas y minúsculas, por lo que NumeroPresupuesto, Numeropresupuesto o NUMEROPRESUPUESTO se referirán a la misma variable, y las mayúsculas y minúsculas serán corregidas automáticamente por VBE para que coincidan con la declaración original.

c. Nombres de variables o de constantes

Otro punto habitual en programación es utilizar nombres solo en mayúsculas para las constantes, como TASA_IVA o FECHA_MAXIMA_AUTORIZADA, y nombres en mayúsculas y minúsculas para las variables. Aunque no sea obligatorio, se recomienda encarecidamente.

```
Const TASA_IVA As Double = 20
Dim dTasa_IVA As Double
```

Ejemplo 33: distinguir entre constantes y variables

d. Nombre de tipos

Al depurar sus programas, puede saber de qué tipo es su variable solo viendo su nombre.

Para ello, se recomienda utilizar una nomenclatura muy común que consiste en agregar un prefijo al nombre de la variable para indicar su tipo (hablamos entonces de notación húngara). La sintaxis general de los nombres podría ser la siguiente:

```
Dim [Prefijo][NombreDeVariableExplícito] [As TipoDeDatos]
```

Utilizando esta nomenclatura, las variables que utilice podrían tener los siguientes nombres:

```
Dim strProyecto As String
Dim dtFechaPresupuesto As Date
Dim dbPrecioTotal As Integer
```

Ejemplo 34: declarar variables siguiendo una nomenclatura simple y eficaz

Cada tipo de dato corresponde a un prefijo, que suele incluir una o varias letras del tipo. Para ayudarle a orientarse, he aquí una pequeña tabla de prefijos de uso frecuente.

Tipo de datos	Prefijo	Ejemplos
`Boolean`	b o bln	bAceptar, bMayor, blnDisponible
`Date`	d o dt	dFechaContrato, dtFinMandato, dtFechaDe-Nacimiento
`Double`	d o db	dSalario, dbProporcion, dbGanancia
`Integer`	i o int	iContador, iEdad, intCantidad
`Long`	l o lng	lLineas, lngContadorEmpleados, lNumero-Factura
`String`	str o s	sNombre, strApellido, strIdentificador
`Variant`	v o vnt	vEntradaLibre, vntEntradaLibre

Hacer que su código sea más fácil de leer y releer es una de sus prioridades, no lo olvide.

4. Convención de nomenclatura de controles

En general, cuando se programan interfaces con formularios de usuario, los nombres de los objetos siguen la nomenclatura [TipoDeControl][NúmeroIncremental], como:

- Hoja2,
- Textbox15,
- ListBox2,
- CommandButton4.

El uso de la numeración no es el más fácil para un desarrollador, y debe tener cuidado de utilizar el mismo enfoque que para sus variables, ya que referirse a **`ListaSeleccionSesionFormacion`** es mucho más explícito que **`ListBox1`**.

A continuación, se presenta una tabla con ejemplos de posibles prefijos para los controles de las interfaces. Estos controles se tratarán con más detalle en un capítulo dedicado, titulado Formularios de usuario.

Tipo de objeto	Prefijo	Ejemplo
`TextBox` (cuadro de texto)	Txt	TxtNombre
`ListBox` (cuadro de lista)	List ou Lst	LstEmpleado
`ComboBox` (cuadro combinado)	Cbo	CboPagoFijo
`OptionButton` (botón de opción)	Opt	OptTiempoCompleto

Tipo de objeto	Prefijo	Ejemplo
`CommandButton` (botón de comando)	Btn	BtnValidar
`CheckBox` (casilla de verificación)	Chk	ChkFumador
`Label` (etiqueta)	Lbl	LblTitulo

5. Convención de nomenclatura de objetos de Excel

Entre los muchos objetos de Excel que tendrá que manipular, también hay prefijos que se utilizan a menudo. El manejo de estos objetos se describe en los capítulos dedicados a cada uno de ellos.

Tipo de objeto	Prefijo recomendado	Ejemplo
`Application`	app o xlapp	
`Workbook` (libro)	wbk	wbkEnCurso
`Worksheet` (hoja)	wsh	wshFacturas
`Range` (rango de celdas)	rng	rngFechaPresupuesto

K. Ejercicios

Para cada capítulo se le pedirá que escriba sus propios programas. Las soluciones están disponibles en el capítulo Correcciones de los ejercicios.

Para este capítulo, cree un módulo con el nombre/número del capítulo y, en este módulo, cree una macro para cada ejercicio **`Private Sub TituloEjercicio()`** en la que colocará sus instrucciones.

Para mostrar un valor al usuario, puede utilizar la instrucción **`MsgBox`** seguida de la variable que desea mostrar.

Termine el ejercicio ejecutando la macro con la tecla F5. Los resultados esperados en la pantalla se mostrarán entre paréntesis. No debería producirse ningún error durante la compilación o la ejecución.

1. Declaraciones simples de variables

Entre las dos líneas siguientes:

```
Private Sub DeclaracionesSimples()
End Sub
```

A-Declare una variable que pueda tomar un nombre de Proyecto y llámela **NombreProyecto**.

B-Declare una variable que acepte valores enteros y llámela **NumeroPresupuesto**.

C-Declare una variable que pueda contener Verdadero o Falso y llámela **Prioritaria**.

D-Declare una constante que contenga el 1 de enero de 1950, que nombrará **FECHA_LIMITE**.

E-Declare una variable que pueda almacenar el valor 3.14 (hay varias soluciones posibles) y llámela **Pi**.

2. Declaraciones múltiples de variables

Después haber declarado variables o constantes simples, usted hará declaraciones múltiples.

Entre las dos líneas siguientes:

```
Private Sub DeclaracionesMultiples()
End Sub
```

A-Declare dos variables de tipo fecha, que nombrará **DtPresupuesto** y **DtFactura**, en una sola línea.

B-Declare dos variables cadena **NombreProyecto** y **Despacho**, en una sola línea, pero en dos instrucciones.

C-Declare una variable de tipo decimal, **ImporteTotal**, y otra de tipo booleano, **PermisoDeTrabajo**, en una sola línea, con una sola instrucción.

3. Asignar valores

Entre las dos líneas siguientes:

```
Private Sub AsignacionesValores()
End Sub
```

a. Cadena

Declare una variable de tipo cadena llamada **BuenosDias**.

Asígnele el valor «Buenos días».

Muestre el valor de la variable (BuenosDias): el texto «Buenos días» debe aparecer.

b. Fecha

Declare una variable **FechaNacimiento**.

Asígnele como valor su fecha de nacimiento.

Muestre el valor de la variable: su fecha de nacimiento debe aparecer.

c. Booleano

Declare una variable **EsMenor**.

Asígnele el valor Falso.

Muestre el valor de la variable (Falso): el valor Falso debe aparecer.

d. Numérico

Declare una variable **Salario**.

Asígnele el valor 54321,9.

Muestre el valor de la variable (54321,9): el valor 54321.9 debe aparecer. El carácter decimal puede variar dependiendo de la configuración de su sistema.

e. Constante

Declare une constante llamada **CONSTANTE_AVOGADRO**.

Asígnele el valor $6{,}02214076 \times 10^{23}$.

Muestre el valor de la constante (6,02214076E+23): el valor 6.02214076E+23 debe aparecer.

Capítulo 7

Procedimientos, funciones y macros

A. Objetivos del capítulo 119
B. Procedimientos, funciones y macros 119
C. Public o Private, todo es cuestión de ámbito 122
D. Parámetros 125
E. Ejercicios 130

A. Objetivos del capítulo

Antes de seguir avanzando en este libro, es necesario tener un vocabulario básico para entender el contenido de los siguientes capítulos. Este capítulo pretende ayudarle a orientarse y a comprender fácilmente las cuestiones que se tratan.

En la programación VBA, podrá utilizar varias palabras para definir los programas que usted escribirá. Sin orden de preferencia, verá, las palabras «procedimiento», «función» y «macro» relacionadas con los nombres de sus programas. También leerá acerca de la noción de ámbito y, por último, se abordarán los parámetros, datos que se proporcionan como entrada a sus programas.

B. Procedimientos, funciones y macros

Los programas que usted creará pasarán por dos tipos de bloques de instrucciones: procedimientos o funciones. El nombre «macro» es el que ha entrado en el vocabulario de los desarrolladores. Descubrirá lo que se esconde detrás de esta palabra.

1. Procedimientos

Los procedimientos que ha visto en los capítulos anteriores son bloques de instrucciones que se pueden ejecutar; por ejemplo, cuando se colorea una celda de amarillo. Los procedimientos no devuelven ningún valor, a diferencia de las funciones. Esta sección le mostrará cómo declararlos y utilizarlos.

a. Declarar un procedimiento

De la misma forma que para una variable, un procedimiento se debe declarar antes de poder utilizarlo. Se definen con la palabra clave **Sub** y se terminan con la instrucción **End Sub**.

Entre estas dos líneas, usted codificará las instrucciones que se ejecutarán cuando el procedimiento sea llamado desde alguna otra parte del programa.

La sintaxis para declarar un procedimiento es la siguiente:

```
[Private o Public] Sub NombreDeSuProcedimiento([param_1 As
TipoDeParametro],...)
   Instrucciones
End Sub
```

El nombre del procedimiento debe respetar la nomenclatura de nombres (ver el capítulo Variables y constantes), y ser lo más explícito posible para facilitar su uso, como en el siguiente ejemplo.

```
Public Sub AgregarNumeroPresupuestoEnB2(iNumeroPresupuesto As Integer)
   'Este procedimiento asigna el valor de la variable iNumero a la celda A1
   Range("B2").Value = iNumeroPresupuesto
End Sub
```

Ejemplo 1: declarar un procedimiento

El código del ejemplo 1 muestra un procedimiento llamado **AgregarNumeroPresupuestoEnB2**; a la información que está dentro de los paréntesis se le conoce como parámetro y a veces también como argumento. El valor que se le pasa al procedimiento se utiliza para ponerlo en la celda B2 de la hoja de Excel.

Los parámetros se tratan con más detalle en la sección Parámetros.

b. Llamar a un procedimiento

Una vez declarado el procedimiento, las instrucciones que contiene se ejecutarán cuando se le llame. Se dice que un procedimiento es llamado cuando el programa solicita su ejecución.

Para llamar a un procedimiento, basta con especificar su nombre en una instrucción.

```
Sub A()
   MsgBox "Hola"
End Sub

Sub B()
   A
End Sub
```

Ejemplo 2: llamar a un procedimiento

En el ejemplo 2, se declaran los procedimientos **A** y **B**; el procedimiento **A** mostrará el mensaje «Hola» al usuario. El procedimiento **B** llamará al procedimiento **A**.

A diferencia de las variables, el orden de aparición en los módulos de código de las funciones y procedimientos no influye en su ejecución.

2. Funciones

Las **funciones** permiten ejecutar instrucciones y devolver un valor al final del programa que puede ser utilizado por otro procedimiento o función que lo llama.

a. Declarar una función

Las funciones se definen con la palabra clave **Function** y se terminan por la instrucción **End Function**.

La sintaxis general para declarar una función es la siguiente:

```
[Public o Private] Function NombreDeSuFuncion([param_1 As
TipoDeParametro]) As TypoDevuelto
   Instrucciones
   NombreDeSuFuncion = ValorDevuelto
End Function
```

He aquí un ejemplo de declaración de una función:

```
Function MultiplicaPor5(iValor As Integer) As Integer
   MultiplicaPor5 = iValor * 5
End Function
```

Ejemplo 3: definir una función simple

El código del ejemplo 3 muestra una función llamada `MultiplicaPor5` que espera un parámetro de tipo numérico entero `iValor`. Esta función devuelve un valor entero.

```
Function MultiplicaPor5(iValor As Integer) As Integer
```

Para devolver un valor, se debe asignar un valor a la función, como es el caso aquí:

```
MultiplicaPor5 = iValor * 5
```

b. Llamar a una función

De la misma forma que lo ha visto para los procedimientos, para llamar a una función, solo tiene que usar el nombre de la función en sus instrucciones.

```
Sub Principal()
   Dim a As Integer
   a = MultiplicaPor5(3)
End Sub

Function MultiplicaPor5(iValor As Integer) As Integer
   MultiplicaPor5 = iValor * 5
End Function
```

Ejemplo 4: llamar a una función desde un procedimiento

Durante la ejecución del procedimiento Principal, se llama a la función `MultiplicaPor5`, pasando el valor como parámetro. La función `MultiplicaPor5` devuelve el valor 3 * 5, es decir, 15, y este valor se almacena en la variable `a`.

Si olvida añadir una instrucción en la que asigne un valor a su función, el valor devuelto será el predefinido (0 para valores numéricos, cadena vacía para una cadena, False para un booleano, etc.).

3. Macros

El término **macro** representa en realidad un procedimiento que no necesita parámetros para ejecutarse. Por lo tanto, es similar a un procedimiento y se define mediante las palabras clave `Sub` y `End Sub`.

a. Declarar una macro

La sintaxis para declarar una macro es la misma que para un procedimiento.

```
[Private o Public] Sub NombreDeSuProcedimiento ()
   Instrucciones
End Sub
```

El nombre de la macro también debe respetar la nomenclatura de nombres (vea el capítulo Variables y constantes).

```
Public Sub ColorearB2DeVerde()
   Range("B2").Interior.Color = vbGreen
End Sub
```

Ejemplo 5: declarar una macro

b. Llamar a una macro

Como ha visto hasta ahora, la llamada a la macro se efectúa escribiendo su nombre directamente desde otra parte del programa.

C. Public o Private, todo es cuestión de ámbito

Antes de los términos `Sub` y `Function`, puede ver las palabras clave **`Public`** o **`Private`**. El uso de la palabra clave le permite definir el ámbito del programa en toda su aplicación.

En las siguientes secciones, en un esfuerzo de legibilidad, se utilizará el término «variable», pero la información es la misma para las constantes. De igual manera, se utilizará el término «procedimiento», pero la información correspondiente también es válida para las funciones.

1. Noción de ámbito

Cuando se declaran y utilizan variables en un programa, se plantea la cuestión de la accesibilidad de estas variables en todo el programa. Dependiendo de cómo defina sus variables, puede que solo sean accesibles desde ciertos puntos de su programa.

2. Ámbito de las variables

Para las variables que utilice, existen tres posibles niveles de acceso en VBA:

- A nivel de procedimiento: cuando las variables se declaran en el interior de un procedimiento, solo pueden ser utilizadas por las instrucciones dentro de él. Las variables no existen «fuera» de los procedimientos en los que se declaran. La palabra clave de definición es **Dim**, pero también puede utilizar **Static**.

```
Sub MacroEjemplo()
   Dim bOK As Boolean
   Static strEjemplo As String
End Sub
```

Ejemplo 6: declarar una variable con ámbito a nivel de procedimiento

- A nivel de módulo: cuando las variables se declaran fuera de los procedimientos, son visibles para todos aquellos procedimientos definidos en el mismo módulo. Estas variables se declararán con las palabras clave **Dim** o **Private**.

```
Dim VisibleEnElModulo As Integer

Sub MacroEjemplo ()
   Dim i As Integer
   i = VisibleEnElModulo + 1
End Sub
```

Ejemplo 7: declarar una variable con ámbito a nivel de módulo

- A nivel de la aplicación: cuando las variables son visibles desde todos los módulos de su aplicación. Este es el ámbito más amplio del que se dispone y la palabra clave utilizada para la declaración es **Public**. Existe igualmente una palabra clave con un alcance similar: `Global`. Con algunas pequeñas diferencias, ofrece el mismo grado de visibilidad en todo el programa que la palabra clave Pública.

```
' Código en el módulo A
Public VisibleEnTodoElPrograma As Boolean
Global VisibleTambienEnTodoElPrograma As Boolean

' Código en el módulo B
Sub MacroEjemplo ()
   Dim b As Boolean
   b = VisibleEnTodoElPrograma Or VisibleTambienEnTodoElPrograma
End Sub
```

Ejemplo 8: declarar el ámbito a nivel de programa

Observe que puede tener el mismo nombre de variable varias veces en diferentes ámbitos, por lo que el siguiente código será posible:

```
Sub PrimerMacro()
   Dim i As Integer
End Sub

Sub SegundoeMacro()
   Dim i As Integer
End Sub
```

Ejemplo 9: declarar variables con diferentes ámbitos

En el ejemplo anterior, la variable i declarada en la macro `PrimerMacro` solo está visible para las instrucciones presentes en esa macro. De la misma forma, la variable `i` declarada en la macro `SegundaMacro` solo está visible para las instrucciones presentes en esa macro (`SegundaMacro`).

3. Duración de vida de las variables

En las declaraciones, es posible que haya visto la palabra clave `Static`, que se utiliza relativamente poco, pero que es interesante conocer para diferenciarla de `Dim` en sus programas. Las variables declaradas con la palabra clave `Static` mantendrán su valor durante toda la ejecución del código, mientras que las que solo utilizan `Dim` se destruirán al final del código que las llama.

4. Ámbito de procedimientos y funciones

Al igual que acaba de ver con las variables, los procedimientos y las funciones también pueden tener un ámbito específico. Existen dos:

- **`Private`**, en cuyo caso el procedimiento solo está visible dentro del módulo en el que se declara y no lo está en otros,
- **`Public`**, en cuyo caso está visible en todo el libro de trabajo.

Para codificar sus propias funciones y utilizarlas en las fórmulas de Excel, debe codificarlas con un ámbito **`Public`**. Tenga en cuenta también que, si omite especificar el ámbito de su procedimiento o función, este será **`Public`** de forma predefinida.

Así que, si codifica esta función en un módulo:

```
Public Function FechaAnteayer() As Date
   FechaAnteayer = Date -2
End Function
```

Ejemplo 10: función personal para usar en fórmulas

puede ver esta fórmula aparecer en Excel:

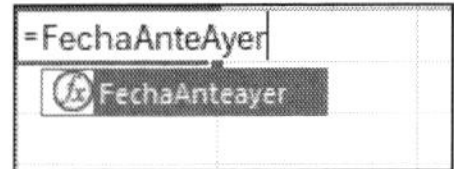

D. Parámetros

Cuando se declara un procedimiento o función, puede requerir información que le será útil (por ejemplo, para calcular la edad de una persona, se necesita su fecha de nacimiento). Esta información se denomina, pues, **parámetros**. Esta sección le ofrece la información necesaria para entenderlos y dominarlos.

1. Sintaxis general

Los parámetros aparecen al declarar un procedimiento o función (no una macro, que, por definición, no tiene parámetros).

La sintaxis general de los parámetros es la siguiente:

```
Sub EjemploDeProcedimiento ([ByRef o ByVal] NombreDeParametro1 As
TipoDeParametro1, NombreDeParametro2 As TipoDeParametro2)
   Instrucciones
End Sub
```

Ejemplo 11: declarar un procedimiento y sus parámetros

Los parámetros se declaran dentro de los paréntesis que siguen al nombre del procedimiento o función. En caso de que se necesite más de un parámetro, se separan con una coma.

El nombre de los parámetros sigue la misma nomenclatura que el de las variables. Pueden ir precedidos de las palabras clave **ByRef** o **ByVal**, mencionadas en la siguiente sección.

Cuando el parámetro se declara de la siguiente forma en un procedimiento:

```
Sub EjemploDeProcedimiento (ByVal NombreDeParametro As TipoDeParametro)
   Instrucciones
End Sub
```

Ejemplo 12: declarar parámetros obligatorios

es obligatorio que el programa que llama a la función o procedimiento proporcione un valor para este parámetro. Es imposible determinar la edad exacta de una persona sin su fecha de nacimiento.

2. Diferencias entre ByRef o ByVal

Cuando se proporcionan parámetros al procedimiento, tiene la opción de permitir que el procedimiento modifique la propia variable o simplemente proporcionarle su valor.

a. Pasar por referencia: ByRef

Al utilizar la palabra clave **ByRef**, la función o procedimiento al que se pasa el parámetro recibe «realmente» la variable y, si esta se modifica dentro de la función o el procedimiento al que se llama, su valor también se modificará al regresar al procedimiento que lo llamó. Esta es la forma predefinida de pasar parámetros.

Para establecer un paralelismo con la «vida real», si usted proporciona un documento original a un colega y este lo rompe, su documento original estará roto cuando se lo devuelva. Sin embargo, si le da una fotocopia de su original a su colega, y esa persona lo rompe accidentalmente, no importa, porque usted seguirá teniendo el original en perfecto estado.

A continuación verá un ejemplo de cómo pasar un parámetro por referencia:

```
Sub Prueba()
   Dim ValorEjemplo As Integer
   ValorEjemplo = 3
   Msgbox ValorEjemplo 'muestra 3
   MultiplicaPor5 ValorEjemplo
   Msgbox ValorEjemplo 'muestra 15
End Sub

Sub MultiplicaPor5(ByRef v As Integer)
   v = v * 5
End Sub
```

Ejemplo 13: llamar a un procedimiento pasando parámetros por referencia

Cuando se ejecuta el programa, se declara la variable `ValorEjemplo` y luego toma el valor 3. El valor 3 se muestra en la pantalla. La llamada al procedimiento `MultiplicaPor5` modifica el valor de la variable de 3 a 15. Por último, la variable se modifica también al nivel de la macro `Prueba` para mostrar el valor 15 en la pantalla.

b. Pasar por valor: ByVal

Si no quiere que el código del procedimiento o función llamado cambie los valores de sus variables, es importante en ese caso utilizar la palabra clave `ByVal`. Cuando se pasa por valor, el procedimiento o la función a la que se pasa el parámetro recibe una copia de la variable, y solo puede acceder a su valor, sin poder modificarlo fuera del código.

Utilizando el ejemplo anterior, pero cambiando el modo de pasar la variable, el código y el resultado serán los siguientes:

```
Sub Prueba2()
   Dim ValorEjemplo As Integer
   ValorEjemplo = 3
   Msgbox ValorEjemplo 'muestra 3
   MultiplicaPor5ByVal ValorEjemplo
   Msgbox ValorEjemplo ' muestra 15
End Sub

Sub MultiplicaPor5ByVal(ByVal v As Integer)
   v = v * 3
End Sub
```

Ejemplo 14: llamar a un procedimiento pasando parámetros por valor

En este ejemplo, se declara la variable `ValorEjemplo` y se le asigna el valor 3. Este valor 3 aparece en la pantalla. La llamada al procedimiento `MultiplicaPor5ByVal` modifica el valor de la variable dentro del procedimiento, pero no en el resto del programa. Finalmente, la variable mantiene su valor original al devolver el control a la macro `Prueba2`, y el programa termina mostrando el valor 3 en la pantalla.

3. Parámetros opcionales

Al comunicarse con un cliente, puede pedirle el número de teléfono de la oficina para ponerse en contacto con él, pero a veces también su teléfono móvil o incluso su número de fax. Obviamente, algunos de estos números no se proporcionarán, por lo que los puede considerar opcionales. Esto funciona de la misma forma cuando decide tener parámetros opcionales.

La sintaxis general de los parámetros opcionales es la siguiente:

```
Sub EjemploDeProcedimiento(Optional NombreParametroOpcional As
TipoDeParametro [=ValorPredefinido])
```

Ejemplo 15: sintaxis general de un parámetro opcional

He aquí un ejemplo de declaración de un parámetro opcional:

```
Sub EjemploDeProcedimiento (Optional iCantidad As Integer = 100)
```

Ejemplo 16: declarar un procedimiento con un parámetro opcional

Puede ver la presencia de la palabra clave **`Optional`** antes del nombre del parámetro, así como la posibilidad de proporcionar un valor predefinido para dicho tipo de parámetro; en el ejemplo anterior, 1000.

Los parámetros opcionales pueden omitirse al llamar al procedimiento o función. Por lo tanto, si en el siguiente ejemplo, usted quiere proporcionar los parámetros `a1` y `a3`, pero no proporciona un valor para `a2`, esta sería entonces la sintaxis:

```
Sub Ejemplo(Optional a1 As Integer, Optional a2 As Integer, _
            Optional a3 As Integer)
   'Instrucciones
End Sub

Sub Llamada()
   Ejemplo 10, ,5
End Sub
```

Ejemplo 17: parámetro opcional omitido durante una llamada

Cuando declara sus procedimientos, puede decidir el orden en que los parámetros aparecen, pero debe mostrar primero todos los parámetros obligatorios y luego los opcionales.

Cuando tiene un procedimiento con varios parámetros opcionales y no quiere tener que contar comas para no equivocarse de parámetro, puede proporcionar directamente el nombre del parámetro y especificar su valor así:

```
ProcedimientoLlamado NombreDelParametro := ValorProporcionado
```

Ejemplo 18: usar parámetros con nombre

Puede ver que en este caso, además del signo =, hay un símbolo de dos puntos `:`. El uso de esta sintaxis permite potencialmente deshacerse del orden de los parámetros.

4. Llamar a un procedimiento que requiere parámetros obligatorios u opcionales

Cuando la declaración de un procedimiento especifica parámetros, estos deben ser suministrados cuando se llama al procedimiento. A continuación, algunos ejemplos para entender la sintaxis esperada.

```
'Procedimiento y función que se llamará
Sub ParamObligatorio(iImporte As Integer)
   'Instrucciones
End Sub

Function Edad(dtNacimiento As Date) As Integer
   'Instrucciones
End Function
```

```
'Ejemplo de llamada
Sub Llama()
   ParamObligatorio 10
   Dim iEdad As Integer
   iEdad = Edad(#10/04/1972#)
End Sub
```

Ejemplo 19: ejemplo de llamada a procedimiento y función con parámetro obligatorio

Puede constatar que cuando se llama a un procedimiento, los parámetros van directamente después del nombre del procedimiento, mientras que cuando se llama a una función y se almacena su resultado en una variable, los parámetros van entre paréntesis.

```
'Procedimiento y función que se llamará
Sub VariosParametrosObligatorios(sNombre As String, sApellido As String, _
    dtFechaDeNacimiento As Date)
   'Instrucciones
End Sub

Sub ParamOpcional(Optional dSuma As Double =50)
   'Instrucciones
End Sub

Sub VariosParametrosMixtos(sNombre As String, sApellido As String, _
    Optional dtFechaDeNacimiento As Date, Optional iEdad As Integer)
   'Instrucciones
End Sub

'Procedimiento de llamada
Sub Llamada()
   VariosParametrosObligatorios "Ford", "Harrison", #7/13/1942#

   ParamOpcional 10
   ParamOpcional

   VariosParametrosMixtos "Ford", "Harrison"
   VariosParametrosMixtos "Ford", "Harrison", #7/13/1942#
   VariosParametrosMixtos "Ford", "Harrison",, 81
   VariosParametrosMixtos "Ford", "Harrison", Edad:=81
End Sub
```

Ejemplo 20: llamar a procedimientos con varias configuraciones de parámetros

Con todos estos casos, puede ver las diferentes sintaxis posibles que se aceptan en VBA.

En función de sus necesidades y expectativas, podrá gestionar todos los casos que se le presenten.

E. Ejercicios

1. Escribir macros

a. Macro privada

✎ Escriba la macro **`MacroPrivida`** de ámbito privado.

Esta macro mostrará al usuario el valor 42.

✎ Ejecute la macro `MacroPrivada (42)`.

b. Macro pública

✎ Escriba la macro **`MacroPublica`** de ámbito público.

Esta macro llamará a la macro MacroPrivada creada precedentemente.

✎ Ejecute la macro `MacroPublica (42)`.

2. Escribir procedimientos

a. Procedimiento de visualización

✎ Escriba el procedimiento `VisualizarDoble`, de ámbito público, que tome como parámetro un valor numérico entero largo llamado Valor.

Este procedimiento mostrará el doble del valor que se le pasa como parámetro.

✎ Cree la macro **`ProcedimientoVisualizar`**, que ejecutará el procedimiento `VisualizarDoble`, pasándole el valor 15.

✎ Ejecute la macro `ProcedimientoVisualizar(30)`.

3. Compartir variables públicas

✎ Cree una variable de tipo Fecha llamada **`FechaCompartida`**, de ámbito público.

✎ Esta declaración de variable se colocará en la parte superior del módulo.

✎ Escriba el procedimiento llamado **`ProcedimientoFechaInicio`**, de ámbito público, que tome como parámetro una fecha llamada `FechaInicio`.

Este procedimiento actualizará la variable `FechaCompartida` asignándole un valor de `FechaInicio + 1 día`.

✎ Escriba otro procedimiento llamado **`ProcedimientoFechaFin`** que tome como parámetro una fecha llamada `FechaFin`.

Este procedimiento actualizará la variable `FechaCompartida` asignándole un valor de `FechaFin - 1 día`.

✎ Cree una macro llamada **`VisualizarFechasCompartidas`**.

Esta macro llamará a `ProcedimientoFechaInicio`, pasándole el valor de 1 de enero de 2024.

A continuación, la macro mostrará el valor de la variable `FechaCompartida`.

Enseguida llamará a `ProcedimientoFechaFin`, pasándole el valor de 31 de diciembre de 2024.

La macro mostrará, nuevamente, el valor de la variable `FechaCompartida`.

- Ejecute la macro `VisualizarFechasCompartidas` (02/01/2024 y luego 30/12/2024).

4. Escribir funciones

- Escriba una función llamada **`Mitad`**, de ámbito público, que tome como parámetro un valor decimal llamado `ValorADividirPorLaMitad`.

Esta función debe devolver la mitad del valor de `ValorADividirPorLaMitad`.

- Cree la macro llamada **`VisualizarMitad`**.
- En esa macro, cree una variable numérica decimal llamada **`ResultadoMitad`**.
- Deberá asignar a esta variable el valor devuelto por la función `Mitad`, a la que habrá pasado el valor 20.

La macro terminará mostrando el valor de `ResultadoMitad`.

- Ejecute la macro `VisualizarMitad (5).`

Capítulo 8

Condiciones

A. Objetivos del capítulo 135
B. Estructuras condicionales 135
C. Noción de prueba 135
D. Condición Si Entonces - If Then 136
E. Condición Si no - Else 137
F. Condición Si no Si - ElseIf 137
G. Condición Selección de casos - Select Case 139
H. Condición condensada: IIf 141
I. Ejercicios 142

A. Objetivos del capítulo

Cuando quiera ejecutar un programa según ciertas condiciones, por ejemplo, para poner una fila en verde si el importe de una columna es mayor que una cantidad determinada, o si quiere saber en qué hoja copiar un valor en función de los elementos situados en otra parte de su libro de trabajo, necesitará utilizar estructuras de condición y, más generalmente, los condicionales VBA. El objetivo de este capítulo es mostrarle las principales sintaxis de estas estructuras, cómo utilizarlas y cuáles elegir en cada situación.

Al final del capítulo, encontrará una serie de ejercicios para practicar.

B. Estructuras condicionales

Cuando codifica en VBA, usted puede indicarle al programa que realice una prueba y, dependiendo del resultado de esta, que ejecute o no una serie de instrucciones. Esto se denomina **estructuras condicionales**.

C. Noción de prueba

Cuando hablamos de una **prueba**, nos referimos a una igualdad o desigualdad que devuelve un valor booleano (Verdadero/Falso – `True/False`) que permite determinar el camino que debe seguir el programa en función de ese valor. Existen varias estructuras condicionales; empezaremos por las más sencillas antes de abordar las más elaboradas.

D. Condición Si Entonces - If Then

La estructura de condición más simple en VBA es la Si Entonces, cuya sintaxis en VBA corresponde a **`If Then`** (traducción literal del inglés).

En lenguaje humano, esto equivaldría a:

```
Si (algo es cierto) entonces
   Ejecutamos este código
Fin Si
```

La sintaxis general de dicha estructura es la siguiente:

```
If Condicion_Que_Se_Debe_Probar Then
   Instrucciones ' se ejecutarán si Condicion_Que_Se_Debe_Probar
devuelve True (Verdadero)
End If
```

Ejemplo 1: caso de una estructura de condición If Then

La estructura de esta condición consiste en una primera línea que comienza con la palabra clave **`If`**, seguida de la condición que se va a probar y la palabra clave **`Then`** para terminar esta primera línea. A esto le siguen las instrucciones que se ejecutarán si la condición colocada entre las palabras clave `If` y `Then` es verdadera (True). Por último, la estructura termina con las palabras clave **`End If`** (Fin Si).

Las instrucciones dentro de la estructura no se ejecutarán si la condición es falsa (False).

He aquí algunos ejemplos:

```
'El usuario ha proporcionado la edad, si esta es menor de 18 años,
'se mostrará un mensaje indicando que es menor de edad
If Edad < 18 Then
   MsgBox "Su usuario es menor de edad."
End If
```

Ejemplo 2: estructura de condición simple

```
Dim strNombre As String, strApellido As String
...
'Desea validar que el nombre y el apellido del usuario se introduzcan
correctamente
If strNombre="" Or strApellido ="" Then
   MsgBox "Introduzca el nombre y el apellido del usuario correctamente"
End If
```

Ejemplo 3: estructura de condición con un Or

Más raro, pero poco recomendable, es ver también instrucciones que siguen a la palabra clave `Then`, en cuyo caso la estructura no necesitará terminar por `End If`.

```
If Condicion_Que_Se_Debe_Probar Then Instrucciones
```

Ejemplo 4: uso condensado, pero desaconsejado, de la estructura If Then

E. Condición Si no - Else

En caso de que la condición del **`If`** no se cumpla, es decir, devuelva `False` (falso), es posible ejecutar otras líneas de código.

En lenguaje humano, esto sería equivalente a:

```
Si (algo es cierto) entonces
   Ejecutar el código A
Si no
   Ejecutar el código B
Fin Si
```

La palabra clave que hay que utilizar aquí es **`Else`**. Su uso resulta muy sencillo con la siguiente sintaxis:

```
If Condicion_Que_Se_Debe_Probar Then
   InstruccionesA 'se ejecutan si Condicion_Que_Se_Debe_Probar
devuelve True (Verdadero)
Else
   InstruccionesB 'se ejecutan si Condicion_Que_Se_Debe_Probar
devuelve False (Falso)
End If
```

Ejemplo 5: caso de una estructura condicional If Then Else

Por lo tanto, esta palabra clave permite realizar una prueba y, en caso de que esta no cumpla las expectativas, usted puede ejecutar otro código.

Cuando se utiliza una estructura If Else, solo podrá ejecutarse una de las dos instrucciones InstruccionesA e InstruccionesB, pero no las dos.

F. Condición Si no Si - ElseIf

A la hora de programar, puede ocurrir que, cuando una primera condición no se cumpla, se quiera probar otra para poder ejecutar otra serie de instrucciones. Esta estructura también existe en VBA.

En lenguaje humano, esto sería equivalente a:

```
Si (una condición se cumple) Entonces
   Se ejecuta el código A
Si no Si (otra condición se cumple) Entonces
   Se ejecuta el código B
Si no
```

```
   Se ejecuta el código C
Fin Si
```

La palabra clave que permite esta sintaxis es **ElseIf** (en una palabra). La sintaxis VBA equivalente es la siguiente:

```
If Condicion_Que_Se_Debe_Probar_1 Then
   InstruccionesA 'se ejecutarán si Condicion_Que_Se_Debe_Probar_1
                  'devuelve True (Verdadero)
ElseIf Condicion_A_Probar_2 Then
   InstruccionesB 'se ejecutarán si Condicion_Que_Se_Debe_Probar_1
                  'devuelve False (Falso) Y que
                  'Condicion_Que_Se_Debe_Probar_2 devuelve True
(Verdadero)
Else
   InstruccionesC 'se ejecutarán si tanto Condicion_Que_Se_Debe_
Probar_1 como
                  'Condicion_Que_Se_Debe_Probar_2 devuelven False (Falso)
End If
```

Ejemplo 6: sintaxis general de un ElseIf

Esta estructura permite realizar varias pruebas una tras otra. Este es un ejemplo para determinar la categoría de edad de un usuario. Así que, en lugar de tener una cascada de varios niveles para sus pruebas, como en el siguiente ejemplo:

```
Dim Edad As Integer
...
If Edad<18 Then
   MsgBox "Su usuario es menor de edad"
Else
   If Edad<50 Then
       MsgBox "Su usuario está en la categoría de edad 18-49 años"
   Else
       MsgBox "Su usuario está en la categoría de más de 50 años"
   End If
End If
```

Ejemplo 7: usar If Else en cascada

Puede simplificar el código con el uso de **ElseIf** como se muestra a continuación.

```
Dim Edad As Integer
...
If Edad<18 Then
   MsgBox "Su usuario es menor de edad"
ElseIf Edad<50 Then
   MsgBox "Su usuario está en la categoría de edad 18-49 años"
Else
   MsgBox "Su usuario está en la categoría de más de 50 años"
End If
```

Ejemplo 8: usar If ElseIf Else

Al igual que la estructura **If**, la línea que comienza con la palabra clave `ElseIf` termina con la palabra clave `Then`. Puede haber tantos **ElseIf** como quiera en su estructura condicional, pero solo puede haber un `Else`, y estará en la última parte de la estructura, es decir, después de todos los `ElseIf`. Así, el siguiente código no será válido:

```
Dim Edad As Integer
...
If Edad<18 Then
   MsgBox "Su usuario es menor de edad"
Else
   MsgBox "Su usuario está en la categoría de más de 50 años"
ElseIf Edad<50 Then
   MsgBox "Su usuario está en la categoría de edad 18-49 años"
End If
```

Ejemplo 9: código erróneo a causa del orden de los Else y ElseIf

El uso de esta estructura de condición es práctico, pero aún se puede utilizar otra, que también puede ser muy eficaz, sobre todo si tiene varios valores de prueba para los que las instrucciones que se han de ejecutar serían las mismas.

G. Condición Selección de casos - Select Case

Cuando quiera colorear una celda en verde, por ejemplo, según tenga las letras A, B, C o D; en azul si tiene un valor entre 1 y 5; en amarillo si tiene un valor superior a 10, o en rojo para todos los demás casos, el uso de la sintaxis con `If  ElseIf` será especialmente engorroso, como puede ver en este ejemplo:

```
If Range("A1").Value = "A" Then
   Range(" A1 ").Interior.Color = vbGreen
ElseIf Range("A1").Value = "B" Then
   Range("A1").Interior.Color = vbGreen
ElseIf Range("A1").Value = "C" Then
   Range("A1").Interior.Color = vbGreen
ElseIf Range("A1").Value = "D" Then
   Range("A1").Interior.Color = vbGreen
ElseIf Range("A1").Value = 1 Then
   Range("A1").Interior.Color = vbBlue
ElseIf Range("A1").Value = 2 Then
   Range("A1").Interior.Color = vbBlue
ElseIf Range("A1").Value = 3 Then
   Range("A1").Interior.Color = vbBlue
ElseIf Range("A1").Value = 4 Then
   Range("A1").Interior.Color = vbBlue
ElseIf Range("A1").Value = 5 Then
   Range("A1").Interior.Color = vbBlue
ElseIf Range("A1").Value > 10 Then
```

```
   Range("A1").Interior.Color = vbYellow
Else
   Range("A1").Interior.Color = vbRed
End If
```

Ejemplo 10: usar intensivamente la estructura If ElseIf

Del mismo modo, no se puede tener un código fácil encadenando **Or** entre cada caso, como en este ejemplo:

```
If Range("A1").Value = "A" Or Range("A1").Value = "B" Or _
   Range("A1").Value = "C" Or Range("A1").Value = "D" Then
   Range("A1").Interior.Color = vbGreen
ElseIf Range("A1").Value = 1 Or Range("A1").Value = 2 Or
       Range("A1").Value = 3 Or Range("A1").Value = 4 Or
Range("A1").Value = 5 Then
   Range("A1").Interior.Color = vbBlue
ElseIf Range("A1").Value> 10 Then
   Range("A1").Interior.Color = vbYellow
Else
   Range("A1").Interior.Color = vbRed
End If
```

Ejemplo 11: usar el operador Or

Aunque el código del ejemplo 11 es más corto y menos indigesto de leer que el del ejemplo 10, imagine que, en lugar de las 4 letras y 5 números que tiene aquí, hay decenas que probar. El código será muy lento de escribir y luego de mantener.

Afortunadamente, para este caso, existe una estructura que permite agrupar las instrucciones que se van a ejecutar según el valor de su celda. Esta estructura se llama **Select Case** y aquí está la sintaxis general:

```
Select Case Variable
   Case Valor_1, Valor_2
       InstruccionesA
   Case Valor_3, Valor_4
       InstruccionesB
   Case Valor_5 To Valor_6
       InstruccionesC
   Case Is > Valor_7
       InstruccionesD
   Case Else 'Si no aparece ninguno de los valores anteriores
       InstruccionesPredefinidas
End Select
```

Ejemplo 12: sintaxis general de la estructura Select Case

Esta estructura comienza con las palabras clave **Select Case**, seguidas de la variable sobre la que se quieren probar los posibles valores. Para cada conjunto de valores, tendrá la palabra clave **Case** seguida del valor o valores para los que se ejecutarán las instrucciones. Por último, el bloque termina con un **End Select**, similar al **End If** visto en las secciones anteriores. Al igual que en la estructura `If Then` con la palabra clave `Else`, puede tener sentencias que se ejecutarán si no se encuentra ninguno de los casos, con las palabras clave **Case Else**.

Note que se puede proporcionar un rango de valores con esta estructura condicional.

Utilizando el caso propuesto en el ejemplo 10, esta es la sintaxis que se necesitaría para lograr el mismo resultado:

```
Select Case Range("A1").Value
   Case "A", "B", "C","D"
       Range("A1").Interior.Color = vbGreen
   Case 1 To 5
       Range("A1").Interior.Color = vbBlue
   Case Is > 10
       Range("A1").Interior.Color = vbYellow
   Case Else
       Range("A1").Interior.Color = vbRed
End Select
```

Ejemplo 13: usar pertinentemente Select Case

H. Condición condensada: IIf

Para terminar este capítulo, hay una última estructura de condición que puede utilizar. Se trata de la función **IIf()**, cuya sintaxis general es la siguiente:

```
Dim Variable
Variable = IIf(Condición, ValorSiCondicionVerdadera, ValorSiCondicion-
Falsa)
```

Ejemplo 14: sintaxis general de la función IIf

Esta función toma tres parámetros en total. El primero corresponde a la condición que se va a probar. El segundo parámetro será el valor de retorno si la condición que se prueba devuelve True; el tercero es el valor devuelto si la condición es falsa.

Puede utilizar esta función cuando quiera asignar un valor a una variable según una condición.

He aquí un ejemplo de la variable **Edad** de nuestro usuario, y según esta edad, determinamos si el usuario es mayor o menor de edad.

```
Dim MayorOMenor As String
...
MayorOMenor = IIf(Edad<18, "Menor", "Mayor") & " de edad"
```

Ejemplo 15: ejemplo de uso de la función IIf

Esta función puede reemplazar una estructura `If Then Else` vista anteriormente en este capítulo y lograr el mismo objetivo.

```
Dim Edad As Integer
Dim MayorOMenor As String
...
If Edad<18 Then
   MayorOMenor = "Menor"
Else
   MayorOMenor = "Mayor"
End If
MayorOMenor = MayorOMenor & " de edad"
```

Ejemplo 16: sintaxis equivalente a IIf usando un If Else

Esta función a veces puede simplificar su código, pero se recomienda hacer estructuras en varias líneas para una mayor legibilidad y, no lo olvide:

1/ Funciona

Además, es imposible colocar varias sentencias en una función `IIf` porque esta función solo devuelve un valor.

I. Ejercicios

1. Si entonces

✎ Escriba un procedimiento **MuestraSiNegativo**, de ámbito público, que requiera un parámetro numérico entero llamado **ValorDelDesencadenante**.

Este procedimiento deberá mostrar OK si el valor de la variable `ValorDelDesencadenante` es estrictamente inferior a 0.

✎ Cree la macro **Capitulo08_Ejercicio1**.

Esta macro llamará primero a `MuestraSiNegativo` pasándole un valor de 35, y luego a `MuestraSiNegativo` pasándole un valor de `-5`.

✎ Ejecute la macro `SiEntonces`.
El mensaje OK deberá aparecer una sola vez.

2. SI si no

✎ Escriba una función **DevuelveDobleOMitad** de ámbito privado.

Tomará como parámetro de entrada un valor entero menor que 255, llamado `ValorEntrada`, y devolverá un valor posiblemente decimal.

Esta función devolverá el doble del valor `ValorEntrada` si este es superior a 128, o la mitad del `ValorEntrada` en el caso contrario.

✎ Cree la macro **SiSiNo**.

Esta macro mostrará sucesivamente el valor devuelto por `DevuelveDobleOMitad`, pasándole el valor 15, luego de nuevo por `DevuelveDobleOMitad`, pasándole esta vez el valor 129.

✎ Ejecute la macro `SiSiNo` (resultado: 7.5 y 258).
Aparecerán los valores 7.5 y luego 258.

3. SI si no si

✎ Escriba la función **PrecioEnvio**, de ámbito público, que devuelve un valor numérico decimal.

Esta función toma como parámetro una cadena de caracteres, llamada `TallaEnvio`.

Esta función devolverá M si el valor pasado es 0.52, L para 0.63, XL para 1.81, XXL para 2.62 o XXXL para 4.10.

✎ Cree la macro **SiSiNoSi**.

Esta macro llamará a la función `PrecioEnvio` y mostrará el valor devuelto pasando los valores M, L, XL y XXXL sucesivamente.

✎ Ejecute la macro `SiSiNoSi` (0.52, 0.63, 1.81 y 4.10).
Los valores 0.52, 0.63, 1.81 y 4.10 aparecerán en la pantalla.

4. Según Valor

✎ Utilizará la estructura `Select Case` para este ejercicio.

✎ Escriba la función **TallaAdulto**, de ámbito público, que devuelve una cadena.

Esta función tomará como parámetro un valor entero, entre 0 y 255, llamado `Peso`.

Esta función devolverá el valor XS para valores de `Peso` estrictamente inferiores a 55, S para valores entre 55 y 64, M para valores de 65 a 74, L para valores de 75 a 84 y XL para otros valores.

✎ Cree la macro **SegúnValor**.

Esta macro llamará a la función `TallaAdulto` y mostrará el valor devuelto pasándole sucesivamente los valores 40, 60, 80 y 100.

✎ Ejecute la macro `SegunValor` (resultado: XS, S, L y XL).
Los valores XS, S, L y XL aparecerán sucesivamente en la pantalla.

5. Condición condensada

✎ Escriba la función **`MinimoCondensado`**, de ámbito público, que devuelva un valor numérico decimal.

Esta función tomará como parámetros dos valores numéricos decimales, llamados A y B.

Esta función devolverá el valor mínimo de los dos valores A y B, utilizando la función `Iif`.

✎ Cree la macro **`MostrarMinimoCondensado`**.

Esta macro mostrará el resultado de llamar a la función `MinimoCondensado`, pasándole primero los valores 2 y 3, y luego los valores 12 y 10.

✎ Ejecute la macro `MostrarMinimoCondensado` (Resultado: 2 y 10).
Los valores 2 y 10 aparecerán en la pantalla.

Capítulo 9

Bucles

A. Objetivos 147
B. Situaciones de uso de los bucles 147
C. ¿Qué es un bucle? 148
D. Diferentes tipos de bucles 149
E. Bucle infinito y otros tipos de errores relacionados con los bucles 154
F. Salir de un bucle 155
G. Resumen según el caso 156
H. Ejercicios 157

A. Objetivos

En este capítulo, descubrirá una parte importante de la programación VBA: los bucles. Vamos a abordar algunas definiciones y situaciones de la vida real para, a continuación, ver los diferentes tipos de bucles.

Aprenderá a estructurar sus bucles y a salir de ellos de manera anticipada.

Al final del capítulo encontrará ejercicios para practicar.

B. Situaciones de uso de los bucles

En VBA, cuando se quiere ejecutar el mismo conjunto de instrucciones una y otra vez, el método de copiar las mismas líneas n veces no es una solución viable, especialmente cuando se trata de escribir un programa, como, por ejemplo:

```
Sub FormaIncorrectaDeCodificar()
   MsgBox "Buenos días"
   MsgBox "Buenos días"
   MsgBox "Buenos días"
   ...
   MsgBox "Buenos días"
End Sub
```

Ejemplo 1: forma incorrecta de codificar una instrucción repetitiva

Del mismo modo, si quiere mostrar el mensaje hasta que el usuario escriba uno de los valores que usted desea (1 o 0, por ejemplo), no sabrá cuándo continuar con el resto de su programa, como ocurre con el siguiente código.

```
Sub OtraFormaIncorrectaDeCodificar()
   Dim Respuesta As Integer
   Respuesta = InputBox("Introduzca un valor entre 1 y 0")
   If Respuesta <> 0 And Respuesta <> 1 Then
       Respuesta = InputBox("Introduzca un valor entre 1 y 0")
```

```
    End If
    If Respuesta <> 0 And Respuesta <> 1 Then
        Respuesta = InputBox("Introduzca un valor entre 1 y 0")
    End If
...
End Sub
```

Ejemplo 2: otra forma incorrecta de codificar una instrucción repetitiva

En VBA existen los llamados **bucles**, que permiten ejecutar varias veces una serie de instrucciones, o ejecutarlas hasta que se cumplan ciertas condiciones (como mostrar el mensaje al usuario hasta que haya tecleado 1 o 0).

El objetivo de este capítulo es presentarle los diferentes bucles que existen, así como ayudarle a identificar cuáles deben utilizarse en cada caso.

Sobre todo, continúe y no pierda de vista su objetivo:

1/Funciona

C. ¿Qué es un bucle?

Un bucle en VBA es una serie de palabras clave que delimitan una serie de instrucciones que pueden ejecutarse varias veces, según condiciones que usted puede establecer, como mostrar tres veces el mismo mensaje o realizar el mismo tratamiento en varias filas de la misma hoja de Excel.

Hay varios tipos de bucles, cada uno de los cuales tiene su propio interés en función de sus necesidades. Sus nombres están estrechamente relacionados con las palabras clave que se utilizan para delimitar las instrucciones que se repiten.

Un bucle es una estructura de código compuesta de tres partes:

```
[Inicio del Bucle] [vinculado a una condición]
    Instrucciones
[Iterar] [vinculado a una condición]
```

Para saber qué tipo de bucle hay que utilizar, al final del capítulo se presenta una tabla recapitulativa por caso.

D. Diferentes tipos de bucles

1. Bucles For Next

Cuando ya sabe cuántas veces quiere ejecutar un grupo de instrucciones, el bucle **For Next** es la opción indicada.

La sintaxis general de un bucle de este tipo es la siguiente:

```
For Contador=ValorInicial To ValorFinal
   Instrucciones
Next Contador
```

Ejemplo 3: sintaxis general de un bucle For Next

He aquí un ejemplo de bucle **For Next**:

```
Dim i As Long
For i = 1 To 10
   MsgBox "Es el día de la marmota"
Next i
```

Ejemplo 4: usar un bucle For Next

Las palabras clave **For** y **Next** explican su uso.

En este tipo de bucle se utiliza un contador que varía desde un valor inicial hasta uno final.

En nuestro ejemplo anterior, nuestro contador es la variable i, de tipo entero, que variará de 1 a 10, por lo que tomará sucesivamente los valores 1, 2, 3, 4, 5, 6, 7, 8, 9 y 10. Una vez alcanzado el valor final, decimos que «salimos del bucle», y el programa continúa ejecutando las líneas que seguirán después de él.

Lo práctico de este tipo de bucle es que puede utilizar el valor de la variable i dentro del bucle para que usted pueda manipularla.

Así que puede mostrarle al usuario los valores del 1 al 5 con estas 3 líneas:

```
For i = 1 To 5
   MsgBox i
Next i
```

Ejemplo 5: otro uso de un bucle For Next

Pero también puede utilizar esta variable para leer los valores de las celdas A1 a A5, por ejemplo, con:

```
For i = 1 To 5
   MsgBox Range("A" & i).Value
Next i
```

Ejemplo 6: usar la variable i en un bucle For Next

Pero eso no es todo: también puede indicar el incremento del programa para pasar desde el valor inicial hasta el valor final. Por ejemplo, si quiere mostrar los valores impares del 1 al 9 incrementando de 2 en 2 (1, 3, 5, 7 y 9), utilizará la palabra clave **Step**, seguida del valor, de esta forma:

```
For i=1 To 9 Step 2
   MsgBox i
Next i
```

Ejemplo 7: sintaxis de un bucle que usa un incremento

Incluso puede «ir hacia atrás»; por ejemplo, de A10 a A1. La palabra clave **Step** usará entonces valores negativos, como en el siguiente ejemplo:

```
For i = 10 To 1 Step -1
   MsgBox Range("A" & i).Value
Next i
```

Ejemplo 8: sintaxis de un bucle que usa un decremento

Habrá notado que, si la palabra clave `Step` está ausente en la línea, el incremento será automáticamente 1.

Por supuesto, es posible utilizar variables para los valores mínimos y máximos:

```
Dim a As Integer, b As Integer
Dim i As Integer
a= 5
b=20
For i = a To b
...
Next i
```

Ejemplo 9: usar variables para definir los límites del bucle

Aunque añadir la variable usada como contador después de la palabra clave **Next** *no es un requisito para que el programa se ejecute, se recomienda encarecidamente hacerlo para facilitar la lectura del programa.*

2. Bucles Do Loop

Cuando no se sabe de antemano cuántas veces debe ejecutarse una serie de instrucciones, los bucles **For Next** no son los más obvios de utilizar. En este caso, hay otros tipos de bucles que se pueden utilizar de forma más eficiente. Los bucles **Do Loop** son la solución preferida. Le permitirán ejecutar una instrucción entre 0 y N veces, siendo el número N desconocido.

3. Concepto general

Para empezar, he aquí un ejemplo de un bucle **Do Loop**:

```
Dim i As Integer
i=0
Do Until i=5
   i=i+1
Loop
```

Ejemplo 10: usar un bucle Do Loop

Podrá constatar la presencia de la palabra clave **Do** en la línea:

```
Do Until i=5
```

y de **Loop** en la línea:

```
Loop
```

para delimitar el grupo de instrucciones que se repetirá:

```
i=i+1
```

La condición i=5 después de las palabras clave **Do Until** es la condición que se probará cada vez para determinar si la serie de instrucciones se ejecutará o no.

Este programa ejecutará la línea:

```
i=i+1
```

hasta que i tenga el valor 5.

Hay varias sintaxis de este tipo de bucle, que veremos a continuación.

a. Bucles Do Until

El bucle **Do Until** consiste en ejecutar una serie de instrucciones hasta que una condición se convierta en verdadera (**True**).

La prueba de la condición se puede realizar antes de ejecutar la serie de instrucciones, con una sintaxis como la siguiente:

```
Do Until Condición
   Instrucciones
Loop
```

Ejemplo 11: sintaxis general de un bucle Do Until Loop

Lo que podemos traducir por:

```
[Hacer] [Hasta que] [Condición]
   Instrucciones
[Iterar]
```

Las instrucciones pueden no ser ejecutadas si la **Condición** ya ha sido alcanzada; por ejemplo, en nuestro ejemplo 10, si la variable i tiene el valor 5 en la primera pasada de la instrucción **`Do Until`** (i=5 devuelve Verdadero/True), entonces la instrucción i=i+1 nunca será ejecutada.

También es posible ejecutar las sentencias al menos una vez y comprobar la condición después de la serie de sentencias con la siguiente sintaxis:

```
Do
   Instrucciones
Loop Until Condición
```

Ejemplo 12: sintaxis general de un bucle Do Loop Until

El programa ejecutará las instrucciones y, a continuación, comprobará si se ha alcanzado la condición. Si no se alcanza la condición, volverá a ejecutar las instrucciones.

El bucle podría entonces traducirse como:

```
Hacer
  Instrucciones
Iterar Hasta cumplir con la Condición
```

Puede utilizar este enfoque cuando le pida al usuario que introduzca el valor 1 o 0; la ventana aparecerá hasta que escriba 1.

```
Dim Respuesta As Integer
Do
  Respuesta = InputBox("Introduzca el valor 1 o 0")
Loop Until Respuesta = 1
```

Ejemplo 13: usar un bucle Do Loop Until

b. Bucles Do While

El bucle llamado **`Do While`** consiste en ejecutar una serie de instrucciones mientras una condición sea verdadera (True).

De la misma forma que para el bucle `Do Until`, la prueba se puede realizar antes de ejecutar la serie de instrucciones, con una sintaxis como la siguiente:

```
Do While Condición
  Instrucciones
Loop
```

Ejemplo 14: sintaxis general de un bucle Do While Loop

La traducción de este tipo de bucle es:

```
[Hacer] [Mientras que] [Condición]
   Instrucciones
[Iterar]
```

Así que puede utilizar este tipo de bucle para pedirle al usuario el valor 1 o 0.

El mensaje aparecerá siempre y cuando el usuario no escriba 1 ni 0.

```
Dim Respuesta As Integer
Do
   Respuesta = InputBox("Introduzca el valor 1 o 0")
Loop While Respuesta <> 1 And Respuesta <> 0
```

Ejemplo 15: usar un bucle Do Loop While

4. Bucles While Wend

Aunque se utiliza con menos frecuencia, el bucle **`While Wend`**, llamado así por las palabras clave `While` y `Wend`, funciona según el mismo principio que el bucle `Do While`, con una sintaxis como la siguiente:

```
While Condición
   Instrucciones
Wend
```

Ejemplo 16: sintaxis general de un bucle While Wend

Las instrucciones se ejecutarán siempre que la condición devuelva Verdadero/True:

```
[Mientras que] Condición
   Instrucciones
[Iterar]
```

Un ejemplo de código en el que se solicita al usuario introducir el valor 1 o 0:

```
Dim Respuesta As Integer
Respuesta = -1
While Respuesta <> 0 And Respuesta <> 1
   Respuesta = InputBox("Introduzca el valor 1 o 0")
Wend
```

Ejemplo 17: usar un bucle While Wend

5. Bucle For Each Next

El último tipo de bucle que abordaremos es el bucle **`For Each Next`**, que recibe su nombre de las palabras clave **`For Each`** y **`Next`** que delimitan la serie de instrucciones que se han de ejecutar. La sintaxis genérica es la siguiente:

```
For Each Element In Collection
   Instrucciones
Next
```

Este bucle se utiliza para recorrer todos los elementos de una colección; más adelante en este libro verá en particular las colecciones **`Workbooks`** (conjunto de libros de Excel abiertos) y **`Worksheets`** (conjunto de hojas de un libro de Excel).

Este bucle recorre cada uno de los elementos, con la variable **Element**, de la colección **Collection** para realizar las instrucciones deseadas.

Un ejemplo que utiliza este bucle para mostrar la lista de hojas en el libro de trabajo activo:

```
Dim wsh As Worksheet ' El tipo de variable Worksheet se utiliza para
manipular hojas de Excel
For Each wsh In ActiveWorkbook.Worksheets
   MsgBox wsh.Name ' Muestra el nombre de la hoja visitada
Next wsh
```

Ejemplo 18: usar un bucle For Each Next

E. Bucle infinito y otros tipos de errores relacionados con los bucles

1. Bucle infinito

Tenga cuidado: cuando se utilizan los bucles **Do Loop** o **While Wend** es usual equivocarse en los criterios de entrada/salida del bucle y caer en un «bucle infinito», lo que hará que su aplicación se ejecute indefinidamente (resultando en una pantalla congelada), que no le dejará otra opción más que detenerla y reiniciarla.

He aquí un ejemplo de bucle infinito (la condición siempre será falsa/False):

```
Do Until False
   Instrucciones
Loop
```

Ejemplo 19: bucle infinito con Do Until Loop

Para detener el programa mientras se está ejecutando, puede utilizar las teclas Ctrl + Pausa simultáneamente. También se puede usar la tecla esc. Aparecerá la siguiente ventana:

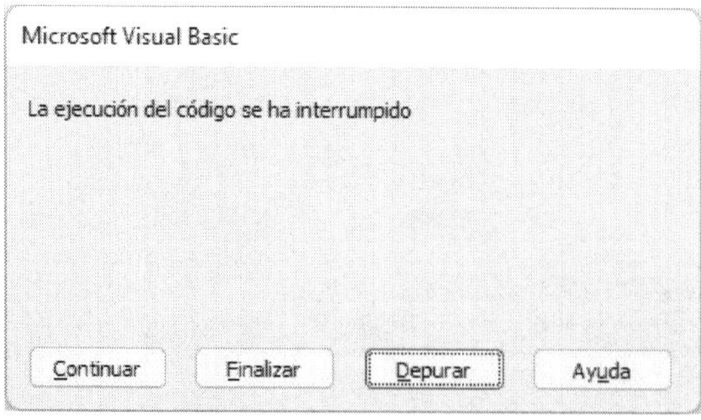

Después, podrá continuar el programa (**Continuar**), detener el programa (**Finalizar**), acceder al código (**Depurar**) o acceder a la ayuda en línea de Microsoft.

2. Superar la capacidad

También puede ocurrir que, al utilizar bucles, la variable que usa como contador sobrepase los límites que permite su tipo; por ejemplo, si utiliza el tipo Integer para un contador, el valor máximo admitido es 32 767. Si intenta ejecutar su programa más allá de este valor, aparecerá una ventana con el siguiente mensaje de error:

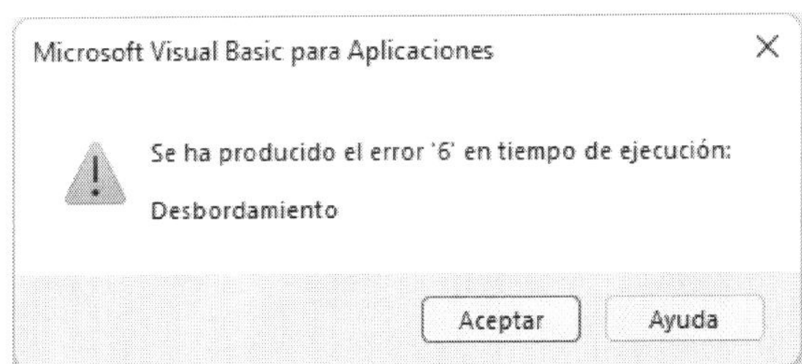

F. Salir de un bucle

Aunque no es recomendable cuando se es nuevo en la programación con bucles de VBA, debe saber que se puede salir de un bucle antes de tiempo, es decir, salir del bucle antes de que se alcance el valor máximo o de que la condición de salida sea verdadera. La instrucción de salida anticipada tendrá la palabra clave **Exit** (Salir) asociada al tipo de bucle del que se desea salir. Esta declaración le ahorra tiempo, pero hará más difícil la depuración de su código más tarde. Por lo tanto, se recomienda utilizarla con moderación.

1. Salir de un bucle For - Exit For

Para salir de los bucles de tipo **For Next** o **For Each Next**, la sintaxis de salida anticipada se realiza utilizando las palabras clave **Exit For**.

Por ejemplo, si se recorren los primeros 50 renglones de la columna A para comprobar que el valor ENI está disponible:

```
Dim bENIEstaPresente As Boolean 'sirve para saber si el valor ENI
se encuentra
bENIEstaPresente = False 'inicializar nuestra variable
Dim i As Integer
For i = 1 To 50
   If Range("A" & i).Value = "ENI" Then 'Si la celda contiene ENI, entonces
       bENIEstaPresente = True 'cambiamos la variable a Verdadero/True
       Exit For 'y salimos del bucle
   End If
```

```
Next i
MsgBox IIf(bENIEstaPresente, "Se encontró en la línea " & i,
"No se encontró")
```

Ejemplo 20: usar la instrucción Exit For

2. Salir de un bucle Do - Exit Do

Del mismo modo, si se quiere salir anticipadamente de un bucle tipo **Do Loop**, la instrucción de salida anticipada se hará utilizando las palabras clave **Exit Do**.

Con el mismo objetivo que en nuestro ejemplo 20, el código del programa sería:

```
Dim i As Integer
i = 0
Do
   i = i + 1
   If i > 50 Then
       Exit Do
   End If
Loop Until Range("A" & i).Value = "ENI"
```

Ejemplo 21: usar la instrucción Exit Do

G. Resumen según el caso

Aunque hay varios tipos de bucles a su disposición, no todos serán igual de eficaces. Así pues, para ayudarle a entender qué estructura de código debe utilizar en cada caso, he aquí una tabla recapitulativa.

Caso en el que N (número de veces que se ejecutarán las instrucciones) es:		
Conocido de antemano	Desconocido (de 0 a N veces)	Desconocido (1 vez o más)
Bucle For Next For i=1 To 10 ... Next i	Bucle Do Until Loop Do Until Condición ... Loop	Bucle Do Loop Until Do ... Loop Until Condición
Bucle For Each Next	Bucle Do While Loop Do While Condición ... Loop	Bucle Do Loop While Do ... Loop While Condición

La experiencia en programación le permitirá adaptarse según su soltura y comprensión del programa.

H. Ejercicios

1. Bucles For Next

a. En incrementos de 1 en 1

✎ Cree la macro **MostrarDe15a20**.

Esta macro deberá mostrar los valores de 15 a 20.

✎ Ejecute la macro **MostrarDe15a20**.

Deberá ver los valores del 15 al 20 en sucesión.

b. En incrementos de 2 en 2

✎ Cree la macro **MostrarDe10a20**.

Esta macro deberá mostrar los valores de 10 a 20 en incrementos de 2 en 2.

✎ Ejecute la macro **MostrarDe10a20**.

Deberá ver los valores pares entre el 10 y el 20.

c. Decrementando

✎ Cree la macro **MostrarDe40a20De5En5**.

Esta macro deberá mostrar los valores de 40 a 20 decrementando de 5 en 5.

✎ Ejecute la macro **MostrarDe40a20De5En5**.

Deberá ver sucesivamente los valores 40, 35, 30, 25 y 20.

d. En incrementos por medio de un parámetro

✎ Escriba un procedimiento **BucleIncrementalConParametros** que tome como parámetros tres valores enteros, llamados respectivamente **LimiteA**, **LimiteB** e **Incremento**.

Este procedimiento deberá mostrar los valores comprendidos entre `LimiteA` y `LimiteB` según el incremento definido en `Incremento`.

✎ Cree la macro **LlamadaBucleIncrementalConParametros**.

La macro llamará al procedimiento **BucleIncrementalConParametros** 3 veces. Le pasará sucesivamente los valores 2,7 y 1, luego 5, 10 y 2 y finalmente 5, 10 y -2.

✎ Ejecute la macro **LlamadaBucleIncrementalConParametros**.

Debería ver sucesivamente los valores del 2 al 7 y luego 5, 7 y 9, ya que el último conjunto de parámetros no devuelve ningún valor.

2. Bucle Do Loop

a. Hacer mientras que

Aquí utilizará una estructura `Do While`.

✎ Cree la macro **`PedirHastaObtener1`**.

Esta macro deberá pedirle al usuario un valor numérico, mostrando el mensaje **Introduzca un valor**, y continuar preguntándole hasta que el usuario proporcione el valor 1.

✎ Ejecute la macro **`PedirHasteObtener1`** y verifique que solo el valor 1 permite detener la petición.

b. Hacer hasta que

Aquí utilizará una estructura `Do Until`.

✎ Cree la macro **`PedirHastaObtenerContrasena`**.

Esta macro deberá pedirle al usuario una cadena, mostrando el mensaje **Introduzca su contraseña**, y seguir preguntándole hasta que el usuario proporcione el valor **Contraseña**.

✎ Ejecute la macro **`PedirHastaObtenerContrasena`** y verifique que solo el valor **Contraseña** permite detener la petición.

3. Salir de un bucle

a. Salir de un For Next

✎ Cree la macro **`PreguntarSiSalirDelBucle`**.

Esta macro deberá mostrar los valores de 1 a 5.

Después de mostrar cada valor, la macro debe preguntarle al usuario si desea parar, con el mensaje **¿Desea parar?**, y proponer los botones **Sí** o **No**.

✎ Deberá hacer que se salga del bucle si el usuario hace clic en **Sí**.

✎ Ejecute la macro y haga clic en **Sí** después del valor 3 (1,2 y 3).

Capítulo 10

Operadores

A. Objetivos del capítulo 161
B. Operador de asignación = ... 161
C. Operadores aritméticos 161
D. Operadores de comparación 163
E. Operadores de lógica u operadores booleanos 164
F. Prioridad de los operadores 165
G. Ejercicios 166

A. Objetivos del capítulo

Hay muchas palabras clave en VBA y los operadores están entre las que más utilizará. Tanto si se usan para realizar operaciones numéricas, pruebas o para comparar valores, es importante entender estos símbolos y palabras clave. En este capítulo se explican los operadores más importantes según su frecuencia de uso, pero también por su prioridad en relación con los demás.

Al final del capítulo, encontrará una serie de ejercicios para practicar.

B. Operador de asignación =

Varias veces ha podido ver el operador «igual» =, que permite asignar un valor a una variable.

Cuando se trata de una asignación, el elemento de la izquierda tomará el valor del elemento de la derecha del operador =.

Cuando se trata de una prueba para una condición, el operador se utiliza para comprobar la igualdad, como se verá en la siguiente sección.

C. Operadores aritméticos

Cuando se trata de realizar cálculos sobre valores numéricos, pensará instintivamente en los cuatro símbolos de operación de su teclado o calculadora (+ - * /), pero estos no son los únicos operadores existentes para trabajar con valores numéricos.

1. Operadores de base

Empecemos con los cuatro operadores básicos que se utilizan de la misma forma que en las matemáticas. En cada ejemplo se indica el resultado obtenido tras la operación.

a. Suma +

El símbolo + permite, simplemente, sumar dos valores entre sí.

```
1 + 1 = 2
```

b. Resta -

El símbolo - permite restar dos valores entre sí.

```
8 - 3 = 5
```

c. Multiplicación *

El símbolo «estrella» o «asterisco» * permite multiplicar dos valores entre sí.

```
25 * 6 = 150
```

d. División /

El símbolo «barra» (de división) / o barra oblicua permite dividir dos valores entre sí. Tenga en cuenta que el tipo de datos que divide no afecta al tipo de datos del resultado.

```
15 / 6 = 2.5
```

Las operaciones matemáticas siguen las mismas reglas que en la vida real, no hay reglas adicionales.

2. División entera \

El símbolo «barra invertida» \ se utiliza para devolver la parte entera de una división.

```
15 \ 4 = 3
```

3. Operador módulo mod

La palabra clave **Mod**, también llamada operador **módulo**, se utiliza para devolver el resto de una división.

```
15 Mod 6 = 3
```

4. Exponente ^

El símbolo «circunflejo» o «exponente» ^ se utiliza para realizar cálculos de potencia entre dos valores.

```
15 ^ 6 = 11390625
```

D. Operadores de comparación

Cuando se trata de comparar dos valores, hay varios operadores disponibles. Cuando realice una comparación, el resultado será un booleano, que le dirá si la comparación es verdadera o falsa. En cada uno de los siguientes casos, el primer ejemplo será verdadero y el segundo, falso.

1. Estrictamente superior a >

```
5>3
5>10
```

2. Superior o igual a >=

```
5>=5
5>=6
```

3. Estrictamente inferior a <

```
5<10
8<4
```

4. Inferior o igual a <=

```
5<=10
8<=4
```

5. Igual a =

```
5=5
8=4
```

6. Diferente de <>

```
5<>6
4<>4
```

7. Operadores Like e Is

Hay otros dos operadores de comparación. El operador `Like` se utiliza para las comparaciones de cadena; véase el capítulo Manipular cadenas. El operador `Is` se utiliza para comparar objetos entre sí.

E. Operadores de lógica u operadores booleanos

Al realizar comparaciones, es posible que necesite combinaciones de varias operaciones. Los operadores lógicos se utilizan para validar dos valores booleanos.

La sintaxis general de estos operadores es la siguiente:

```
Valor1 operador Valor2
```

Esta expresión devuelve un booleano.

A continuación, encontrará una tabla de verdad para cada uno de estos operadores. El valor 1 significa Verdadero, 0 significa Falso.

1. Operador Y - And

El operador **And** permite comprobar que dos valores sean verdaderos.

Valor1	Valor2	Valor1 And Valor2
1	1	1
1	0	0
0	1	0
0	0	0

2. Operador O – Or

El operador **Or** permite comprobar que al menos uno de los dos valores sea verdadero.

Valor1	Valor2	Valor1 Or Valor2
1	1	1
1	0	1
0	1	1
0	0	0

3. Operador NO – Not

El operador **Not** permite invertir el valor de un booleano.

Valor1	Not Valor1
1	0
0	1

4. Operador O EXCLUSIVO – Xor

El operador **Xor** permite comprobar que solo uno de los dos valores sea verdadero.

Valor1	Valor2	Valor1 Xor Valor2
1	1	0
1	0	1
0	1	1
0	0	0

F. Prioridad de los operadores

Cuando se programa una línea con varios operadores, es importante saber en qué orden VBA realiza las operaciones.

Si su expresión tiene paréntesis, las expresiones dentro de los paréntesis se calcularán primero.

Si su expresión tiene operadores aritméticos, estos se procesarán primero, en el siguiente orden: ^ * / \ mod + y, finalmente, -.

Las siguientes líneas dan el mismo resultado para VBA:

```
'Caso 1
5 * 3 + 1
15 + 1 'la multiplicación tiene prioridad sobre la suma
16

'Caso 2
2 ^ 3 Mod 5 * 2
8 Mod 5 * 2 'la potencia tiene prioridad sobre los otros operadores
8 Mod 10 'La multiplicación tiene prioridad sobre el operador Mod
8
```

Ejemplo 1: orden de prioridad de los operadores numéricos

A continuación, si su expresión contiene operadores de comparación, se tratan con la misma prioridad y se evaluarán en el orden en que aparecen en la expresión, es decir, de la izquierda hacia la derecha.

Por último, si su expresión contiene operadores lógicos, se procesarán en el siguiente orden: No, luego And, Or y, finalmente, Xor:

```
'Caso 3
5> 3 And 3<=4
True

'Caso 4
Not True Xor True Or False
'se tratará como si se utilizaran los siguientes paréntesis
(Not True) Xor (True Or False)
False Xor (True Or False)
False Xor True
True
```

Ejemplo 2: orden de prioridad de los operadores lógicos

G. Ejercicios

1. Operadores aritméticos

a. Operaciones de base

✎ Escriba la función **Suma**, de ámbito público, de tipo entero.

Esta función recibe dos parámetros de tipo numérico entero, llamados **A** y **B**.

La función devuelve la suma de los valores A y B.

✎ A continuación, escriba la función **Resta**, de ámbito público, de tipo entero.

Esta función recibe dos parámetros de tipo entero, llamados **A** y **B**.

La función devuelve la diferencia entre los valores A y B.

✎ Cree la macro **MostrarSumaYDespuesResta**.

✎ En esta macro declare dos variables de tipo entero, denominadas **valor1** y **valor2**, asignándoles los valores 10 y 12 respectivamente.

A continuación, la macro debe mostrar el resultado devuelto por la función `Suma`, pasándole los valores de `valor1` y `valor2`.

La macro debe mostrar, igualmente, el resultado devuelto por la función `Resta`, pasándole los valores de `valor1` y `valor2`.

✎ Ejecute la macro **MostrarSumaYDespuesResta**.

Los valores mostrados serán 22 y -2.

b. División euclidiana

✎ Escriba el procedimiento **Descomponer**, de ámbito público.

Este procedimiento toma como parámetros dos valores, de tipo entero, llamados **Valor** y **Divisor**.

El procedimiento mostrará el resultado de la división entera de `Valor` entre `Divisor`, y luego mostrará el resto de la división entera.

✎ Cree la macro **EmpezarDescomposicion**.

Esta macro llamará al procedimiento **Descomponer**, pasándole los valores 10 y 3.

✎ Ejecute la macro **EmpezarDescomposicion**.

Los valores mostrados serán 3 y 1.

2. Operadores de comparación

a. Comparaciones de valores numéricos

✎ Escriba la función **MasGrandeQueElDoble**, de ámbito público, que devuelva un valor booleano.

Esta función recibe como parámetros dos valores de tipo entero, denominados **A** y **B**.

La función devolverá `Verdadero` si el valor A es al menos dos veces mayor que el valor B, `Falso` en caso contrario.

✎ Cree una macro **MostrarMasGrandeQueElDoble**.

Esta macro mostrará el valor devuelto al llamar a la función **MasGrandeQueEl-Doble**, pasándole los valores 6 y 2, y luego el resultado de llamar a la misma función pasándole los valores 7 y 4.

✎ Ejecute la macro **MostrarMasGrandeQueElDoble**.

Los valores mostrados serán Verdadero y luego Falso.

b. Comparación de fechas

✎ Escriba la función **TengoTiempo**, de ámbito público, que devuelve un valor booleano.

Esta función toma tres parámetros de entrada, una variable de tipo Date llamada **FechaDeSalida**, una segunda variable de tipo Date llamada **FechaLimite** y una variable de tipo entera llamada **DuracionDeLaTarea**.

La función devolverá `Verdadero` si una tarea, que comienza en `FechaDeSalida` que requiere un esfuerzo de `DuracionDeLaTarea` días, puede ser completada antes de la `FechaLimite`. Si no es así, la función devolverá `Falso`.

✎ Cree la macro **MostrarTengoTiempo**.

Esta macro mostrará sucesivamente el valor devuelto por la función **TengoTiempo**, a la que pasará los valores `10 de agosto de 2024` para la **FechaDeSalida**, `15 de agosto de 2024` para **FechaLimite** y una **DuracionDeLaTarea** de tres días, y luego lo que devuelve la misma función, esta vez pasándole para la **FechaDeSalida** el `1 de septiembre de 2024`, una **FechaLimite** del `15 de septiembre de 2024` y una **DuracionDeLaTarea** de 25 días.

✎ Ejecute la macro **MostrarTengoTiempo**.

Los valores mostrados serán Verdadero y después Falso.

3. Operadores lógicos

a. Las mujeres y los niños, primero

✎ Escriba la función **MujerONino**, de ámbito público, que devuelva un valor booleano.

Esta función toma como entradas dos parámetros, ambos de tipo booleano, llamados respectivamente **EsDeSexoFemenino** y **EsUnNino**.

El parámetro `EsDeSexoFemenino` permite determinar si una persona es una mujer (True) o un hombre (False), y el parámetro `EsUnNino`, determinar si una persona es un niño (Verdadero) o un adulto (Falso).

La función debe devolver `Verdadero` si la persona es una mujer o un niño, y `Falso` en caso contrario.

✎ Cree la macro **MostrarMujerONino**.

Esta macro debe probar los 4 posibles valores devueltos por la función **MujerONino**.

Mostrará sucesivamente el valor devuelto por la función para los valores Verdadero/Verdadero, Verdadero/Falso, Falso/Verdadero y Falso/Falso.

✎ Ejecute la macro **MostrarMujerONino**.

Los resultados esperados serán, sucesivamente, Verdadero, Verdadero, Verdadero y Falso.

b. Guante derecho o izquierdo

Este ejercicio tiene muchas soluciones posibles. Quiere simular sacar tres guantes aleatoriamente de un cajón. Todos los guantes tienen el mismo color, pero hay guantes derechos e izquierdos. Al extraer aleatoriamente 3 guantes, quiere saber si puede hacer al menos un par (derecho + izquierdo). Considere que `Verdadero` significará que el guante es uno derecho y `Falso`, que es uno izquierdo.

✎ Escriba un procedimiento llamado **PosiblePar**, de ámbito público. Este procedimiento recibe como parámetros tres valores booleanos, llamados **GuanteDerecho1**, **GuanteDerecho2** y **GuanteDerecho3**.

Este procedimiento mostrará `Posible` si se puede hacer un par. En el caso de que no se pueda formar ninguna pareja, se mostrará `Imposible, 3 derechos` o `Imposible, 3 izquierdos` según los valores recibidos.

✎ Cree la macro **MostrarPosiblePar**.

Esta macro llamará al procedimiento `PosiblePar` 4 veces con valores sucesivos de Falso/Falso/Verdadero, luego Verdadero/Verdadero/Verdadero y finalmente Falso/Falso/Falso.

✎ Ejecute la macro **MostrarPosiblePar**.

✎ Los resultados sucesivos esperados son `Posible, Posible, Imposible, 3 derechos`, e `Imposible 3, izquierdos`.

Capítulo 11

Manipular cadenas

A. Objetivos del capítulo 173
B. Concatenar cadenas: & 173
C. Longitud de una cadena: Len() 174
D. Porción de un texto: Left(), Right(), Mid() 175
E. Mayúsculas y minúsculas: UCase(), LCase() 177
F. Presencia de una subcadena en una cadena: InStr(), InstrRev() y Like 179
G. Borrar espacios de más: Trim() 181
H. Cortar en una matriz, reagrupar: Split, Join 182
I. Trabajar combinando varias funciones 183
J. Ejercicios 184

A. Objetivos del capítulo

Como ha visto en el capítulo Variables y constantes, el tipo **String** (cadena) forma parte de los tipos de datos básicos. Es con toda probabilidad el que manipulará más a menudo, especialmente en los archivos de texto que tenga que procesar. Este capítulo pretende mostrarle las principales funciones que puede utilizar para manipular cadenas. Existen otras que se utilizan mucho menos.

Al final de este capítulo, encontrará una serie de ejercicios para practicar.

B. Concatenar cadenas: &

El término concatenar en programación significa unir uno tras otro; por ejemplo, la concatenación de «Luke» y «Skywalker» da como resultado «Luke Skywalker». Para concatenar en VBA, puede utilizar el carácter & («et» o «y» en español; «ampersand» en inglés). La sintaxis general será la siguiente:

```
Dim SuVariable As String
SuVariable = "abc" & "def"
'La variable SuVariable tendrá entonces el valor "abcdef"
```

Ejemplo 1: concatenar dos cadenas

Este operador le permite unir cadenas, pero también valores numéricos o fechas.

El símbolo + se utiliza asimismo para la concatenación, pero, como ha visto en el capítulo anterior, también se utiliza como operador de adición de valores numéricos.

Si, por ejemplo, quiere transformar 1 y 2 en «12», utilizaría:

```
Dim Texto As String
Texto = 1 & 2 'da el valor "12"
'mientras que
Texto = 1 + 2 'da el valor "3"
```

Ejemplo 2: privilegiar el signo & en lugar de + para concatenar

Puede almacenar el resultado de una concatenación en una variable, pero también mostrarlo directamente al usuario.

```
Dim Titulo As String
Titulo = "Madame"
Dim Apellido As String
Apellido = "de Pompadour"
MsgBox Titulo & " " & Apellido 'Mostrará Madame de Pompadour
```

Ejemplo 3: mostrar la concatenación de una cadena

Como ha podido ver en el ejemplo 3, no olvide añadir los caracteres de espacio « » entre sus cadenas para separar las palabras.

C. Longitud de una cadena: Len()

Cuando quiera rellenar información, o simplemente para validar que los datos introducidos son coherentes, por ejemplo, la longitud de un código postal, un DNI o un número de envío, la información sobre la longitud de una cadena le será de mucha utilidad. La función que permite conocer la longitud es **`Len()`**. Esta función toma como parámetro la cadena cuya longitud desea conocer, y su sintaxis es la siguiente.

```
Dim UnaCadenaCualquiera As String
'Alimentar la cadena en otra parte del programa
Dim Longitud As Long
Longitud = Len(UnaCadenaCualquiera)
```

Ejemplo 4: usar la función Len para conocer la longitud de una cadena

La función devolverá el número de caracteres de la cadena, incluidos los espacios o los caracteres invisibles, como los saltos de línea. Así, una cadena vacía tendrá una longitud de 0.

He aquí algunos ejemplos:

```
Dim Saludo As String, Titulo As String
Saludo = "Buenos días"
Titulo = "Señora"
MsgBox Len(Saludo) 'Muestra 11
MsgBox Len(Titulo) Muestra 6
Msbox Len(Saludo & " " & Titulo)  'Muestra 18 (11 + 1 + 5)
```

Ejemplo 5: distintos usos de la función Len()

También puede utilizar esta función en estructuras de condición:

```
Dim Texto As String
...
If Len(Texto) < 25 Then
   MsgBox "El texto introducido es demasiado corto"
End If
```

Ejemplo 6: uso de la función Len en una comparación If

D. Porción de un texto: Left(), Right(), Mid()

Si trabaja con cadenas que contienen informaciones varias, y quiere dividir la cadena principal en una o más cadenas de trozos más pequeños, dispone de tres funciones básicas: **`Left()`**, **`Right()`** y **`Mid()`**. Cuando trabaje con nombres de carpetas, con una nomenclatura determinada o tenga nombres de archivos con nombres siempre similares, como ABC_DEF_2022 o FolderXXX456, las siguientes tres funciones le permitirán obtener los fragmentos de texto que desee recuperar.

Tenga en cuenta que cuando trabaje con VBA, la numeración de los caracteres comienza por el 1. Así, en la cadena «ABCD», el tercer carácter es la «C».

1. Tomar caracteres de la izquierda: Left()

Cuando quiera recuperar los primeros X caracteres de un texto, la función **`Left()`** es la elección correcta. Se llama así porque recupera los caracteres de la izquierda. Esta función toma como parámetro el texto original, así como el número de caracteres que desea extraer, y devuelve la cadena correspondiente. La sintaxis general de esta función es la siguiente:

```
Dim Resultado As String
Resultado = Left(Texto_Largo,NumeroDeCaracteres)
```

Ejemplo 7: sintaxis general de la función Left()

He aquí un ejemplo de uso de esta función:

```
Dim TextoOriginal As String, TextoFinal As String
TextoOriginal = "Texto muy largo"
TextoFinal = Left(TextoOriginal, 7) 'TextoFinal toma el valor "Texto m"
```

Ejemplo 8: caso de uso de la función Left()

Note que, si el número de caracteres deseado es mayor que la longitud de la cadena original, la función solo devolverá los caracteres disponibles.

```
Dim TextoCorto As String
TextoCorto = "abc"
MsgBox Left(TextoCorto, 8) 'mostrará abc
```

Ejemplo 9: cadena más corta que la longitud pasada a la función Left()

También tenga en cuenta que, si intenta pasar un número negativo como segundo parámetro, aparecerá un error cuando se ejecute la línea.

2. Tomar caracteres de la derecha: Right()

Cuando se desean obtener los últimos X caracteres de un texto, se utiliza la función **`Right()`**. Se llama así porque recupera los caracteres de la derecha. Esta función toma el texto original como parámetro, así como el número de caracteres que desea extraer, y devuelve la cadena correspondiente. La sintaxis general de esta función es la siguiente:

```
Dim Resultado As String
Resultado = Right(Texto_Largo,NumeroDeCaracteres)
```

Ejemplo 10: sintaxis general de la función Right()

Y aquí tiene un ejemplo de cómo utilizar esta función:

```
Dim TextoOriginal As String, TextoFinal As String
TextoOriginal = "Texto muy largo"
TextoFinal = Right(TextoOriginal, 7) 'TextoFinal tomará el valor
"y largo"
```

Ejemplo 11: caso de uso de la función Right()

Tenga en cuenta que, si el número de caracteres deseado es mayor que la longitud de la cadena original, la función solo devolverá los caracteres disponibles.

```
Dim TextoCorto As String
TextoCorto = "abc"
MsgBox Right(TextoCorto, 8) 'mostrará abc
```

Ejemplo 12: cadena más corta que la longitud pasada a la función Right()

Tal y como vio que sucedía con la función **`Left()`**, no se puede pasar un número negativo de caracteres al llamar a la función **`Right()`**.

3. Tomar caracteres del interior de una cadena: Mid()

Si esta vez no le interesan los primeros o los últimos caracteres de una cadena, sino algunos caracteres de en medio de esta, la función **`Mid()`** será la más adecuada en muchos casos. Un poco más compleja que las dos funciones anteriores, `Mid()` toma tres datos como parámetros: el texto original, el número del carácter a partir del cual se recupera la cadena y, opcionalmente, el número de caracteres que se van a recuperar. La sintaxis general es la siguiente:

```
Dim Resultado As String
Resultado = Mid(TextoDeInicio,NumeroDeInicio,[NumeroDeCaracteres])
```

Ejemplo 13: sintaxis general de la función Mid()

Un ejemplo de uso de esta función:

```
Dim NumeroExpediente As String
NumeroExpediente = "XXX_2024ABC50-YYY"
'Aquí desea recuperar los 9 caracteres empezando por el 5to
'o sea "2024ABC50".
MsgBox Mid(NumeroExpediente, 5, 9)
```

Ejemplo 14: caso de uso de la función Mid()

En el caso de que el número del carácter pasado como segundo parámetro sea mayor que la longitud de la cadena, la función devolverá una cadena vacía « ». No se pueden proporcionar valores negativos para los parámetros de posición y longitud de la cadena.

E. Mayúsculas y minúsculas: UCase(), LCase()

Al manipular cadenas, es posible que necesite pasar todos los caracteres a mayúsculas, por ejemplo, para siglas y acrónimos, o viceversa, en minúsculas. Puede utilizarla para las matrículas de los coches (tradicionalmente todas en mayúsculas) o los días de la semana, meses y estaciones del año (en minúsculas).

1. Transformar una cadena en mayúsculas: UCase()

La función **`UCase()`**, que es un diminutivo de `Upper Case`, es una función que toma como parámetro la cadena por transformar y devuelve su equivalente compuesto solo de letras mayúsculas (incluidos los caracteres acentuados). La sintaxis general de esta función es la siguiente.

```
VariableResultado = UCase(TextoOriginal)
```

Ejemplo 15: sintaxis general de la función UCase()

Y este es un ejemplo de su uso:

```
Dim TextoEjemplo As String
TextoEjemplo = "Buenos días a todos"
MsgBox UCase(TextoEjemplo) 'muestra BUENOS DÍAS A TODOS
```

Ejemplo 16: uso de la función UCase()

Cuando la cadena contiene caracteres no alfabéticos, estos permanecen sin cambio a la salida de la función **UCase()**.

```
Dim EjemploConCifrasYSimbolos As String
EjemploConCifrasYSimbolos = "abc123()._"
MsgBox UCase(EjemploConCifrasYSimbolos) ' mostrará ABC123()._
```

Ejemplo 17: la función UCase() solo afecta a los caracteres alfabéticos

2. Transformar una cadena en minúsculas: LCase()

Del mismo modo que puede utilizar la función **UCase()** para transformar una cadena en mayúsculas, su función inversa es **LCase()**, abreviatura de **Lower Case**, o minúsculas en español. Esta función está diseñada, como la anterior, para tomar la cadena original como parámetro y devolver la cadena transformada con todos los caracteres en minúscula.

La sintaxis general de esta función es la siguiente:

```
VariableResultado = LCase(TextoOriginal)
```

Ejemplo 18: sintaxis general de la función LCase()

Al igual que para la función **UCase()**, cuando su cadena de caracteres contiene caracteres no alfabéticos, estos no se modifican a la salida de la función **LCase()**.

Y este es un ejemplo de uso:

```
Dim TextoEjemplo As String
TextoEjemplo = "EXPEDIENTE 1234"
MsgBox LCase(TextoEjemplo) 'muestra expediente 1234
```

Ejemplo 19: uso de la función LCase()

F. Presencia de una subcadena en una cadena: InStr(), InstrRev() y Like

A veces se necesita saber si una palabra o letra está en algún lugar de una cadena, o se quiere conocer la última ubicación de una subcadena dentro del texto original. Las funciones **InStr()** e **InStrRev()** le ayudarán a hacerlo. Devuelven la posición de una cadena dentro de otra.

1. Obtener la posición dentro de un cadena: InStr()

Cuando quiera conocer en qué posición se sitúa un carácter o una cadena dentro de otra, la función **InStr()** es imprescindible. Esta función tiene como sintaxis general:

```
Dim Posicion As Integer
Posicion = InStr([PosicionInicialDeBusqueda], [TextoEnElQueSeBusca],
[TextoQueSeBusca], [FormaDeComparar])
```

Ejemplo 20: sintaxis general de la función InStr()

El primero de los parámetros esperados en esta función es la posición a partir de la cual se debe realizar la búsqueda en la cadena (recuerde: la cadena comienza en el carácter 1, por lo que, si omite el parámetro, el valor predefinido será 1). Luego viene la cadena en la que se realiza la búsqueda y la cadena que se busca.

Como último parámetro opcional, puede especificar si la búsqueda debe distinguir entre los valores «X» y «x» (constante **vbBinaryCompare**) o si VBA debe considerarlos como similares (constante **vbTextCompare**). De forma predefinida, la búsqueda se realiza distinguiendo entre caracteres en minúsculas y en mayúsculas.

He aquí algunos ejemplos de su uso:

```
Dim PosicionMinusculas As Integer, PosicionMayusculas As Integer
Dim PosicionPrimeraXA As Integer, PosicionDespues5to As Integer
Dim PosicionSinZ As Integer
PosicionMinusculas = InStr(1, "abcdeABCDE", "a") 'tomará el valor 1
PosicionMayusculas = InStr(1, "abcdeABCDE", "A") 'tomará el valor 6
PosicionPrimeraXA = InStr(1, "XXXXAXXXA", "XA")  'tomará el valor 4
PosicionDespues5to = InStr(5, "XXXXAXXXA", "A")  'tomará el valor 8
PosicionSinZ = InStr(1, "XXXXAXXXA ", "Z")       'tomará el valor 0,
                                           'porque la cadena no aparece
```

Ejemplo 21: varios casos de uso de la función InStr()

Cuando se realiza la búsqueda de una cadena, la posición de la primera letra será devuelta por la función. Si la cadena no está presente, la función devolverá el valor 0.

2. Obtener la posición de una cadena empezando por el final: InstrRev()

A veces es necesario buscar, no desde el principio de una cadena, sino desde su final. Este puede ser el caso, por ejemplo, cuando se trata de aislar la ruta de un archivo para encontrar el último carácter «\» dentro de «C:\carpeta\archivo.xlsm» y luego extraer «archivo.xlsm». La función **InstrRev()** es similar a la función **Instr()**, ya que utiliza los mismos tipos de parámetro pero en un orden diferente, y también devuelve la posición de la cadena buscada.

La sintaxis general de esta función es la siguiente:

```
Dim Posicion As Integer
Posicion = InStrRev(TextoEnElQueSeBusca, TextoQueSeBusca,
[PosicionDeInicioDeBusqueda],[FormaDeComparar])
```

Ejemplo 22: sintaxis general de la función InStrRev()

El orden de los parámetros es diferente al de la función **InStr()**, pero la función utiliza la misma información para devolver la posición de la cadena buscada.

Algunos ejemplos del uso de la función **InStrRev()**:

```
Dim UltimaPosicionMinusculas As Integer, PosicionSinZ As Integer
Dim UltimaPosicionMayusculas As Integer, PosicionUltimaXA As Integer
UltimaPosicionMinusculas = InStrRev("abcdeABCDE", "a") 'tomará el va-
lor 1
UltimaPosicionMayusculas = InStrRev("abcdeABCDE", "A")
'tomará el valor 6
PosicionUltimaXA = InStrRev("XXXXAXXXA", "XA")
'tomará el valor 8
PosicionSinZ = InStrRev("XXXXAXXXA", "Z")
'tomará el valor 0 porque la cadena no aparece
```

Ejemplo 23: varios casos de uso de la función InStrRev()

Y de la misma forma que para la función **InStr()**, si la cadena buscada no está presente, entonces la función devolverá el valor 0.

3. Operador Like

También puede serle útil saber si una cadena se asemeja a otra. El operador **Like** le permite realizar esta comparación. La sintaxis general de este operador es la siguiente:

```
CadenaA Like CadenaB
```

Ejemplo 24: sintaxis general del operador Like

Por ejemplo, si quiere saber si una cadena empieza por abc, puede utilizar la siguiente sintaxis:

```
Dim strTexto As String
If strTexto Like "abc*" Then
   MsgBox strTexto & " comienza por abc"
End If
```

Ejemplo 25: uso del operador Like

El carácter * dentro de la cadena se utiliza aquí como comodín. Indica a VBA que puede aparecer cualquier subcadena.

Por lo tanto, con este carácter se puede determinar la presencia dentro de una cadena:

```
strTexto Like "abc*"  'empieza por abc
strTexto Like "*abc"  'termina con abc
strTexto Like "*abc*" 'contiene abc
```

Ejemplo 26: diversos usos del operador LIKE

G. Borrar espacios de más: Trim()

Entre las funciones muy útiles para manipular cadenas, he aquí las tres que le permiten eliminar los espacios al principio o al final de una cadena; se reproduce así el comportamiento de la fórmula **ESPACIOS**, dejando los espacios en medio de la cadena. Esta función puede utilizarse para corregir errores de entrada, por ejemplo, cuando un usuario añade involuntariamente espacios al final de un texto.

Esta función **Trim()** toma una cadena como parámetro y devuelve una cadena con los espacios eliminados al principio y al final de ella. La sintaxis general de esta función es la siguiente:

```
Dim Resultado As String
Resultado = Trim(CadenaInicial)
```

Ejemplo 27: sintaxis general de la función Trim()

Un ejemplo del uso de esta función:

```
MsgBox Len(Trim("    Buenos días " )) 'Muestra la longitud de
"Buenos días", es decir 11.
```

Ejemplo 28: Caso de uso de la función Trim()

Tenga en cuenta que, si no hay espacios al principio o al final de la cadena, la función devuelve la misma cadena que se le pasa como parámetro.

Existen otras dos funciones similares a **Trim()**. **LTrim()**, que elimina los espacios solo al principio de la cadena, y **RTrim()**, que elimina los espacios solo al final de la cadena.

H. Cortar en una matriz, reagrupar: Split, Join

Cuando tiene una cadena cuyos datos están delimitados por caracteres de separación fijos, como la coma, el punto y coma, el tabulador o cualquier otro carácter, usted puede transformar esta cadena en una matriz de valores.

1. Función Split()

La función **Split()** permite esta manipulación. La función devuelve una matriz de tipo **Variant** porque el número de elementos se desconoce de antemano.

La sintaxis general de la función es la siguiente:

```
Split(Texto, Delimitador, [Límite],[Comparación])
```

Ejemplo 29: sintaxis general de la función Split.

El primer parámetro **Texto** es la cadena que desea dividir, y **Delimitador** es la cadena que permite esta división.

Por ejemplo, puede utilizarla así:

```
Dim Matriz As Variant
Matriz = Split("VBA Excel 2023", " " )
?Matriz(0) ' "VBA"
?Matriz(1) ' "Excel"
?Matriz(2) ' "2023"
```

Ejemplo 30: uso de la función Split

Esto le permite obtener subcadenas a partir de una cadena principal.

El parámetro **Límite** permite especificar el número de subcadenas que devolverá la función. Su valor predefinido es -1, lo que significa que se devuelven todas las subcadenas.

```
Matriz = Split(" VBA Excel 2023 ", " " ,2)
?Matriz(0) ' "VBA"
?Matriz(1) ' "Excel 2023"
```

Ejemplo 31: uso del parámetro Limite en la función Split

El último parámetro **Comparación** permite especificar si el cotejo debe hacerse específicamente, como binario (**vbBinaryCompare**) o textual (**vbTextCompare**).

2. Función Join()

La función complementaria a **Split()**, que consiste en dividir una cadena principal en subcadenas, es la función **Join()**, que realiza la manipulación contraria, es decir, a partir de varias subcadenas, crear una sola, con un carácter delimitador específico. Así, esta función devuelve una cadena, y su sintaxis general es la siguiente:

```
Join(MatrizFuente, [Delimitador])
```

Ejemplo 32: sintaxis general de la función Join

El primer parámetro admitido será la matriz de valores, y el segundo, opcional, será el delimitador.

Puede utilizar esta función como en el siguiente ejemplo:

```
Dim Matriz As Variant
Matriz = Array ("VBA", "Excel", "2023")
MsgBox Join(Matriz, "-") 'muestra VBA-Excel-2023
```

Ejemplo 33: uso de la función Join

Haciendo malabares con las funciones `Split()` y `Join()`, se pueden manipular cadenas con gran facilidad.

I. Trabajar combinando varias funciones

A la hora de trabajar con cadenas, es muy probable que necesite manipular los bloques de datos de forma más intensiva, y trabajar, combinando las diferentes funciones vistas hasta ahora le será de gran ayuda.

Es posible que tenga que obtener los caracteres que siguen a una palabra clave en una cadena, por ejemplo «Apellido:» de la cadena «Nombre: Juan Antonio / Apellido: Pérez», y ponerlo en mayúsculas, de modo que obtenga «PÉREZ» como salida. Lo importante en este tipo de situaciones es desglosar primero el razonamiento y tratar los puntos paso a paso.

He aquí un ejemplo de solución:

```
Sub AislarElApellido()
   Dim strEntrada As String
   strEntrada = "Nombre: Juan Felipe / Apellido: Rosas"
   '1er paso, determinar ubicación de "Apellido:" a partir del final
   Dim iEmplazamientoApellido As Integer
   iEmplazamientoApellido = InStrRev(strEntrada, "Apellido:")
   '2do paso, recuperar los caracteres después de Apellido:
   Dim strSubCadena As String
   strSubCadena = Mid(strEntrada, iEmplazamientoApellido +
Len("Apellido:"))
   '3er paso, mostrar el resultado en mayúsculas, teniendo cuidado
```

```
    '          de eliminar los espacios sobrantes
    MsgBox UCase(Trim(strSubCadena)) 'muestra ROSAS
End Sub
```

Ejemplo 34: uso de varias funciones para obtener un resultado específico

J. Ejercicios

1. Concatenar cadenas

a. Símbolo a su elección

✎ Escriba una función llamada **Concatenar** de ámbito público.

Esta función toma como parámetros dos cadenas, llamadas **CadenaA** y **CadenaB**.

Esta función devolverá una cadena que contiene `CadenaA` y `CadenaB` separadas por el carácter espacio « ».

✎ Cree la macro **MostrarConcatenar**.

Esta macro mostrará lo que devuelve la función **Concatenar**, pasándole los valores «`Buenosdías,`» y «`bienvenido`».

✎ Ejecute la macro **MostrarConcatenar**.

El resultado esperado es «Buenos días, bienvenido».

b. Un solo símbolo posible

✎ Escriba una función llamada **ConcatenarNumeros** de ámbito público.

Esta función toma como parámetros dos valores numéricos enteros, llamados **NumeroA** y **NumeroB**.

Esta función devolverá una cadena que contiene `NumeroA` y `NumeroB` sin caracteres de separación.

✎ Cree la macro **MostrarConcatenarNumeros**.

Esta macro mostrará lo que devuelve la función **ConcatenarNumeros** pasándole los valores 20 y 5.

✎ Ejecute la macro **MostrarConcatenarNumeros**.

El resultado esperado es 205.

2. Partes de una cadena

El propósito de estos ejercicios es hacer que manipule funciones que devuelvan una parte de una cadena. Hay varias soluciones posibles para cada ejercicio.

a. Más corto o largo

✎ Escriba la función **MasLargoQue**, de ámbito público, que devolverá un valor booleano.

Esta función toma dos parámetros como entrada, una cadena **strCadena** y un valor entero **Longitud**.

Esta función debe devolver `Verdadero` si la longitud de la cadena `strCadena` es superior o igual al valor numérico `Longitud`, y `Falso` en caso contrario.

✎ Cree la macro **UtilizarMasLargoQue**.

Esta macro debe pedir al usuario que introduzca un texto mostrando el mensaje Introduzca su código.

La macro llamará entonces a **MasLargoQue**, proporcionándole el valor introducido por el usuario y el valor numérico 12.

Si el valor devuelto de esta llamada es `Verdadero`, la macro mostrará OK; de lo contrario, mostrará Demasiado corto.

✎ Ejecutará dos veces la macro **UtilizarMasLargoQue** para verificar el resultado.

Si escribe Titanic, la macro mostrará Demasiado corto, mientras que para La Reina de las Nieves, la macro mostrará OK.

b. Descomponer una fecha

En este ejercicio, tendrá que dividir una cadena, compuesta de un texto de 4 caracteres, seguido de cifras que representan una fecha.

Ejemplo: TAB1_2024_09_16. El objetivo aquí es tener una función que reciba la cadena como entrada, devuelva una fecha y modifique el valor del parámetro pasado por referencia.

✎ Escriba la función **TituloYFecha**, de ámbito público, que devolverá un valor de tipo **Date**.

Esta función toma como parámetros una cadena **strEntrada**, pasada por valor, y una cadena **strDevuelve**, pasada por referencia, que se utilizará para devolver el texto contenido en la cadena.

La función debe comprobar que la cadena `TituloYFecha` tiene 15 caracteres; de lo contrario, muestra un mensaje de error al usuario (Longitud incorrecta) y se detiene.

Partiendo del principio de que la cadena de 15 caracteres pasada sea válida (longitud y fecha válidas), aquí tiene la información que necesita saber para codificar sus instrucciones:

```
ABCD_2022_01_01
 A     B   C  D
```

Cada bloque de información estará separado por un guion bajo (_; underscore).

La cadena comienza siempre con los 4 primeros caracteres de texto (A).

El año, de 4 caracteres, sigue después del primer guion bajo (B).

El mes, de 2 caracteres, es el tercer bloque (C), y el último bloque es el día (D).

Desde el bloque A, asigne este valor al parámetro **strDevuelve**.

A partir de los bloques B, C y D, reconstruya una fecha (utilizando la función `DateSerial`), que será el valor devuelto por la función.

Puede utilizar las funciones `Left()`, `Right()` y `Mid()`, o la función `Split()`, como desee; las dos soluciones aparecerán en las correcciones de los ejercicios del capítulo.

Cree la macro **UtilizarTituloYFecha**.

Esta macro debe llamar tres veces a la función **TituloYFecha**.

En cada llamada, la macro debe proporcionar una variable de tipo cadena vacía para el parámetro **strDevuelve**. La macro mostrará un mensaje con la fecha y el texto devueltos, separados por dos puntos (:), como por ejemplo: `19/01/2024:VBA0`.

La primera llamada se hará con una longitud de cadena incorrecta porque quiere verificar que el comportamiento de su función es correcto.

La segunda llamada se hará pasando la cadena `ABCD_2024_10_12`, que deberá devolver la fecha `12/10/2024` y ABCD como texto.

Finalmente, la última llamada se hará pasando la cadena **TAB1_2024_09_06**, que deberá devolver `06/09/2024` y el texto `TAB1`.

Ejecute la macro **UtilizarTituloYFecha**.

3. Cadenas en mayúsculas o minúsculas

✎ Escriba la función **MayusculaOMinuscula**, de ámbito público, que devuelva una cadena.

Esta función toma como parámetro una cadena **strTexto**.

Esta función debe devolver el valor `strTexto` en mayúsculas si la longitud de la cadena es par, y en minúsculas si la longitud es impar.

✎ Cree la macro **MostrarMayusculaOMinuscula**.

Esta macro mostrará lo que devuelve la función **MayusculaOMinuscula** pasándole los valores AbC y aBcD sucesivamente.

✎ Ejecute la macro **MostrarMayusculaOMinuscula** (abc y ABCD).

Capítulo 12

Manipular fechas y horas

A. Objetivos del capítulo 191
B. Recordatorio sobre la gestión general de fechas 191
C. Gestión de fechas en VBA Excel 192
D. El tipo Date 192
E. Funciones Date y Now 193
F. Crear una fecha o una hora: las funciones DateSerial() y TimeSerial() 194
G. Suma y resta de fechas 195
H. Partes de una fecha o de una hora 197
I. Formatear el despliegue de la fecha en forma de texto: FormatDateTime() y Format() 201
J. Transformar un valor en fecha u hora: IsDate(), DateValue(), TimeValue() y CDate() 203
K. Ejercicios 204

A. Objetivos del capítulo

Cuando tiene que redactar contratos, facturas o recordatorios, la gestión de fechas es esencial. La manipulación de fechas es siempre un tema importante, tanto en las fórmulas de Excel como en la programación VBA.

Este capítulo tiene como objetivo recordarle los aspectos que debe conocer en lo que concierne a las fechas en sus hojas de Excel, así como las principales funciones relacionadas con las fechas.

Al final del capítulo, podrá realizar algunos ejercicios para validar sus nuevos conocimientos.

B. Recordatorio sobre la gestión general de fechas

Cuando se trabaja con Windows, las fechas que se reconocen van del 1 de enero de 100 al 31 de diciembre de 9999. El calendario utilizado para estas fechas corresponde al calendario gregoriano.

En Excel, las fechas se gestionan del 1 de enero de 1900 al 31 de diciembre de 9999 y estos valores se denominan número de serie. El valor 1 corresponde al 1 de enero de 1900; el valor 2, al 2 de enero de 1900...; el valor 50000, al 21 noviembre de 2036, etc.

Cuando utilice fechas, recuerde que a Excel le interesa sobre todo este número de serie. Los problemas relacionados con los formatos (09/07/2022, 2022-07-09, 2022-09-07, etc.) pueden resolverse volviendo a este número de serie.

El valor entero corresponde a la fecha y la parte decimal, a las horas.

C. Gestión de fechas en VBA Excel

1. No confundir valor y formato

Un punto importante, antes de avanzar más en este capítulo, es la distinción entre lo que se ve en una celda y su valor correspondiente (número de serie). Mucha gente comete el error de centrarse únicamente en el formato o en el texto que aparece en una celda, en lugar de priorizar la fecha «real» disponible en ella.

Es cierto que para las personas que solo trabajan de forma local en su propia empresa, sin archivos que enviar internacionalmente, esto puede parecer innecesario, pero, cuando usted recibe archivos con una fecha del 05/06/24, ¡es importante que se asegure de que se trata del 5 de junio de 2024, el 6 de mayo de 2024 o el 24 de junio de 2005! Como cada usuario tiene su propia configuración regional, no hay certitud simplemente leyendo un formato de visualización. El valor que realmente contiene la celda se mostrará si hace clic en el botón **Mostrar fórmulas** de la pestaña **Fórmulas**. Y si obtiene el **45448**, ¡sabrá que es el 5 de junio de 2024.

2. Priorizar los años con cuatro cifras

Cuando trabaja con fechas, normalmente dispone de tres valores que determinan una fecha: su año, su mes y su día. Mientras que los días y los meses solo pueden escribirse con dos dígitos (y aún se encuentran entradas de un solo dígito para los días inferiores a 10), los años bien pueden escribirse con cuatro dígitos. Aunque en algunos campos de actividad las fechas pueden ser anteriores al siglo XX, la mayoría de las fechas que encontrará son más bien recientes (2024 en el momento de escribir este libro). Aproveche para escribir sus fechas usando cuatro dígitos para los años; esto le facilitará la vida más adelante.

Priorice, así, usar 2020 en sus fechas; por ejemplo, 2020-05-10 en lugar de 20/05/10.

D. El tipo Date

Como vio en el capítulo Variables y constantes, el tipo de variable que permite manipular fechas y horas es el tipo **Date**. La declaración de una variable de este tipo es la siguiente.

```
Dim dt As Date
```

Ejemplo 1: declarar una variable de tipo Date

La sintaxis de las fechas en VBA se realiza con el carácter #, como en los siguientes ejemplos:

```
Dim dtSola As Date, dtSoloHora As Date, dtCompleta As Date
dtSola = #7/19/2024#
dtSoloHora = #9:30:00 AM#
dtCompleta = #10/15/2024 7:30:00 PM#
```

Ejemplo 2: asignación de valores de tipo Date

E. Funciones Date y Now

Entre las primeras funciones VBA relacionadas con la fecha que debe conocer, **`Date()`** y **`Now()`** son las más utilizadas.

1. Función fecha del día: Date()

Cuando necesite trabajar con la fecha del día, la función **`Date()`** de VBA le proporciona ese valor. Esta función no toma parámetros y puede utilizarse con o sin paréntesis.

```
Dim dtFechaActual As Date
dtFechaActual = Date 'si hoy estamos a 25 julio 2024,
entonces la variable tomará el valor #2024/07/25#.
```

Ejemplo 3: usar la función Date()

La fecha corresponde a la del sistema. Se puede utilizar de varias maneras, como veremos en los siguientes párrafos.

2. Función fecha y hora del sistema: Now()

Por ejemplo, cuando se trabaja usando un tratamiento específico varias veces al día, se necesita la hora exacta del sistema, además de la fecha actual. La función **`Now()`** cumple esta tarea. No toma parámetros y devuelve la fecha actual, más la hora del sistema.

```
Dim dtHoraSistema As Date
dtHoraSistema = Now
```

Ejemplo 4: usar la función Now()

Más adelante, será posible trabajar sobre las diferentes partes de estas fechas y horas devueltas por estas dos funciones.

F. Crear una fecha o una hora: las funciones DateSerial() y TimeSerial()

Si no está seguro de la sintaxis completa de las fechas, y para evitar intercambiar accidentalmente meses y días, puede utilizar ciertas funciones que devuelven una fecha según los parámetros proporcionados.

1. Asignar una fecha precisa: DateSerial()

La función que permite devolver una fecha específica es **`DateSerial()`**. Esta función toma como parámetros tres valores: el año, el mes y el día. Su sintaxis general es la siguiente:

```
DateSerial(Año As Integer, Mes As Integer, Día As Integer)
```

Ejemplo 5: sintaxis general de la función DateSerial()

Por lo tanto, todo lo que tiene que hacer es proporcionar la información y luego asignar el valor de tipo **`Date`** a su variable.

```
Dim dt1Abril2024 As Date
dt1Abril2024 = DateSerial(2024,4,1)
```

Ejemplo 6: usar la función DateSerial()

Esta función tiene, además, la particularidad de devolver siempre una fecha válida, siempre que la fecha correspondiente esté dentro del rango reconocido por VBA.

```
Debug.Print DateSerial(2025, 2, 29)  ' devolverá el 1 marzo 2025
Debug.Print DateSerial(2024, -5, 10) ' devolverá el 10 julio 2023
Debug.Print DateSerial(2024, 0, 25)  ' devolverá el 25 diciembre 2023
Debug.Print DateSerial(2024, 0, 50)  ' devolverá el 19 enero 2024
```

Ejemplo 7: DateSerial() devuelve una fecha válida

Con una función como esta, ¡no hay razón para cometer errores!

2. Asignar una hora precisa: TimeSerial()

Del mismo modo que VBA propone una función que devuelve una fecha precisa, se puede hacer lo mismo con la hora, con la función **`TimeSerial()`**. La sintaxis general de esta función es la siguiente.

```
DateSerial(Horas As Integer, Minutos As Integer, Segundos As Integer)
```

Ejemplo 8: sintaxis general de la función TimeSerial()

Los rangos esperados para los parámetros son de 0 a 23 para las horas, y de 0 a 59 para los minutos y segundos, pero también puede utilizar valores negativos. Así, si especifica 80 minutos, VBA devolverá 1 hora y 20 minutos.

```
Dim dt4h35delaManana As Date, dt4h35delMedioDia As Date,
dt1hMenosCuarto As Date
dt4h35delaManana = TimeSerial(4, 35, 0) '04:35:00
dt4h35delMedioDia = TimeSerial(16, 35, 0) '16:35:00
dt1hMenosCuarto = TimeSerial(1, -15, 0) '00 :45 :00
```

Ejemplo 9: TimeSerial devuelve una hora válida

G. Suma y resta de fechas

Cuando quiera calcular una fecha en el pasado o en el futuro, hay dos métodos a su disposición. Si solo trabaja con días u horas para sumar o restar, puede utilizar fácilmente la suma numérica. Si necesita calcular según bases de calendario: un mes, un trimestre, un año... la función **DateAdd()** tendrá su lugar en la panoplia de funciones de VBA que debe conocer.

1. Por suma numérica

Como ya sabe, el modo de funcionamiento para las fechas se hace por medio de valor entero para los días. Así, para añadir un día a una fecha y conocer la fecha del día siguiente, basta con efectuar la operación con el símbolo de suma +, como en el siguiente ejemplo.

```
Dim dt As Date
dt = Date + 1
'la variable contiene ahora la fecha de mañana
```

Ejemplo 10: sumar un valor numérico a una fecha

Del mismo modo, si quiere conocer la fecha y la hora 8 horas antes de una fecha, se hace con el símbolo de resta -, como en el siguiente ejemplo.

```
Dim dt As Date
dt = #3/5/2024 9:35:00 PM# - (8 / 24) 'recuerde, una hora = 1/24 de día,
un minuto = 1/(24*60) y un segundo = 1/(24*60*60)
' la variable dt contendrá, entonces, el valor #2024-03-05 1:35PM#
```

Ejemplo 11: restar un valor numérico de una fecha

Si bien sumar y restar horas o días es algo natural y sencillo, puede resultar más complejo cuando se trata de calcular meses, trimestres o incluso semestres, ya que las simples sumas entre meses de 28, 29, 30 o 31 días según el año pueden convertirse en una dificultad. Por ello, VBA le proporciona la función específica **DateAdd()**.

2. Función DateAdd()

Cuando las operaciones numéricas ya no son suficientes para obtener sus fechas calculadas de forma intuitiva, la función **DateAdd()** se convierte en su nueva baza.

Esta función devuelve una fecha y toma tres parámetros como entrada. Su sintaxis general es la siguiente:

```
Dim dt As Date
dt = DateAdd(Intervalo, Número, Fecha)
```

Ejemplo 12: sintaxis general de la función DateAdd()

El primer parámetro de la función **DateAdd()** es una cadena, que representará el intervalo utilizado, por ejemplo para añadir semanas, meses, etc. Los valores posibles son los siguientes:

Valores posibles	Intervalo representado
yyyy	Año
q	Trimestre
m	Mes
y	Día del año
d	Día
w	Día de la semana
ww	Semana
h	Hora
n	Minuto
s	Segundo

El segundo parámetro permite especificar las cantidades del intervalo que deben sumarse o restarse al tercer parámetro, de tipo **Date**.

A continuación, algunos ejemplos de cómo utilizar esta función:

```
Debug.Print DateAdd("yyyy", 2, Date) 'muestra la fecha 2 años en el futuro
Debug.Print DateAdd("m", -3, Date)    'muestra la fecha 3 meses en el pasado
Debug.Print DateAdd("q", 3, Date)     'muestra la fecha 3 trimestres en el
futuro
Debug.Print DateAdd("m", 9, Date) 'muestra la fecha 9 meses, es decir,
también 3 trimestres en el futuro
Debug.Print DateAdd("h", 12, Now)     'muestra la fecha y la hora 12 horas
en el futuro
```

Ejemplo 13: varios caso de uso de la función DateAdd()

*La función **DateAdd()** siempre devuelve una fecha válida. Observe, por ejemplo, que, si quiere restar un mes al 31 de marzo de 2025, la fecha devuelta será el 28 de febrero de 2025. Cuidado, lo contrario no será cierto, ¡un mes añadido al 28 de febrero dará el 28 de marzo!*

H. Partes de una fecha o de una hora

Al programar manipulando fechas, también puede ser necesario conocer sus partes, como el año, el mes, el día del mes o incluso el día de la semana, lo contrario de lo que permiten las funciones **DateSerial()** y **TimeSerial()**. He aquí algunas funciones que le serán muy útiles para obtener dicha información.

1. Año, mes o día de una fecha: Year(), Month(), Day()

Cuando se trata de conocer una parte de una fecha, las tres funciones más sencillas son **Year()**, **Month()** y **Day()** que toman cada una de ellas una fecha como parámetro y devuelven el año, el mes y el día del mes como valores enteros, respectivamente. Su sintaxis general es la siguiente:

```
Dim iAño As Integer, iMes As Integer, iDia As Integer
Dim dt As Date
'asignar a dt una fecha
iAño = Year(dt)
iMes = Month(dt)
iDia = Day(dt)
```

Ejemplo 14: usar las funciones Year(), Month() y Day() en una fecha

Así, con la fecha del 26 de julio de 2024, se les asignarán a las variables los siguientes valores:

```
Dim iAño As Integer, iMes As Integer, iDia As Integer
Dim dt As Date
dt = #7/26/2024#
iAño = Year(dt)  '2024
iMes = Month(dt) '7
iDia = Day(dt)   '26
```

Ejemplo 15: valores devueltos por las funciones Year(), Month() y Day()

Los valores devueltos por la función **Month()** van de 1 a 12 y los devueltos por la función **Day()**, de 1 a 31.

2. Día de la semana de una fecha: WeekDay()

Cuando necesite saber si una fecha cae en lunes, miércoles o durante un fin de semana, VBA le proporciona la función **WeekDay()**. Esta función tiene la siguiente sintaxis general:

```
WeekDay(fecha, [PrimerDiaDeLaSemana])
```

Ejemplo 16: sintaxis general de la función WeekDay()

El primer parámetro de esta función es la fecha sobre la que se quiere trabajar, y el segundo parámetro es el primer día de la semana. Si la semana empieza el lunes, el martes será el día 2, mientras que, si empieza el domingo, el martes será el día 3.

Los valores posibles de este segundo parámetro son los siguientes:

Constante VBA	Valor numérico	Descripción
vbUseSystem	0	Utilizar el parámetro API NLS
vbSunday	1	Domingo (predefinido))
vbMonday	2	Lunes
vbTuesday	3	Martes
vbWednesday	4	Miércoles
vbThursday	5	Jueves
vbFriday	6	Viernes
vbSaturday	7	Sábado

La función devuelve un valor entre 1 y 7, según la siguiente tabla:

Constante VBA	Valor numérico	Descripción
vbSunday	1	Domingo
vbMonday	2	Lunes
vbTuesday	3	Martes
vbWednesday	4	Miércoles
vbThursday	5	Jueves
vbFriday	6	Viernes
vbSaturday	7	Sábado

He aquí algunos ejemplos de fechas:

```
Debug.Print Weekday(#11/11/1918#) 'devuelve 2 - Lunes,    vbMonday
Debug.Print Weekday(#1/1/2000#)   'devuelve 7 - Sábado,   vbSaturday
Debug.Print Weekday(#8/15/1969#)  'devuelve 6 - Viernes,  vbFriday
Debug.Print Weekday(#7/20/1969#)  'devuelve 1 - Domingo,  vbSunday
```

Ejemplo 17: usar la función WeekDay()

3. Horas, minutos y segundos de una fecha: Hour(), Minute() y Second()

Al igual que se pueden conocer las diferentes partes de una fecha, lo mismo ocurre con una hora. Cuando se trata de conocer una parte de un hora, las tres funciones más sencillas son **Hour()**, **Minute()** y **Second()**; cada una de las cuales toma una fecha como parámetro y devuelve respectivamente las horas, los minutos y los segundos de la hora como un valor entero. Su sintaxis general es la siguiente:

```
Dim iHoras As Integer, iMinutos As Integer, iSegundos As Integer
Dim dt As Date
'asignar dt a una fecha y hora
iHoras = Hour(dt)
iMinutos = Minute(dt)
iSegundos = Second(dt)
```

Ejemplo 18: usar las funciones Hour(), Minute() y Second() en una fecha

Así, con la fecha del 26 de julio de 2024 a 15:45:10, las variables se verán asignadas con los siguientes valores:

```
Dim iHoras As Integer, iMinutos As Integer, iSegundos As Integer
Dim dt As Date
dt = #7/26/2024 3:45:10 PM#
iHoras = Hour(dt)       '15
iMinutos = Minute(dt)   '45
iSegundos = Second(dt) '10
```

Ejemplo 19: valores devueltos por las funciones Hour(), Minute() y Second()

Los valores devueltos por la función **Hour()** van de 0 a 23, y aquellos de las funciones **Minute()** y **Second()**, de 0 a 59.

Cuando desee obtener un número total de horas superior a 24, basta con multiplicar la fecha por 24, como en el siguiente ejemplo.

```
Sub HoraSuperiorA24()
    Dim iHora As Integer, iMinutos As Integer
    Dim dt As Date
    dt = TimeSerial(150, 30, 0)
    iHora = dt * 24
    iMinutos = Minute(dt)
    Debug.Print iHora
    Debug.Print iMinutos
End Sub
```

Ejemplo 20: obtener un número de horas superior a 24

4. Todas las otras partes de una fecha: DatePart()

Dependiendo de su campo de actividad, es posible que tenga que trabajar con periodos de tiempo más específicos, como trimestres o semestres. La función **DatePart()** puede serle útil. Toma varios parámetros y su sintaxis general es la siguiente:

```
DatePart(intervalo, fecha, [ 1erDiaDeLaSemana, [ 1aSemanaDelAño ]])
```

Ejemplo 21: sintaxis general de la función DatePart()

Los dos primeros parámetros obligatorios son el intervalo de tiempo en forma de cadena y la fecha sobre la que se trabaja.

Los valores posibles para el intervalo de tiempo son los siguientes:

Parámetro	Descripción
yyyy	Año
q	Trimestre
m	Mes
y	Día del año
d	Día
w	Día de la semana
ww	Semana
h	Hora
n	Minuto
s	Segundo

Los dos últimos parámetros opcionales son el primer día de la semana, que ya ha visto en la función **WeekDay()**, y la primera semana del año, para la que tiene cuatro valores posibles:

Constante	Valor	Descripción
`vbUseSystem`	0	Utilizar el parámetro API NLS.
`vbFirstJan1`	1	Comenzar con la semana que contiene el 1 de enero (predefinido).
`vbFirstFourDays`	2	Comenzar con la primera semana que contiene al menos cuatro días del nuevo año.
`vbFirstFullWeek`	3	Comenzar con la primera semana completa del año.

A continuación se muestran algunos ejemplos con la función `DatePart()`:

```
Debug.Print DatePart("q", #5/8/2020#)    'muestra 2
Debug.Print DatePart("m", #5/8/2020#)    'muestra 5
Debug.Print DatePart("d", #5/8/2020#)    'muestra 8
Debug.Print DatePart("w", #5/5/2020#)    'muestra 3
Debug.Print DatePart("ww", #5/5/2020#)   'muestra 19
```

Ejemplo 22: usar la función DatePart()

I. Formatear el despliegue de la fecha en forma de texto: FormatDateTime() y Format()

En muchos casos, querrá mostrar sus fechas en un formato determinado, por ejemplo, para nombrar archivos. Las funciones **FormatDateTime()** y **Format()** le permiten obtener el resultado esperado en forma de cadena.

1. Función específica: FormatDateTime()

La primera función dedicada al formato de fechas es **FormatDateTime()**. La sintaxis general de esta función es la siguiente:

```
FormatDateTime(valor, [NombreDelFormato As vbDateTimeFormat])
```

Ejemplo 23: sintaxis general de la función FormatDateTime()

La función devuelve una cadena, como en el siguiente ejemplo:

```
Debug.Print FormatDateTime(#2024/07/29 10:35:14#, vbShortDate)
'muestra 2024/07/29
```

Ejemplo 24: usar la función FormatDateTime()

Entre los formatos disponibles para las fechas, puede utilizar las siguientes constantes VBA:

Constante	Descripción	Ejemplo con la fecha 19/01/2010 20:34:05
`vbGeneralDate`	Muestra una fecha y/u hora. Para los números reales, muestra la fecha y la hora. Si no hay parte decimal, muestra solo una fecha. Si no hay parte entera, muestra solo la hora. La forma de mostrar la fecha y la hora depende de los parámetros de su sistema.	2010-01-19 20:34:05
`vbLongDate`	Muestra una fecha utilizando el formato de fecha completo especificado en la configuración regional de su ordenador.	19 enero 2010
`vbShortDate`	Muestra una fecha utilizando el formato de fecha corta especificado en la configuración regional de su ordenador.	2010-01-19
`vbLongTime`	Muestra una hora utilizando el formato de hora completa especificado en la configuración regional de su ordenador.	20:34:05
`vbShortTime`	Muestra una hora utilizando el formato de hora corta especificado en la configuración regional de su ordenador.	20:34

Esta función le permite utilizar los formatos más comunes, pero a veces no será suficiente y tendrá que usar la función **`Format()`**.

2. Función genérica: Format()

La función **`Format()`** es muy común, tanto para fechas como para otros tipos de datos, como cadenas o valores numéricos.

La sintaxis general de esta función es la siguiente:

```
Format(valor, FormatoDeseado As String)
```

Ejemplo 25: sintaxis general de la función Format()

El primer parámetro es idéntico al visto para **FormatDateTime()**, pero el segundo es una cadena.

Hay muchos formatos disponibles; he aquí algunos que pueden resultarle útiles:

```
Dim dt As Date
dt = #1/19/2024 8:34:05 PM#
Debug.Print Format(dt, "yyyyddMM")                'muestra 20221901
Debug.Print Format(dt, "hhmmss")                  'muestra 203405
Debug.Print Format(dt, "yyyy_MMM_dd_hh:ss:mm:ss") 'muestra
2024_ene_19_20:34:05
```

Ejemplo 26: usar la función Format() con una fecha

J. Transformar un valor en fecha u hora: IsDate(), DateValue(), TimeValue() y CDate()

Entre los últimos puntos que podrían ser útiles para manipular fechas y horas, estas funciones permiten transformar los tipos de datos como cadenas o valores numéricos en el tipo de datos `Date`.

1. ¿Es este texto una fecha válida?: IsDate()

Antes de intentar transformar una cadena en un tipo `Date`, es pertinente asegurarse de que la cadena corresponde a una fecha válida. La función **IsDate()** está hecha para eso. La sintaxis general de esta función es la siguiente:

```
Function IsDate(ValorAProbar) As Boolean
```

Ejemplo 27: sintaxis general de la función IsDate()

Esta función devuelve un booleano. Si el **ValorPorProbar** puede interpretarse como una fecha, hora o fecha y hora válidas, la función devuelve **True**.

Algunos ejemplos de valores que se pueden comprobar con `IsDate()`:

```
Debug.Print IsDate("23-ene")   'Verdadero
Debug.Print IsDate("29-feb")   'Falso
Debug.Print IsDate("15:10:45") 'Verdadero
Debug.Print IsDate("35:10:00") 'Falso
```

Ejemplo 28: ejemplos de valores devueltos por la función IsDate()

2. Recuperar la fecha, la hora o la cadena completa: DateValue(), TimeValue() y CDate()

Una vez que sepa que el valor que está probando es de tipo **Date**, tiene varias funciones para convertir el valor en una fecha.

Si se trata solamente de una fecha, la función utilizada será **DateValue()**, que toma el valor que se ha de comprobar como parámetro y devuelve su equivalente en forma de fecha.

Si solo se trata de una hora, la función utilizada será **TimeValue()**, que toma como parámetro el valor por comprobar y devuelve su equivalente en forma de hora.

Por último, si se trata de un conjunto compuesto por una fecha y una hora, la función utilizada será **CDate()**, que toma como parámetro el valor que se debe comprobar y devuelve su equivalente en forma de fecha y hora.

Para entender las diferencias, he aquí algunos ejemplos:

```
Dim dt As Date
Dim strEjemplo As String
strEjemplo = "23-ene-2017 14:15"
Debug.Print IsDate(strEjemplo) ' Verdadero
dt = DateValue(strEjemplo)
Debug.Print dt                 ' 2017-01-23
dt = TimeValue(strEjemplo)
Debug.Print dt                 ' 14:15:00
dt = CDate(strEjemplo)
Debug.Print dt                 ' 2017-01-23 14:15:00
```

Ejemplo 29: usar las funciones IsDate(), DateValue(), TImeValue() y CDate()

¡Listo! Ahora está equipado para manipular fechas con facilidad en VBA.

K. Ejercicios

1. Mostrar la fecha y la hora actuales del sistema

a. Hora del sistema

✎ Cree la macro **MostrarFechaYHoraAhora**.

Esta macro mostrará al usuario la fecha y la hora actuales del sistema.

✎ Ejecute la macro `MostrarFechaYHoraAhora` (ahora).

b. Fecha actual

✎ Cree la macro **MostrarFechaActual**.

Esta macro mostrará al usuario la fecha actual.

✎ Ejecute la macro `MostrarFechaActual` (hoy).

2. Crear una fecha y una hora

a. Uso de DateSerial

✎ Escriba la función **PrimerDiaDelAño**, de ámbito público, que devuelva una fecha.

Esta función toma como parámetro un valor entero **iAño**.

Esta función debe devolver el 1 de enero del año `iAño` proporcionado como parámetro.

✎ Cree la macro **MostrarPrimerDiaDelAño**.

Esta macro mostrará el valor devuelto por la función `PrimerDiaDelAño`, a la que se le pasa el año 2024.

✎ Ejecute la macro **MostrarPrimerDiaDelAño** (1 de enero de 2024).

b. Uso de TimeSerial

✎ Cree la función **MenosCuarto**, de ámbito público, que devuelva una fecha.

Esta función toma como parámetro un valor entero, entre 0 y 23, llamado **iHora**.

Esta función debe devolver la hora indicada en el parámetro, menos 15 minutos.

✎ Cree la macro **MostrarMenosCuarto**.

Esta macro mostrará lo que devuelve la función `MenosCuarto` tres veces, proporcionándole sucesivamente los valores 10, 13 y 0.

✎ Ejecute la macro `MostrarMenosCuarto` (09:45:00, 12:45:00 y 23:45:00).

3. Suma y resta de fechas

a. Hasta el próximo año

✎ Escriba la función **ProximoAño**, de ámbito público, que devuelva una fecha.

Esta función toma como parámetro una fecha llamada **FechaPartida**.

Esta función devuelve la fecha que está a un año en el futuro a partir de `FechaPartida` (ejemplo: 13/09/2024 dará 13/09/2025).

✎ Cree la macro **MostrarProximoAño**.

Esta macro debe mostrar el valor devuelto por la función `ProximoAño`, pasándole sucesivamente los valores de la fecha actual, el 1 de enero de 2024 y finalmente el 29 de febrero de 2024.

✎ Ejecute la macro **MostrarAñoProximo** (fecha actual + 1 año, 1 de enero de 2024 y 28 de febrero de 2021).

b. La semana pasada

Cada día de la semana, de lunes a viernes, se efectúa un tratamiento, y debe determinar la fecha del último tratamiento antes del actual. Así, utilizará el tratamiento del martes el miércoles; el del jueves, el viernes, y el del viernes, el lunes.

✎ Escriba la función **UltimoTratamiento**, de ámbito público, que devuelva una fecha.

Esta función toma como parámetro una variable de tipo **Date**, llamada **dtEntrada**.

La función debe devolver la fecha del último tratamiento antes de la fecha `dtEntrada`.

✎ Cree la macro **MostrarUltimoTratamiento**.

Esta macro mostrará el valor que devuelve la función `UltimoTratamiento`, proporcionándole sucesivamente el 7 de septiembre de 2024, el 10 de noviembre de 2024 y el 6 de noviembre de 2024.

✎ Ejecute la macro `MostrarUltimoTratamiento` (6 de septiembre de 2024, 9 de noviembre de 2024 y 3 de noviembre de 2024).

4. Partes de una fecha

a. Tratamientos del 2.º trimestre

✎ Escriba la función **EnElBuenTrimestreCorrecto**, de ámbito público, que devuelva un valor booleano.

Esta función recibe como parámetros una variable **dtFecha**, de tipo **Date**, así como una variable entera, llamada **iTrimestre**.

Esta función debe devolver `Verdadero` si la fecha `dtFecha` pertenece al trimestre `iTrimestre` del año, pasada como parámetro, y `Falso` en el caso contrario.

✎ Cree la macro **UtilizarElTrimestreCorrecto**.

Esta macro llamará a la función `EnElBuenTrimestreCorrecto` y, según el valor devuelto, mostrará OK si el trimestre está en la fecha, y **Por verificar** si no lo está.

Proporcionará sucesivamente los valores del 3 de marzo de 2024 y 1, y del 25 de mayo de 2024 y 1.

✎ Ejecute la macro `UtilizarElTrimestreCorrecto` (OK y Por verificar).

b. Tratamientos en semanas

✎ Escriba la función **EnSemana**, de ámbito público, que devolverá un valor booleano.

Esta función toma como parámetro una fecha **dtFecha**.

Esta función devolverá **Verdadero** si la fecha **dtFecha** cae entre un lunes y un viernes, y **Falso** si cae en un sábado o domingo.

✎ Cree la macro **MostrarEnSemana**.

Esta macro llamará dos veces a la función `EnSemana` y mostrará el resultado, pasándole sucesivamente el 5 de septiembre de 2024 y el 8 de septiembre de 2024.

✎ Ejecute la macro `MostrarEnSemana` (Falso y luego Verdadero).

5. Un poco de buen formato

Este ejercicio pretende familiarizarle con los diferentes formatos de fecha que puede tener que manipular, a través de la función `Format`.

✎ Escriba la función **FormatoCompacto**, de ámbito público, que devuelva una cadena.

Esta función toma una fecha, `dt`, como parámetro, devolviéndola en un formato compacto. Por ejemplo, para el 25 de diciembre de 2024 devolverá 25-12-24.

✎ Escriba la función **FormatoIntermedio**, de ámbito público, que devuelva una cadena.

Esta función toma una fecha, `dt`, como parámetro, devolviéndola en un formato intermedio. Por ejemplo, para el 25 de diciembre de 2024 devolverá 25-dic-2024.

✎ Escriba la función **FormatoCompleto**, de ámbito público, que devuelva una cadena.

Esta función toma una fecha, `dt`, como parámetro, devolviéndola en un formato completo. Por ejemplo, el 25 de diciembre de 2024 devolverá miércoles 25 diciembre 2024.

✎ Cree la macro **MostrarVariosFormatosFecha**.

Esta macro mostrará lo que devuelven las funciones `FormatoCompacto`, `FormatIntermedio` y `FormatCompleto`, pasándole como parámetro a cada una de ellas la fecha `25 de diciembre de 2024`.

✎ Ejecute la macro `MostrarVariosFormatosFecha` (25-12-24, 25-dic-2024 y miércoles 25 diciembre 2024).

Capítulo 13

Manipular celdas de Excel

A. Objetivos del capítulo 211
B. Objeto y variable Range. 211
C. Objeto Cells. 213
D. Algunas celdas particulares: ActiveCell, Selection y Target 214
E. Propiedades de las celdas 216
F. Métodos aplicados a las celdas. 222
G. Ejercicios 225

A. Objetivos del capítulo

Objeto elemental de Excel, las celdas serán su primer paso en la programación VBA de objetos de Excel.

Sin recorrer todas las acciones posibles con las celdas en VBA, este capítulo le permitirá conocer las principales propiedades y métodos de los objetos elementales que son las **celdas** y los **rangos de celdas** en Excel.

A continuación, verá ejemplos de los códigos más frecuente antes de terminar validando sus nuevos conocimientos mediante ejercicios.

B. Objeto y variable Range

Cuando creó su primera macro usando la grabadora de macros en el capítulo La grabadora de macros, ya había conocido el objeto **Range**.

1. Objeto Range

El tipo de datos `Range` es el primero que se descubre en el estuche de objetos VBA de Excel.

Este objeto puede representar una sola celda, un rango de celdas o una serie de celdas no contiguas. Al utilizar este objeto, la sintaxis general es la siguiente:

```
Range(Dirección)
```

Ejemplo 1: sintaxis general del objeto Range

Dependiendo de sus necesidades, la dirección que se pasa como una cadena puede representar la celda o celdas que desee manipular:

```
Range("A1")
Range("C2:D5")
Range("A1,B2,G3")
```

```
Range("NombreDeLaCelda")
```

Ejemplo 2: posibilidades de sintaxis para el objeto Range

2. Variable de tipo Range

Al igual que ha hecho con las cadenas, los valores numéricos o los booleanos, usted puede trabajar con el objeto **Range** a través de una variable. Esta sección le indica cómo declarar, asignar y luego manipular este objeto.

a. Declaración

La declaración de una variable **Range** es similar a las vistas hasta ahora.

```
Dim SuCelda As Range
```

Ejemplo 3: declaración de una variable de tipo Range

Es diferente para la asignación de valores.

b. Asignación

Contrariamente a los tipos de datos básicos, como las cadenas o los valores numéricos, la asignación para el tipo de datos `Range` tiene la siguiente sintaxis general:

```
Dim rCelda As Range
Set rCelda = Range("FechaDelDia")
```

Ejemplo 4: asignación de una variable de tipo Range

Puede constatar la presencia de la palabra clave **Set** antes del nombre de la variable **rCelda**. Si olvida la palabra clave `Set`, aparecerá el error 91 al ejecutar la línea de código.

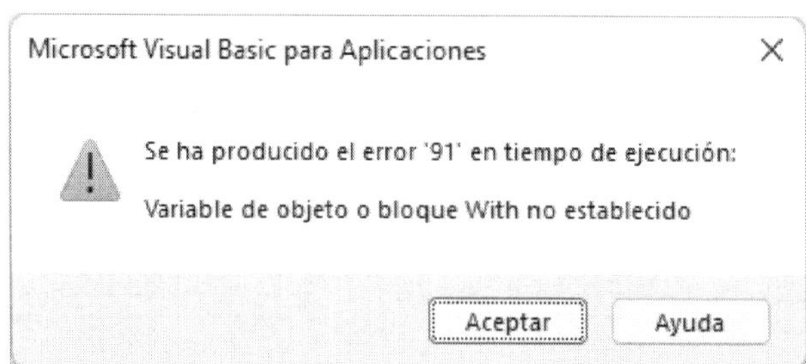

El uso de la palabra clave `Set` se hace necesario para todos los tipos de datos **Objeto**.

c. Uso

Una vez instanciada la variable, podrá aprovechar el autocompletado cuando quiera acceder a las propiedades y métodos del objeto `Range`.

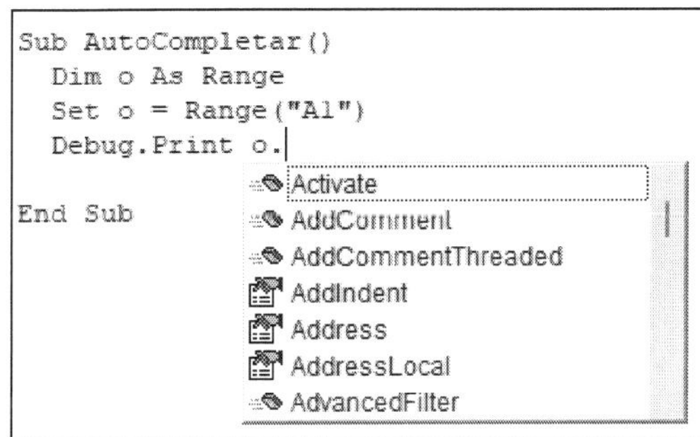

Puede escribir las primeras letras de la propiedad o del método y utilizar la tecla [Tab] o pulsar [Espacio] para que la línea se autocomplete.

C. Objeto Cells

Existe un objeto aún más pequeño que el objeto `Range`, que también le permite manipular celdas; se trata del objeto `Cells`. Es más pequeño porque, mientras que el objeto `Range` permite gestionar un rango de celdas, el objeto `Cells` se limita a una sola celda. Por ejemplo, no puede referirse al rango de celdas A1:D3 con un objeto `Cells`.

Para utilizar el objeto **`Cells`**, existen dos sintaxis posibles, cada una de las cuales proporciona al objeto `Cells` una fila y una columna, es decir, las coordenadas de la celda.

```
'Sintaxis general
Cells(indiceFila, indiceColumna)
'Sintaxis con valores numéricos solamente
Debug.Print Cells(3,4) ' muestra el contenido de la celda D3
'Sintaxis con un valor numérico para la fila y una cadena
para la columna
Debug.Print Cells(5, "F") 'muestra el contenido de la celda F5
```

Ejemplo 5: diferentes sintaxis con el objeto Cells

El objeto **`Cells`** puede utilizarse con una variable de tipo **`Range`**.

```
Dim o As Range
Set o = Cells(1,3)
```

Ejemplo 6: usar una variable de tipo Range para el objeto Cells

Los tipos de datos `Range` y `Cells` compartirán propiedades y métodos comunes.

D. Algunas celdas particulares: ActiveCell, Selection y Target

Cuando se utiliza la grabadora de macros, también pueden aparecer algunas palabras clave específicas para definir una celda o un rango de celdas. Esta breve sección tiene como objetivo explicarle los puntos principales.

1. Celda activa: ActiveCell

Cuando hace clic en una celda, se dice que la está activando. Esta celda activa está representada por un objeto nativo en VBA: **`ActiveCell`**. Este objeto, de tipo `Range`, representa la celda activa en su libro de trabajo.

A continuación, se muestra un ejemplo de celda activa:

A1 | Fecha

	A	B	C	
1	Fecha	Facturación		Prod

Cuando se selecciona un rango de celdas, la celda desde la que se efectúa la selección es la celda activa.

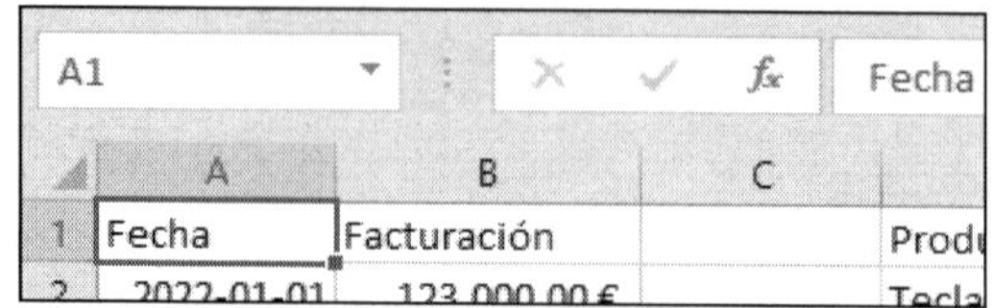

D5 | Auriculares

	A	B	C	D
1	Fecha	Facturación		Productos
2	2022-01-01	123,000.00 €		Teclado
3	2022-01-02	148,500.00 €		Ratón
4	2023-01-03	112,800.00 €		Pantalla
5	2022-01-03	135,300.00 €		Auriculares

Por último, si realiza una serie de selecciones de celdas no adyacentes, la última celda activada será la activa.

E4 | 88332

	A	B	C	D	E
1	Fecha	Facturación		Productos	Facturación
2	2022-01-01	123,000.00 €		Teclado	129,900.00 €
3	2022-01-02	148,500.00 €		Ratón	155,880.00 €
4	2023-01-03	112,800.00 €		Pantalla	88,332.00 €
5	2022-01-03	135,300.00 €		Auriculares	145,488.00 €

Puede ver la palabra clave `ActiveCell` en el siguiente ejemplo:

```
Sub LlenarCelda()
   ActiveCell.FormulaR1C1 = "Buenos días"
End Sub
```

Ejemplo 7: la palabra clave ActiveCell aparece desde la grabadora de macros.

2. Selección activa: Selection

Cuando trabaja en Excel y selecciona una o varias celdas, VBA utiliza un objeto específico: **`Selection`**. Este objeto, de tipo `Range`, como `ActiveCell`, cubre un espectro de funcionalidad similar a este. Esta palabra clave puede aparecer cuando utilice la grabadora de macros.

Cuando se trabaja con una sola celda, el objeto `Selection` es idéntico al objeto `ActiveCell`. Sin embargo, si está trabajando con un rango de celdas, o con celdas dispersas, el objeto `Selection` entrará en acción, representando el conjunto de celdas seleccionadas.

Aunque la selección puede representar varias celdas, solo tendrá una celda activa.

```
Sub UsoDeSeleccion()
   Range("F4").Select
   With Selection.Interior
       .Pattern = xlSolid
       .PatternColorIndex = xlAutomatic
       .Color = 255
       .TintAndShade = 0
       .PatternTintAndShade = 0
   End With
End Sub
```

Ejemplo 8: caso de uso de la palabra clave Selection por parte de la grabadora de macros

3. Celda(s) implicada(s) en los eventos de Excel: Target

Como verá en el próximo capítulo, Manipular hojas de Excel, el código VBA puede activarse automáticamente a partir de eventos que tengan lugar en su hoja o libro. Ya sea un cambio en una hoja o un doble clic en una celda, estos eventos utilizan la palabra clave **`Target`** para representar la referencia del objeto al que se dirige el procedimiento del evento. En estos eventos relacionados con las celdas, el tipo del objeto **`Target`** será **`Range`**.

```
Private Sub Worksheet_BeforeDoubleClick(ByVal Target As Range, Cancel As Boolean)
   If Target.Address = "$C$3" Then
       MsgBox "Prohibido modificar esta celda", vbCritical + vbOKOnly
   End If
End Sub
```

Ejemplo 9: caso de uso de la palabra clave Target en un evento de hoja de Excel

E. Propiedades de las celdas

En primer lugar, veremos lo que se llama una propiedad y luego veremos las principales propiedades que se pueden utilizar con las celdas.

1. Definir una propiedad

En informática, las propiedades de un objeto son sus características, lo que lo define. Tomemos el ejemplo de un coche. Tendrá entre sus propiedades su marca, modelo, color, año de lanzamiento. Las propiedades pueden ser de cualquier tipo, (numérico, fecha, cadena). Algunas propiedades podrán modificase; otras, solo leerse.

Durante la programación, puede reconocer una propiedad por el icono de la mano que señala:

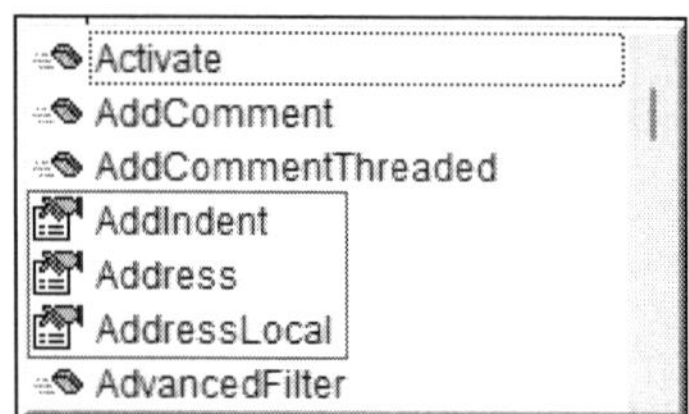

2. Contenido de una celda: Value, Value2

Cuando empiece a programar con Excel, lo primero que le interesará de una celda será el valor que contiene. En esta sección encontrará algunas de las líneas de código que descubrirá con la grabadora de macros.

El valor contenido en una celda se obtiene gracias a la propiedad **`Value`**. VBA considera esta propiedad como la predefinida.

La sintaxis general es la siguiente:

```
Debug.Print Range("A1").Value 'Muestra el valor contenido en la celda A1.
```

Ejemplo 10: sintaxis general de la propiedad Value de un objeto Range

Esta propiedad puede ser tanto leída como modificada por su programa.

```
Range("A1").Value = 3 ' Asigna el valor 3 a la celda A1
MsgBox Range("A1").Value 'Muestra el valor de la celda A1
```

Ejemplo 11: usar la propiedad Value

Dependiendo del tipo de valor contenido en la celda, el tipo de datos devueltos por la propiedad **Value** será adaptado automáticamente por VBA. Por lo tanto, es conveniente utilizar los tipos de datos correctos para sus variables, ya que de lo contrario su programa podría malinterpretar los valores.

En el caso de que tenga los siguientes datos en las celdas:

	A	B	C
1	123	ejemplo de texto	2022-08-17

el siguiente código recuperará cada uno de los valores con el tipo de datos correcto:

```
Dim iNumerico As Integer, sTexto As String, dtFecha As Date
iNumerico = Range("A1").Value '123
sTexto = Range("B1").Value '"ejemplo de texto"
dtFecha = Range("C1").Value '2022-08-17
```

Ejemplo 12: recuperar los valores a través de la propiedad Value

Del mismo modo, se pueden escribir valores en las celdas a partir de variables:

```
Dim strTexto As String
strTexto = "Buenos días"
Range("A1").Value = strTexto
```

Ejemplo 13: asignar un valor a una celda mediante la propiedad Value

Hay otra propiedad, **Value2**, de uso más raro, pero que puede encontrar en las macros de otros desarrolladores; es similar a `Value`, excepto que no devuelve un valor de tipo **Currency** o **Date** (este tipo se sustituye por el número de serie; por ejemplo, 2022-08-17, que devolverá 44790).

Utilizando la ilustración anterior, el valor recuperado será el siguiente:

```
?Range("C1").Value2
44790
```

Ejemplo 14: usar la propiedad Value2

3. Ubicación de una celda

Cuando se necesita trabajar con celdas, a veces es necesario manipular la información relacionada con su ubicación, es decir, su dirección. En esta sección también se analizan los conceptos de los desplazamientos entre las celdas.

a. Fila, Columna, Dirección: Row, Column y Address

Cada celda está definida por una dirección, que se compone de una letra para la columna y de un número para la fila. La celda D5 está, así, en la columna D, **cuarta** columna desde la izquierda y **quinta** fila desde arriba. El objeto `Range` tiene propiedades que devuelven estos valores.

La fila de una celda se obtiene a partir de la propiedad **`Row`**, la columna se obtiene de la propiedad **`Column`**. La sintaxis es la siguiente:

```
?Range("D3").Row    'mostrará 3
?Range("D3").Column 'mostrará 4
```

Ejemplo 15: sintaxis de las propiedades Row y Column de una celda

Estas dos propiedades devuelven un valor numérico de tipo **`Long`**.

En una hoja de Excel 2019 hay 1 048 576 filas y 16 384 columnas.

Así, es posible probar, por ejemplo, si una celda se encuentra en una parte determinada de la hoja para ejecutar o no las instrucciones del programa.

```
Dim Rng As Range
'asignación en una etapa anterior del programa
If Rng.Row > 8 Or Rng.Column < 3 Then
'instrucciones si la celda está más allá de la 8a fila o si está
en las 2 primeras columnas
End If
```

Ejemplo 16: usar las propiedades Row y Column

La tercera propiedad que puede encontrar útil aquí es la que devuelve la dirección de una celda, **`Address`**. La sintaxis es la siguiente:

```
?Range("D3").Address 'mostrará "$D$3"
```

Ejemplo 17: sintaxis de la propiedad Address de una celda

La propiedad `Address` devuelve una cadena e indica la dirección de la celda con la llamada notación absoluta, es decir, con el signo de dólar $ antes de la columna y antes de la fila.

Será posible utilizar esta propiedad más adelante para asegurarse, por ejemplo, de que la celda es la esperada.

```
Dim Rng As Range
'Asignación
If Rng.Address = "$A$3" Then
   'instrucciones si la celda tiene como dirección A3
End If
```

Ejemplo 18: usar la propriedad Address

b. Desplazarse a otras celdas: Offset

Cuando quiera apuntar a una celda adyacente a otra, por ejemplo, desplazándose una fila hacia abajo y dos columnas hacia la izquierda, realizará un desplazamiento de celdas. La propiedad **Offset** del objeto **Range** permite efectuar este desplazamiento.

La sintaxis de esta propiedad es la siguiente:

```
Range.Offset(lNumeroDeFilas, lNumeroDeColumnas)
'ejemplo
?Range("A1").Offset(3,2).Address 'mostrará $C$4
```

Ejemplo 19: sintaxis general de la propiedad Offset

Esta propiedad toma como parámetros dos valores numéricos que corresponden respectivamente al número de filas y columnas que se han de desplazar. Los valores pueden ser positivos (desplazarse hacia la derecha, hacia abajo) o negativos (desplazarse hacia la izquierda, hacia arriba). Sin embargo, es obligatorio tener desplazamientos que apunten a las celdas existentes.

El uso más frecuente puede ser en pruebas sobre datos organizados o para indicar en una celda adyacente que se ha producido un procesamiento.

```
If Range("A5").Value>10 Then
   Range("A5").Offset(0,1).Value= "Superior a 10"
End If
```

Ejemplo 20: usar la propiedad Offset en una celda

4. Formato de una celda

Cuando se trabaja con celdas, puede ser interesante manipular la tipografía o establecer un color de fondo. Esta sección trata de los principales elementos relacionados con el formato de una celda.

a. Texto, tipografía: Font

Cuando quiera destacar la información de una celda, puede, por ejemplo, ponerla en negrita o subrayar su contenido. Esto se puede hacer en VBA a través de la propiedad **Font** del objeto **Range**.

A partir del objeto `Font`, puede acceder a información como el nombre de la tipografía, el tamaño de esta, si está en negrita, subrayada o en cursiva, o todo ello a la vez. Al igual que tiene la posibilidad de activar o desactivar los atributos Negrita, Cursiva en la cinta de opciones de Excel, puede hacerlo en la programación VBA, asignando valores booleanos Verdadero o Falso (True/False) para activar o desactivar cada propiedad.

```
With Range("A1").Font
   Debug.Print .Name    'muestra el nombre de la tipografía, como "Calibri"
   Debug.Print .Size    'muestra el tamaño de la tipografía, como 12
   Debug.Print .Bold    'muestra Verdadero si el texto está en negrita,
Falso en caso contrario
   Debug.Print .Italic  'muestra Verdadero si el texto está en cursiva,
Falso en caso contrario
   Debug.Print .Color   'muestra el código de color como un valor
numérico, como 0 para el negro
End With
```

Ejemplo 21: diferentes propiedades de Font

Utilizando la grabadora de macros, para hacer que una celda esté en negrita y en color rojo, obtenemos el siguiente programa:

```
Sub PonerEnNegritaYRojo()
   Range("A1").Select
   Selection.Font.Bold = True
   With Selection.Font
        .Name = "Arial"
        .Size = 11
        .Strikethrough = False
        .Superscript = False
        .Subscript = False
        .OutlineFont = False
        .Shadow = False
        .Underline = xlUnderlineStyleNone
        .Color = -16776961
        .TintAndShade = 0
        .ThemeFont = xlThemeFontNone
   End With
End Sub
```

Ejemplo 22: grabadora de macros para aplicar negrita y color rojo a una celda.

b. Color de fondo de la celda: Interior

Además de poder manipular la tipografía de una celda, también se puede indicar su color de fondo.

Para todo lo relacionado con el fondo de la celda, la propiedad que se debe utilizar será **`Interior`**.

Al igual que existen varias propiedades relacionadas con `Font`, hay varias para `Interior`.

Las dos propiedades que pueden interesarle son **Color** y **ColorIndex**, cada una de las cuales permite intervenir en el color de fondo de la celda.

El código no lee el color en el caso de un formato condicional que se aplique a la celda.

La propiedad `Color` corresponde al código de color según la nomenclatura RGB, mientras que `ColorIndex` se basa en la paleta de colores predefinidos.

1	2	3	4	5	6	7
8	9	10	11	12	13	14
15	16	17	18	19	20	21
22	23	24	25	26	27	28
29	30	31	32	33	34	35
36	37	38	39	40	41	42
43	44	45	46	47	48	49
50	51	52	53	54	55	56

La propiedad es accesible en lectura/escritura. Así, para establecer el color de fondo de la celda D3 en rojo, las dos líneas siguientes darán el mismo resultado.

```
Range("D3").Interior.ColorIndex = 3
Range("D3").Interior.Color = RGB(255,0,0)
```

Ejemplo 23: usar Color y ColorIndex para colorear el fondo de una celda

La grabadora de macros le dará un código más largo para el ejemplo anterior, con el valor numérico directamente:

```
Sub PonerEnRojo()
   Range("D3").Select
   With Selection.Interior
        .Pattern = xlSolid
        .PatternColorIndex = xlAutomatic
        .Color = 255
        .TintAndShade = 0
        .PatternTintAndShade = 0
   End With
End Sub
```

Ejemplo 24: macro generada por la grabadora para poner el color de la celda en rojo.

La noción de selección que se ve en el código anterior se abordó en la sección Selección activa: Selection.

c. Tamaño de la celda: ColumnWidth, RowHeight

A veces puede ser necesario destacar una celda en relación con otras, no a través del tamaño de la tipografía, sino directamente a través de sus dimensiones; por ejemplo, para un total que incluya todos los impuestos de un documento o una fecha en la parte superior de un documento. La altura de una celda puede ser gestionada por la propiedad **RowHeight** y su ancho, por la propiedad **ColumnWidth**.

La sintaxis general de estas dos propiedades es la siguiente:

```
?Range("A1").RowHeight
?Range("A1").ColumnWidth
```

Ejemplo 25: sintaxis general de las propiedades RowHeight y ColumnWidth

Ambas propiedades son accesibles en lectura/escritura y sus valores son de tipo numérico decimal. Así, para cambiar el tamaño de su celda, bastará con aplicar las siguientes instrucciones:

```
With Range("D3")
    .RowHeight = 19
    .ColumnWidht = 65
End With
```

Ejemplo 26: usar las propiedades RowHeight y ColumnWidth

F. Métodos aplicados a las celdas

En esta sección verá la otra cara de lo que se puede hacer con una celda. Verá lo que es un método en programación, y luego descubrirá algunos métodos que le permiten realizar manipulaciones comunes con las celdas de Excel.

1. Definición de un método

Al igual que abordó las propiedades de los objetos, los **métodos** corresponden a las acciones que puede realizar con estos objetos. Si retoma el ejemplo del coche, puede, por ejemplo, desbloquearlo, sentarse al volante, arrancar el motor, acelerar o frenar.

En la programación VBA, los métodos se identifican con el icono de bloque de color verde, como se muestra en la siguiente imagen:

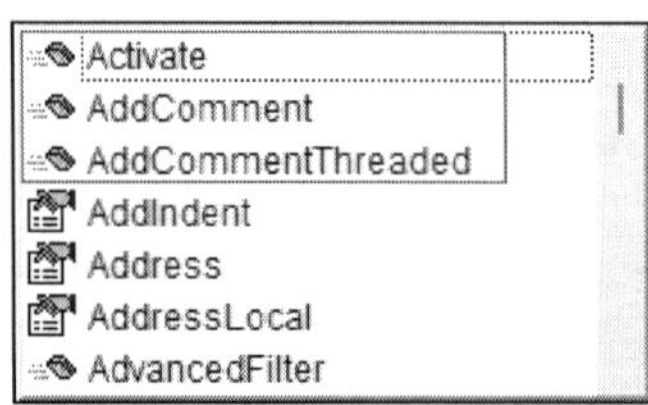

2. Activar y seleccionar una celda

Como habrá aprendido en la sección Algunas celdas particulares: ActiveCell, Selection y Target, existe una diferencia entre una celda activa y una celda seleccionada. Entre los métodos de objeto comenzará, por tanto, con los que activan y seleccionan las celdas.

a. Activar una celda: Activate

Uno de los primeros métodos que puede ver con una celda es su activación. Esto le permite simular hacer clic en una celda. El método **Activate** le permite realizar esta acción. Este método no necesita ningún parámetro; se pueden activar varias celdas, simplemente especificándolo dentro del objeto Range. Su sintaxis es la siguiente.

```
Range("A1").Activate
```

Ejemplo 27: sintaxis del método Activate

Una vez que la celda está activa, puede manipularla a través del objeto **ActiveCell** visto anteriormente.

b. Seleccionar una celda o un rango de celdas: Select

Del mismo modo que se puede activar una celda, la selección de una celda o de un rango de ellas puede realizarse en VBA. El método que se debe utilizar es **Select**. Este método no tiene parámetros y su sintaxis es la siguiente.

```
Range("A1").Select
Range("A1:C3").Select
```

Ejemplo 28: sintaxis del método Select

Una vez seleccionada la celda o el rango de celdas, puede manipularla utilizando el objeto Selection visto anteriormente.

3. Copiar, cortar y pegar datos de las celdas: Copy, Cut, Paste

Entre las acciones que se realizan con frecuencia con las celdas de Excel están las de copiar, cortar y pegar celdas, que usted puede realizar mediante los métodos abreviados de teclado o desde la cinta de opciones. Todas estas acciones son reproducibles en VBA.

a. Copiar y pegar un rango de celdas: Copy

Para copiar un rango de celdas, debe utilizar el método **Copy**. Este método puede aceptar un parámetro de tipo Range, que indica la ubicación donde se pegarán las celdas.

```
Range.Copy [Destino As Range]
```

Ejemplo 29: sintaxis del método Copy

Así, para copiar la celda A1 y pegarla en la celda C3, el código sería el siguiente:

```
Range("A1").Copy Range("C3")
```

Ejemplo 30: usar el método Copy

Si no desea pegar las celdas directamente, el parámetro `Destino` puede omitirse, Excel mantendrá entonces la copia actual en la memoria.

b. Cortar y pegar un rango de celdas: Cut

Al igual que es posible realizar una copia de una o varias celdas, también es posible desplazarlas. El método que corresponde a esta acción es **`Cut`**. Su sintaxis es idéntica a la de `Copy`:

```
Range.Cut [Destino As Range]
```

Ejemplo 31: sintaxis del método Cut

Así, para cortar la celda A1 y pegarla en la celda D4, el código sería el siguiente:

```
Range("A1").Cut Range("D4")
```

Ejemplo 32: usar el método Cut

Al igual que con el método **`Copy`**, el parámetro **`Destino`** puede omitirse.

c. Pegado especial de un rango de celdas: PasteSpecial

Una vez que haya realizado una copia o un corte de celdas, tiene la posibilidad de pegarlo todo. El pegado especial disponible en la cinta de opciones de Excel está accesible a través del método **`PasteSpecial`**. Este método acepta varios parámetros opcionales y su sintaxis es la siguiente:

```
Range.PasteSpecial [TipoDePegado As Integer, [Operación As Integer],
[SaltaCeldasEnBlanco As Boolean], [Transponer As Boolean]
'caso con la celda A1, cuyo valor se copiará solo en la celda C3,
el formato en D3 y la fórmula en E3
Range("A1").Copy
Range("C3").PasteSpecial xlPasteValues
Range("D3").PasteSpecial xlPasteFormats
Range("E3").PasteSpecial xlPasteFormulas
```

Ejemplo 32: sintaxis general y uso de la función PasteSpecial

Si no se proporcionan parámetros, el pegado será similar al método abreviado de teclado Ctrl V, reproduciendo el formato y el valor o la fórmula de la celda copiada.

4. Combinar o separar celdas: Merge, UnMerge

Al crear un informe, o simplemente para realizar un formato más avanzado en las celdas, también se pueden combinar o separar celdas en VBA. Los métodos **Merge** y **UnMerge** realizan estas acciones por usted. El método `Merge` toma como parámetro opcional `Across`, de tipo `Boolean`; su sintaxis general es la siguiente:

```
Range().Merge Across As Boolean
'Ejemplo
Range("A1:C3").Merge
Range("A1:C3").Merge True
```

Ejemplo 33: sintaxis y uso del método Merge

Cuando el parámetro `Across` se establece en `True`, cada fila del rango de celdas se fusiona por separado de las otras.

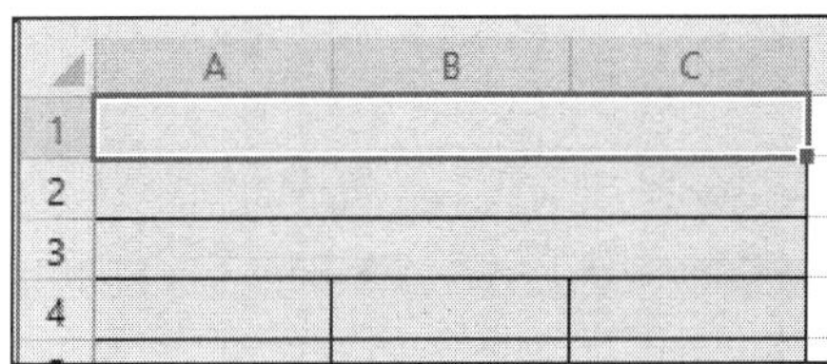

Por el contrario, si quiere separar las celdas, el método `UnMerge` hace esta acción por usted. Este método no toma parámetros y se escribe como sigue:

```
Range().UnMerge
'Ejemplo
Range("A1:D3").UnMerge
```

Ejemplo 34: sintaxis y uso del método UnMerge

G. Ejercicios

✎ En esta serie de ejercicios, cree una hoja en su libro de trabajo llamada **Ejercicios_ManipulacionesCeldas**.

Antes de ejecutar las macros, asegúrese de que la hoja `Ejercicios_ManipulacionesCeldas` está activa.

Las funciones, procedimientos y macros pueden escribirse directamente en la hoja `Ejercicios_ManipulacionesCeldas`.

Puede ayudarse con la grabadora de macros si encuentra dificultades.

1. Valor en una celda

a. Con activación

✎ Cree la macro **`ActivarCeldaA1YBuenosDiasEnCeldaActiva`**.

Esta macro activará la celda A1 y luego pondrá el valor Buenos días en dicha celda.

✎ Ejecute la macro **`ActivarCeldaA1YBuenosDiasEnCeldaActiva`**.

b. Sin activación

✎ Cree la macro **`EscribirEnCeldaA2`**.

Esta macro escribirá el valor Manipulación correcta directamente en la celda A2, sin activarla primero.

✎ Ejecute la macro **`EscribirEnCeldaA2`**.

2. Un poco de color

✎ Cree la macro **`ColorearCeldaDeAmarillo`**.

Esta macro le pedirá al usuario que introduzca la dirección de una celda (hará lo necesario para garantizar que la dirección sea válida).

Una vez conocida la dirección de la celda, la coloreará de amarillo (constante `vbYellow`)

✎ Ejecute la macro `ColorearCeldaDeAmarillo`.

3. Copiar y pegar celdas

a. Con el método Copy

✎ Cree la macro **`EscribirEnB1YCopiarEnB2`**.

Esta macro deberá escribir primero el valor 3A en la celda B1 y luego, utilizando el método `Copy`, copiar el valor de esa celda a la celda B2.

✎ Ejecute la macro `EscribirEnB1YCopiarEnB2`.

b. Sin el método Copy

✎ Cree la macro **`EscribirEnC1YAplicarEnC2`**.

Esta macro debe escribir primero el valor 3B en la celda C1 y luego, sin utilizar el método `Copy`, copiar el valor de esa a la celda C2.

✎ Ejecute la macro `EscribirEnC1YAplicarEnC2`.

4. Columnas y filas de celdas

Este ejercicio pretende ayudarle a entender mejor las propiedades `Column` y `Row` de las celdas.

✎ Escriba la función **`ArribaDe`**, de ámbito público, que devuelva un valor booleano.

Esta función toma dos parámetros de tipo `Range`, llamados `RngA` y `RngB`, respectivamente.

Esta función devuelve `Verdadero` si la celda `RngA` está por encima de la celda `RngB`, incluso si las celdas no están en la misma columna; de lo contrario, devuelve `Falso`. Por ejemplo, la celda A5 está por encima de C11, pero A5 está por debajo de B3.

✎ A continuación, escriba la función **`ALaDerechaDe`**, de ámbito público, que devuelva un valor booleano.

Esta función toma dos parámetros de tipo `Range`, llamados `RngA` y `RngB`, respectivamente.

Esta función devuelve `Verdadero` si la celda `RngA` está a la derecha de la celda `RngB`, incluso si las celdas no están en la misma fila; de lo contrario, devuelve `Falso`. Por ejemplo, la celda C5 está a la derecha de B1, pero C5 está a la izquierda de D1.

✎ Cree la macro **`MostrarArribaDeYALaDerechaDe`**.

Esta macro pedirá dos veces las coordenadas de una celda (llamadas `mgCeldaA` y `mgCeldaB`) utilizando la función `Application.Inputbox` (el tipo `Range` tiene un valor de 8) y luego mostrará el valor devuelto por la función `ArribaDe` y el de la función `ALaDerechaDe`, a las que pasará las celdas `mgCeldaA` y `mgCeldaB` a cada una de ellas.

✎ Ejecute la macro y proporciónele los valores A1 y B5 (Verdadero) y de nuevo A1 y B5 (Falso).

Capítulo 14
Manipular hojas de Excel

A. Objetivos del capítulo 231
B. Colección de hojas de un libro: Worksheets 231
C. Objeto Hoja de cálculo: Worksheet 233
D. Eventos en las hojas 240
E. Manipular datos en varias hojas 243
F. Ejercicios 244

A. Objetivos del capítulo

Después de haber manipulado las celdas dentro de la hoja activa, es el momento de manipular las hojas a través del libro de trabajo.

Este capítulo abordará el objeto `Worksheet`, que representa una hoja (u hoja de cálculo o trabajo) de Excel; en él verá las principales propiedades y métodos de la hoja. A continuación, observará la colección de hojas de un libro `Worksheets` para conocer las acciones más comunes.

Por último, una serie de ejercicios le permitirá validar sus nuevos conocimientos.

B. Colección de hojas de un libro: Worksheets

Cuando se trabaja en un libro, cada hoja de cálculo es un objeto de tipo **`Worksheet`**, y todas las hojas están en una colección llamada **`Worksheets`**. Puede recorrer esta colección para apuntar a la hoja de cálculo que desee. También puede utilizar la colección **`Sheets`**. Esta colección contiene tanto las hojas de cálculo como las hojas de gráficos. En aras de la simplicidad, en este capítulo solo se trabajará con hojas de cálculo y `Worksheets`.

A continuación, se presentan algunos programas de ejemplo para trabajar con el objeto **`Worksheets`**.

1. Mostrar la lista de hojas

Cuando se trabaja con un libro, puede ser interesante conocer la lista de hojas de cálculo. El siguiente código recorre cada elemento de la colección **`Worksheets`** y muestra el nombre de cada hoja.

```
Sub ListaDeHojas()
   Dim Hoja As Worksheet
   For Each Hoja in Worksheets
       'Muestra el nombre de la hoja
```

```
        MsgBox Hoja.Name
    Next
End Sub
```

Ejemplo 1: recorrer la colección Worksheets para leer la lista de hojas de cálculo

2. Conocer el número de hojas de cálculo: Count

Para conocer cuántas hojas hay en su libro, simplemente utilice la propiedad **Count**, que devuelve un valor numérico.

```
'Muestra el número de hojas de cálculo
MsgBox Worksheets.Count
```

Ejemplo 2: usar la propiedad Count de la colección Worksheets

3. Agregar, mover o suprimir una hoja: Add, Move, Delete

A partir de la colección `Worksheets`, se puede agregar, mover o suprimir una hoja en su libro.

a. Añadir una hoja: Add

Al igual que es posible añadir manualmente una nueva hoja haciendo clic en el botón **Hoja nueva** de la barra de etiquetas, se puede añadir una hoja mediante programación.

El método **Add** para agregar hojas tiene la siguiente sintaxis general:

```
Worksheets.Add ([After], [Before], [Count], [Type])
```

Ejemplo 3: sintaxis general del método Add

El método `Add` puede utilizar varios parámetros para determinar dónde se crean las nuevas hojas. El parámetro `Before` permite especificar antes de qué hoja se añadirá la nueva, mientras que `After` especificará después de qué hoja se efectuará la adición. El parámetro `Count` le permite especificar el número de hojas que se añadirán. Por último, `Type` le permite especificar si la hoja añadida es una hoja de trabajo (`xlWorksheet`) o una hoja de gráfico (`xlChart`).

Las siguientes líneas presentan diferentes casos de hojas añadidas:

```
'Añadir una hoja colocándola en el último lugar del libro
Worksheets.Add After:=Sheets(Sheets.Count)
'Añadir 2 hojas en la primera posición
Worksheets.Add Before:=Worskheets(1), Count:=2
```

Ejemplo 4: agregar hojas a un libro

b. Desplazar una hoja: Move

Cuando quiera desplazar una hoja a otra ubicación en su libro, puede utilizar el método **Move**. Este método toma uno de los dos parámetros `Before` o `After` y tiene la siguiente sintaxis general:

```
Worksheets(1).Move [Before],[After]
```

Ejemplo 5: sintaxis general del método Move

`Before` y `After` representan una hoja, ya sea de cálculo o gráfica. El siguiente código le muestra un ejemplo de uso.

```
'Desplazar la primera hoja a la última posición
Worksheets(1).Move After:=Worksheets(Worksheets.Count)
```

Ejemplo 6: usar el método Move para desplazar una hoja

c. Suprimir una hoja: Delete

También puede querer suprimir una hoja de su libro de trabajo. El método que permite hacerlo es **Delete**.

Este método no requiere parámetros.

```
'Suprimir la hoja 'Empleados'
Worksheets("Empleados").Delete
```

Ejemplo 7: usar el método Delete para suprimir hojas de cálculo

Al igual que con todos los programas VBA, no es posible deshacer una acción realizada por una macro, por lo que siempre hay que tener cuidado al borrar objetos, ya que no se pueden recuperar.

C. Objeto Hoja de cálculo: Worksheet

En esta sección, aprenderá más sobre lo que es una hoja de cálculo para VBA y cómo utilizarla de acuerdo con sus necesidades.

1. Hojas de cálculo en la interfaz VBE

Cuando trabaje con hojas de Excel, podrá verlas en el Explorador de proyectos en VBE.

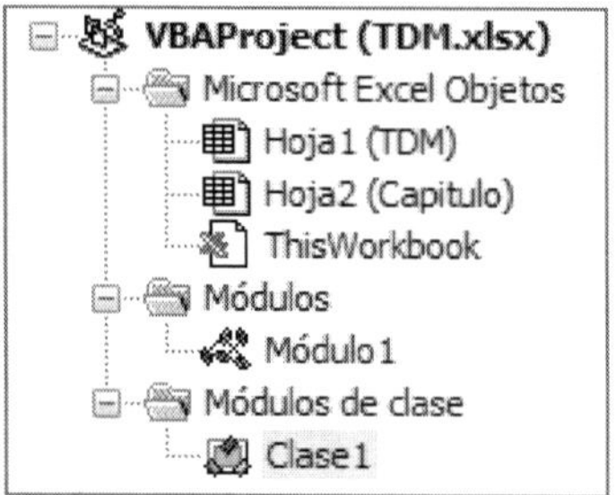

Para cada hoja de su libro, verá el nombre de la hoja entre paréntesis y el **CodeName** (Hoja1 y Hoja2 en la imagen anterior). Este identificador es el nombre del objeto en el Editor de Visual Basic; corresponde al nombre de la hoja en Excel cuando esta se creó, pero no cambia cuando renombra la hoja en Excel.

2. La hoja activa: ActiveSheet

Al igual que para las celdas, existe el objeto VBA **ActiveSheet**, que apunta a la hoja activa. De la misma forma que solo puede haber una celda activa, solo hay una hoja activa.

```
' Mostrar el nombre de la hoja activa en la ventana Inmediato
Debug.Print ActiveSheet.Name
```

Ejemplo 8: usar la hoja activa a través del objeto ActiveSheet

3. Declarar un objeto Worksheet

Al igual que ha visto para el objeto `Range`, declarar y asignar un objeto de tipo Worksheet es sencillo.

```
Dim wsh As Worksheet
```

Ejemplo 9: declarar una variable de tipo Worksheet

4. Asignar un objeto Worksheet

Antes de poder utilizar la variable de tipo `Worksheet` que acaba de declarar, tiene que asignarla.

Existen cuatro formas de asignar un valor a su variable; las tres primeras son, con mucho, las más comunes.

a. Asignar a partir del índice de la hoja

Es posible apuntar a una hoja de un libro desde su posición en este. La numeración corresponde al orden de las hojas en el libro de izquierda a derecha, empezando por el 1.

```
Set wsh = Worksheets(1)
```

Ejemplo 10: asignar usando el índice de la hoja

Tenga en cuenta que las hojas ocultas están incluidas en la numeración. Así, en un libro de tres hojas, si la hoja 2 está oculta, solo verá las hojas 1 y 3 en la pantalla.

Este enfoque es posible cuando se conoce el orden en que se muestran las hojas en el libro. Aquí es donde encontrará la palabra clave `Set`, vista en el capítulo anterior, Manipular celdas de Excel, que también es apropiada para las hojas.

b. Asignar usando el nombre de la hoja

Puede ocurrir que no sepa dónde se encuentra su hoja en relación con las demás de su libro. En tal situación, puede utilizar el nombre de la hoja.

```
Set wsh = Worksheets("Hoja1")
```

Ejemplo 11: asignar usando el nombre de la hoja

Este método le permite prescindir del orden en que se encuentren las hojas

c. Asignar apuntando a la hoja activa

En caso de que quiera asignar la hoja activa a una variable, sin conocer de antemano ni el índice de la hoja ni su nombre, utilizará directamente el objeto VBA **`ActiveSheet`**.

```
Set wsh = ActiveSheet
```

Ejemplo 12: asignar a la hoja activa

d. Asignar usando el CodeName de la hoja

Aunque se utiliza más raramente que las tres primeras formas, es posible (y bastante válido) asignar una variable de tipo **`Worksheet`** utilizando el **`CodeName`** de las hojas. Esta forma de proceder puede ser útil cuando ninguno de los tres primeros enfoques es viable (no conoce el nombre ni el índice de la hoja y se parte del principio de que no es la hoja activa).

```
Set wsh = Hoja1
```

Ejemplo 13: asignar usando el CodeName de la hoja

e. Error al asignar

Si durante la ejecución de su programa la asignación de su variable de tipo **Worksheet** genera el siguiente error 9, deberá comprobar que el índice o el nombre de la hoja existe:

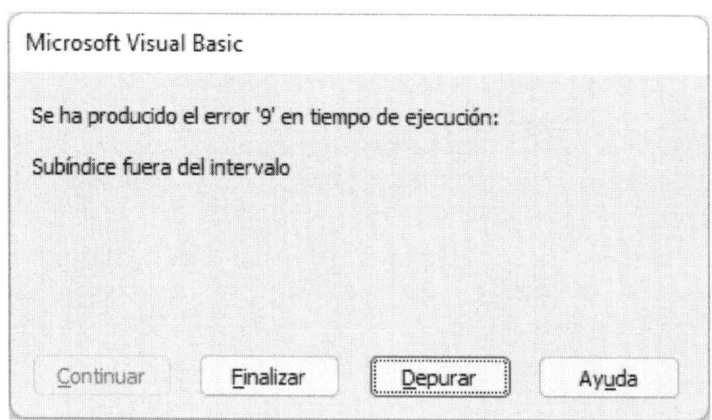

He aquí hay dos líneas que generarán este error en el caso de un libro de dos hojas (llamadas TDM y Capitulo)

```
Set wsh = Worksheets(15)    ' no hay 15 hojas en el libro
Set wsh = Worksheets("TCD") ' no hay ninguna hoja con el nombre TCD
```

Ejemplo 14: errores de asignación durante la ejecución

Una vez asignada su variable correctamente, puede continuar su programa utilizando sus propiedades y métodos.

5. Principales propiedades de una hoja

Al igual que ha visto con las celdas, las hojas también tienen propiedades que debe conocer; de nuevo, sin hacer una lista exhaustiva, he aquí algunas de ellas.

a. Nombre de la hoja: Name

Por ejemplo, cuando haya utilizado la asignación a partir de la hoja activa, puede ser útil conocer el nombre de la hoja. Esta propiedad **Name** devuelve una cadena que puede leer y modificar si usted lo desea.

```
'Modificar el nombre de la 1ª hoja a Principal
Worksheets(1).Name = "Principal"
'Mostrar el nombre de la 2ª hoja
Debug.Print Worksheets(2).Name
```

Ejemplo 15: usar la propiedad Name de un objeto Worksheet

Como recordatorio, el nombre de una hoja tiene una longitud máxima de 31 caracteres. Si intenta dar un nombre con más de 31 caracteres, aparecerá en pantalla un error de ejecución 1004.

b. Mostrar u ocultar una hoja: Visible

Cuando tenga varias hojas que no quiera que el usuario vea, o simplemente cuando desee mostrar una hoja oculta, puede utilizar la propiedad **Visible** del objeto `Worksheet`. Hay varios valores posibles para esta propiedad y puede utilizar booleanos para dos de ellas. He aquí la sintaxis para mostrar u ocultar las hojas:

```
'Mostrar / hacer visible la 1ª hoja
Worksheets(1).Visible = xlSheetVisible
Worksheets(1).Visible = True

'Ocultar la 2ª hoja
Worksheets(2).Visible = xlSheetHidden
Worksheets(2).Visible = False

' Hacer la 3ª hoja invisible y no disponible
en el cuadro de diálogo Mostrar
Worksheets(3).Visible= xlSheetVeryHidden
```

Ejemplo 16: usar la propiedad Visible de una hoja

Cuando una hoja se oculta con la constante `xlSheetVeryHidden`, solo una macro puede hacerla visible de nuevo.

c. Acceder a las celdas: Cells, Range

Cuando quiera manipular las celdas de una hoja, puede utilizar las propiedades **Cells** y **Range**, cuyo uso ya ha visto en el capítulo Manipular celdas de Excel.

```
Set wsh = Worksheets(1)
'Mostrar sucesivamente el contenido de la celda A1 de la primera hoja
'y luego el de la celda C2 de la segunda hoja
MsgBox wsh.Range("A1").Value
MsgBox Worksheets(2).Cells(2,3).Value
```

Ejemplo 17: usar los objetos Range y Cells del objeto Worksheet

d. Acceso a rangos con nombre: Names

Si utiliza rangos con nombre en sus hojas, se puede acceder a ellos en su programa pasando por la propiedad **Names**. Estos rangos con nombre deben extenderse al nivel de la hoja; de lo contrario, solo serán visibles desde el objeto **Workbook**, del que hablaremos en el próximo capítulo, Manipular libros.

El siguiente código permite conocer los rangos con nombre de la primera hoja, el nombre y el rango de celdas involucradas. La última línea añade un nuevo nombre **CeldaConNombre** que apunta a la celda A1.

```
Sub ListaDeRangosConNombreHoja1yAgregarNuevoNombre()
   Dim a As Worksheet
   Dim n As Name
   Set a = Worksheets(1)
   For Each n In a.Names
      Debug.Print n.Name & ":" & n.RefersTo
   Next n
   a.Names.Add "CeldaConNombre", "A1"
End Sub
```

Ejemplo 18: usar la propiedad Names

e. Diseño para imprimir: PageSetup

Cuando se trata de diseñar una hoja antes de imprimirla, se pueden realizar varios pasos desde la cinta de opciones. Lo mismo ocurre con un programa VBA que puede reproducir cada una de sus configuraciones desde el objeto **PageSetup** de la hoja.

```
With Worksheets(1).PageSetup
   'Definir el rango de impresión
   .PrintArea = "$A$1:$E$149"
   'Pasar a modo apaisado
   .Orientation = xlLandscape
   'Agregar un pie de página central
   .CenterFooter = "Demostración, el " & Date
End With
```

Ejemplo 19: diferentes propiedades de diseño con PageSetup

Existe un gran número de propiedades y configuraciones posibles. Se recomienda utilizar la grabadora de macros y luego recortar cada bloque de código para adaptarlo a sus necesidades.

6. Principales métodos de una hoja

Hay relativamente pocos métodos que utilizará de forma regular en los objetos `Worksheet`, pero aquí tiene dos.

a. Seleccionar una hoja: Select

Para utilizar el objeto `Selection`, será útil seleccionar primero la hoja antes de elegir el rango de celdas. El método **`Select`** del objeto `Worksheet` permite esta selección.

```
'Declarar la hoja
Dim wsh As Worksheet
'Asignar a la hoja
Set wsh = Worksheets(2)
'Seleccionar la hoja
wsh.Select
```

Ejemplo 20: usar el método Select de una hoja

b. Imprimir una hoja: PrintPreview, PrintOut

Una vez que haya realizado el diseño de su hoja, es el momento de desplegar una vista previa antes de previsualizar o de imprimir directamente su hoja.

Vista previa antes de imprimir: PrintPreview

Si desea permitir al usuario tener una vista previa antes de imprimir la hoja, puede utilizar el método **`PrintPreview`**.

```
'Mostrar una vista previa antes de imprimir la hoja Informe
Worksheets("Informe").PrintPreview
```

Ejemplo 21: usar el método PrintPreview

Imprimir la hoja: PrintOut

Cuando se trata de imprimir una hoja, el método **`PrintOut`** presenta un conjunto de parámetros que reproducen las opciones visibles en Excel. La sintaxis general de este método es la siguiente:

```
Worksheets().PrintOut(From, To, Copies, Preview, ActivePrinter,
PrintToFile, Collate, PrToFileName, IgnorePrintAreas)
```

Ejemplo 22: sintaxis general del método PrintOut

El parámetro **`From`** se utiliza para indicar el número de página desde la que se va a imprimir. Si no se da ningún valor, la impresión comenzará desde la primera página.

El parámetro **`To`** permite indicar el número de la última página que se ha de imprimir. Si no se da ningún valor, la impresión irá hasta la última página.

El parámetro **`Copies`** se usa para especificar el número de copias por imprimir. Si no se especifica ningún valor, solo se realizará una impresión.

El parámetro **`Preview`** permite indicar si se muestra una vista previa; para ello se usa el valor `True`.

El parámetro **`ActivePrinter`** se utiliza para especificar el nombre de la impresora activa.

El parámetro **`PrintToFile`** permite indicar si desea imprimir a un archivo, usando `True` como valor. La ruta del archivo se proporcionará, entonces, con el parámetro **`PrToFileName`**.

El parámetro **`Collate`** permite intercalar las copias, pasándole el valor `True`.

Por último, se pueden ignorar las áreas de impresión definidas en el diseño de la hoja ajustando el valor del parámetro **`IgnorePrintAreas`** a `True`.

D. Eventos en las hojas

Tras haber hablado de las propiedades y luego de los métodos de las hojas, viene el turno de los eventos. El objetivo de esta sección es ayudarle a entender qué es un evento en VBA, cómo crear un evento que desencadene una serie de instrucciones y, por último, presentarle algunos eventos que afectan a las hojas de cálculo.

1. Definir un evento en VBA

Ya sea que se trate del clic en un botón, una validación en un cuadro de texto o la desactivación de una hoja, un **evento** permite la interacción entre su programa y el usuario. Son procedimientos `Sub` que se desencadenan automáticamente según una acción definida.

Los objetos que pueden interactuar a través de eventos son: la aplicación Excel, los libros, las hojas de cálculo, los gráficos, los formularios de usuario y, por último, los controles.

2. Gestión de eventos en el Editor de Visual Basic

- Para generar el código de un evento en el Editor de Visual Basic, seleccione una de las hojas.

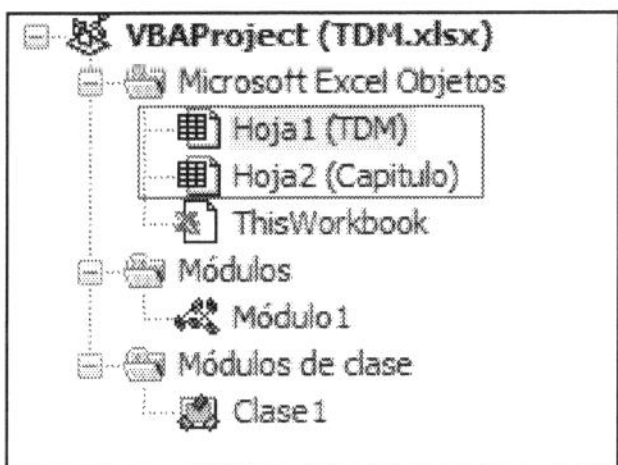

- Haga doble clic en la hoja que le interesa para abrir el módulo vinculado a la hoja. Por encima de la ventana de código, hay dos cuadros de lista desplegables.
- Seleccione `Worksheet` en la lista de la izquierda; todos los eventos que Excel puede detectar automáticamente en relación con la hoja aparecen en la lista de la derecha.

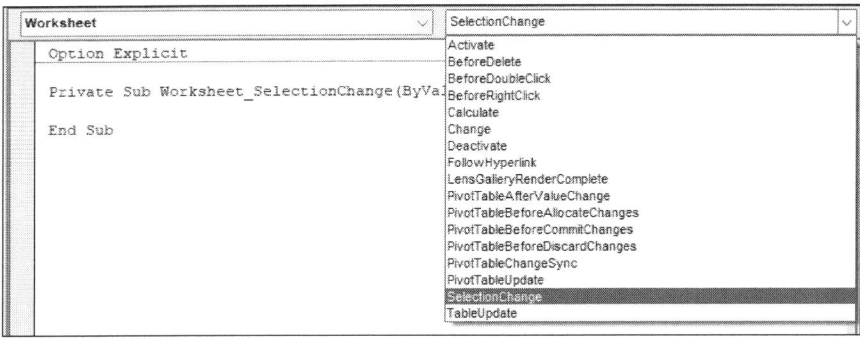

En general, los eventos en VBA tienen la siguiente sintaxis:

```
Private Sub Objet_EventoEnElObjeto([Parámetros])
End Sub
```

Ejemplo 23: sintaxis general de un evento en VBA

- Seleccione, en la lista de la derecha, el evento que le interesa; por ejemplo, haciendo clic en **BeforeDoubleClick**, el código se generará automáticamente con las siguientes líneas:

```
Private Sub Worksheet_BeforeDoubleClick(ByVal Target As Range, Cancel
As Boolean)

End Sub
```

Ejemplo 24: código predefinido para el evento de doble clic de una hoja

Los parámetros más utilizados en los eventos son **`Target`**, que corresponde al objeto destino (visto en el capítulo Manipular celdas de Excel), y **`Cancel`**, que permite desactivar la acción asociada a la macro, estableciendo **`Cancel = True`** en las instrucciones.

En el ejemplo anterior, las instrucciones se activarán cuando haga doble clic en una de las celdas de la hoja correspondiente.

También hay eventos que son comunes a todas las hojas de un libro, y estos serán tratados en una sección dedicada en el próximo capítulo, Manipular libros.

3. Activar o desactivar eventos: EnableEvents

La gestión de eventos en Excel se puede activar o desactivar temporalmente. La propiedad **`Application.EnableEvents`**, de tipo booleano, permite ajustar esta gestión.

```
'Activar la gestión de eventos
Application.EnableEvents = True
'Desactivar la gestión de eventos
Application.EnableEvents = False
```

Ejemplo 25: activar o desactivar la gestión de eventos usando EnableEvents

4. Algunos eventos para las hojas

a. Activar o desactivar una hoja: Worksheet_Activate y Worksheet_Deactivate

Cuando se mueve entre las hojas de un libro, sus hojas pueden activarse o desactivarse. Estos eventos no se desencadenan cuando se vuelve a la hoja desde otra aplicación o libro de Excel.

```
Private Sub Worksheet_Activate()
   MsgBox "Bienvenido a su hoja"
End Sub

Private Sub Worksheet_Deactivate()
   MsgBox "Adiós y hasta pronto"
End Sub
```

Ejemplo 26: eventos de activación y desactivación de hojas

b. Doble clic en una celda: Worksheet_BeforeDoubleClick

Si desea ejecutar instrucciones cuando el usuario haga doble clic sobre una celda en una hoja, puede utilizar el evento **Worksheet_Before-DoubleClick** para identificar esta acción.

```
Private Sub Worksheet_BeforeDoubleClick(ByVal Target As Range,
Cancel As Boolean)
   MsgBox "Se acaba de hacer doble clic en la siguiente celda: " &
Target.Address
End Sub
```

Ejemplo 27: evento de doble clic en una celda

En este evento, el parámetro **Target** corresponde a la celda que recibió el doble clic.

c. Clic derecho en una celda: Worksheet_BeforeRightClick

El evento **Worksheet_BeforeRightClick** permite identificar la acción de clic derecho en una celda.

```
Private Sub Worksheet_BeforeRightClick(ByVal Target As Range, Cancel
As Boolean)
   MsgBox "Ha hecho clic derecho en la celda " & Target.Address
   Cancel = True 'asignación para no mostrar el menú contextual
End Sub
```

Ejemplo 28: evento de clic derecho en una celda

En este evento, el parámetro **Target** corresponde a la celda que recibió el clic derecho.

E. Manipular datos en varias hojas

Ahora que conoce las instrucciones que le permiten trabajar con hojas dentro de un libro, puede aprovechar los datos situados en varias hojas dentro de él. He aquí algunos ejemplos de manipulación de datos en varias hojas.

1. Copiar de un hoja, pegar en otra

Uno de los casos más frecuentes será el de copiar un rango de celdas de una hoja a otra. El método de copia **Copy** se abordó en el capítulo Manipular celdas de Excel. Aquí, el código permite copiar los datos situados en la hoja A y pegarlos en la hoja B.

```
Worksheets("A").Range("A1:D1").Copy
Worksheets("B").Range("A1")
```

Ejemplo 29: copiar datos de una hoja a otra

2. Comparar los datos de varias hojas

Cuando quiera comparar los datos fila por fila entre dos hojas, aunque a veces pueda hacerse solo con fórmulas, se puede requerir una macro VBA.

El siguiente código compara las filas entre dos hojas llamadas **`Esperado`** y **`Obtenido`** de la columna A, poniendo un valor X en la columna B de la hoja **`Obtenido`** si los valores son diferentes.

```
Sub CompararHojas()
Dim i As Integer
'Comparamos desde la fila 2, la fila 1 contiene, por ejemplo,
'el título de la columna
For i = 2 To 150
   If Worksheets("Esperado").Range("A" & i).Value <> Worksheets
("Obtenido").Range("A" & i).Value Then
        Worksheets("Obtenido").Range("B" & i).Value ="X"
   End If
Next i
End Sub
```

Ejemplo 30: comparar valores entre dos hojas

F. Ejercicios

Esta serie de ejercicios se realizará tanto en el módulo `Capitulo_14_Hojas` como en la hoja `ManipulaciónHojas`. Los ejercicios marcados con un asterisco * deben realizarse en el módulo `Capitulo_14_Hojas`.

1. Hoja activa *

- En el módulo `Capitulo_14_Hojas`, cree la macro **`MostrarNombreHojaActiva`**.

  Esta macro mostrará el nombre de la hoja activa.
- Active la hoja `Ejercicios_ManipulacionHojas` y luego ejecute la macro `MostrarNombreHojaActiva` para comprobar que su programa funciona correctamente. Realice varias pruebas en las otras hojas del libro.

2. Copiar de una hoja a otra *

Aunque esta manipulación es parte de las operaciones más comunes, he aquí un ejercicio muy sencillo.

El objetivo es crear una hoja, copiar los datos que ha creado en los ejercicios del capítulo anterior y renombrar esta hoja como **`Hoja_Temporal`**.

✎ Cree la macro **CrearRellenarYNombrarHoja** en el módulo Capitulo_14_Hojas.

En esta macro comenzará declarando una variable de tipo hoja (Worksheets), a la que llamará **wsh**.

La macro añadirá una hoja y utilizará la variable wsh para apuntar a esta nueva hoja. Llame a la nueva hoja Temporal_Ejercicio14.

A continuación, la macro hará una copia de las celdas de la hoja Ejercicios_ManipulacionCeldas (deberá haber realizado antes los ejercicios de la hoja Ejercicios_ManipulacionCeldas que contendrá, por supuesto, los datos que se habrán de copiar), utilizando el rango de celdas A1:D1.

La macro pegará entonces los datos en la hoja Hoja_Temporal, en las celdas A2 a D2.

✎ Ejecute la macro CrearRellenarYNombrarHoja.

✎ Si ejecuta esta macro de forma repetida, recuerde borrar manualmente la hoja Hoja Temporal si esta ya existe, para que no se produzcan errores al ejecutar la macro.

3. Número de hojas del un libro *

✎ Cree la macro **MostrarNombreDeHojaEnLibro** en el módulo Capitulo_14_Hojas.
Esta macro mostrará el número de hojas del libro.

✎ Ejecute la macro MostrarNombreDeHojaEnLibre.

4. Jugar con el color de las hojas *

Cuando tiene muchas hojas en un libro, puede ser útil colorear las pestañas de las hojas para ayudarle a orientarse; por ejemplo, para diferenciar las hojas de configuración, las de cálculo o las de resultados.

El color de la pestaña se obtiene trabajando con la propiedad Tab.Color del objeto Worksheet.

✎ Cree la macro **ColorearPestanaHojaActivaDeAmarillo** en el módulo Capitulo_14_Hojas.

El objetivo de esta macro será colorear de amarillo la pestaña de la hoja activa (constante vbYellow).

✎ Active la hoja **Ejercicios_ManipulacionHojas** y ejecute la macro ColorearPestanaHojaActivaDeAmarillo.

5. Organizar eventos

Aunque la gestión de eventos es compleja, aquí se abordará el tema a través de dos sencillos ejercicios.

a. Clic derecho

Como ha aprendido en este capítulo, una macro se puede activar cuando el usuario hace un clic derecho en una celda.

- Cree el evento **`Worksheet_BeforeRightClick`** utilizando los cuadros de lista desplegables de la interfaz del Editor de Visual Basic.

Cuando este procedimiento se active, deberá mostrar al usuario la dirección de la celda en la que se produjo el clic derecho. A continuación, cancelará el evento cambiando el valor de `Cancel` a `True`.

Efectúe varias pruebas.

b. La modificación

En este ejercicio, resaltará la celda de la hoja que ha sido modificada cambiando el color de la tipografía a rojo

- Cree el evento **`Worksheet_Change`** por medio de los cuadros de lista desplegables de la interfaz del Editor de Visual Basic.

Cuando este procedimiento se active, el color de la tipografía deberá cambiar a rojo (constante `vbRed` o valor RGB`(255,0,0)`).

Efectúe varias pruebas.

Capítulo 15

Manipular libros

A. Objetivos del capítulo 249
B. Colección de libros de la aplicación: Workbooks 249
C. Objeto libro: Workbook. 252
D. Eventos en los libros 257
E. Manipular datos de varios libros 261
F. Ejercicios 262

A. Objetivos del capítulo

Después de haber hablado de las celdas y luego de las hojas, este capítulo nos permitirá hablar de los libros.

Primero encontrará la colección `Workbooks`, y luego los dos objetos `ActiveWorkbook` y `ThisWorkbook`. A continuación, explicaremos las propiedades y métodos del objeto `Workbook`. Después, conocerá los eventos del libro y, por último, una serie de ejercicios le ayudarán a poner en práctica sus nuevos conocimientos.

B. Colección de libros de la aplicación: Workbooks

Cuando se trabaja en Excel, cada libro es un objeto de tipo **`Workbook`**, y todos los libros se encuentran en una colección llamada **`Workbooks`**. Puede navegar por esta colección `Workbooks` para apuntar al libro que desee. También puede utilizar la colección **`Sheets`**. Tanto si se trata de archivos de Excel como de archivos txt, csv o xml, todos estos libros aparecerán en la colección `Workbooks`.

A continuación, encontrará algunos ejemplos de programas para trabajar con el objeto `Workbooks`.

1. Mostrar la lista de libros

Cuando trabaja con Excel, puede ser interesante conocer la lista de libros. El siguiente código recorre cada elemento de la colección `Workbooks` mostrando el nombre de cada libro.

```
Sub ListaDeLibros()
    Dim Libro As Workbook
    For Each Libro in Workbooks
        'Muestra el nombre del libro
        MsgBox Libro.Name
```

```
    Next
End Sub
```

Ejemplo 1: recorrer la colección Workbooks para leer la lista de libros abiertos

2. Conocer el número de libros abiertos: Count

Para saber el número de libros abiertos en la aplicación Excel, basta con usar la propiedad **Count** de `Workbooks`, que devuelve un valor numérico.

```
'Muestra el número de libros
MsgBox Workbooks.Count
```

Ejemplo 2: usar la propiedad Count de la colección Workbooks

3. Crear, abrir o cerrar un libro: Add, Open, Close

A partir de la colección `Workbooks`, se puede crear, abrir o cerrar un libro.

a. Crear un libro: Add

Para crear un libro en blanco, utilice el método **Add** de la colección `Workbooks`, cuya sintaxis es la siguiente:

```
Workbooks.Add ([Template])
```

Ejemplo 3: sintaxis general del método Add

El método `Add` puede utilizar el parámetro **Template**, que permite determinar si el libro creado se basa en un archivo de plantilla. También se puede proporcionar una constante numérica para la hoja predefinida que se creará (`xlWBATWorksheet` para una hoja de cálculo, `xlWBATChart` para una hoja de gráficos). Si no se proporciona ningún valor, el libro contendrá una hoja de cálculo.

Las siguientes líneas muestran diferentes casos de creación de libros:

```
'Crear un libro con una hoja de cálculo
Workbooks.Add

' Crear un libro con una hoja de gráficos
Workbooks.Add xlWBATChart
```

Ejemplo 4: crear libros

b. Abrir un libro: Open

Cuando quiera abrir un libro, utilizará el método **Open**. Este método toma varios parámetros y su sintaxis es la siguiente:

```
Workbooks.Open(FileName, [UpdateLinks], [ReadOnly], [Format],
    [Password], [WriteResPassword], [IgnoreReadOnlyRecommended],
    [Origin], [Delimiter], [Editable], [Notify], [Converter], [AddToMru],
    [Local], [CorruptLoad])
```

Ejemplo 5: sintaxis general del método Open

El primer parámetro, `FileName`, corresponde a la ruta del archivo que se quiere abrir y se pasa como una cadena. Los otros parámetros opcionales se utilizan para indicar las condiciones de apertura del libro. Los dos primeros parámetros opcionales son, con mucho, los más utilizados. Puede especificar si los vínculos deben actualizarse (`UpdateLinks`: `True` o `False`) y si abre el libro en modo de solo lectura (`ReadOnly`: `True` o `False`).

He aquí hay algunos ejemplos usando estos parámetros:

```
'Abrir un archivo en modo lectura-escritura
Workbooks.Open "P:\Ruta\archivo.xlsx"

'Abrir un archivo en modo de solo lectura
Workbooks.Open "P:\Ruta\archivo2.xlsx", ReadOnly :=True
```

Ejemplo 6: usar el método Open con los parámetros más frecuentemente utilizados

Los otros parámetros se utilizan más raramente, pero de todas formas encontrará aquí una breve descripción de cada uno.

El parámetro `Formato` permite especificar el carácter de separación al abrir un archivo de texto; está en formato numérico (1 para Tabulador, 2 para Coma, etc.). Si se especifica un valor de 6, se trata de un formato personalizado, y el parámetro `Delimitador`, de tipo `String`, deberá completarse.

En el caso de que el libro esté protegido por una contraseña, los parámetros `Password` y `WriteResPassword` (contraseña en escritura) permiten proporcionarla; de lo contrario, se pedirá al usuario que la introduzca manualmente.

Para los archivos guardados en el modo de solo lectura recomendado, se puede desactivar el mensaje de Excel usando el parámetro `IgnoreReadOnlyRecommended` - `True` o `False`).

Para algunos archivos provenientes de otros sistemas operativos, se puede indicar su origen, `Origin`, usando las constantes `xlMacintosh`, `xlWindows` o `xlMSDOS`.

El parámetro `Editable` solo se utiliza si el archivo que desea abrir es un complemento de Microsoft Excel 4.0.

Si está intentando abrir un archivo al que no puede accederse en modo lectura-escritura, puede especificar, con el parámetro `Notification`, si desea que aparezca un mensaje informando al usuario cuando el archivo esté disponible.

Los últimos cuatro parámetros se utilizan en el caso de archivos que requieren un convertidor que use una DLL (`Converter`); para especificar si el archivo debe aparecer en la lista de archivos recientes (`AddToMru`); si se utilizará o no el idioma especificado en Excel cuando se guarde el archivo (`Local`), y, por último, el comportamiento al abrir el archivo si este se intenta recuperar (`CorruptLoad`).

c. Cerrar un libro: Close

Cuando ya no requiere que un libro esté abierto, se puede cerrar con el método **`Close`**. En el caso de la colección `Workbooks`, no toma parámetros y se utiliza de la siguiente manera:

```
Workbooks.Close
```

Ejemplo 7: método Close aplicado a la colección Workbooks

*En la siguiente sección verá el método **`Close`**, esta vez aplicado a un objeto **`Workbook`**.*

C. Objeto libro: Workbook

En esta sección aprenderá más sobre lo que es un libro para VBA y cómo utilizarlo según sus necesidades. El tipo de objeto que representa un libro es **`Workbook`** en VBA. Cada libro forma parte de la colección `Workbooks` cuando está abierto.

1. Libros en la interfaz VBE

Cuando trabaja con libros de Excel, puede verlos en el Explorador de Proyectos en VBE.

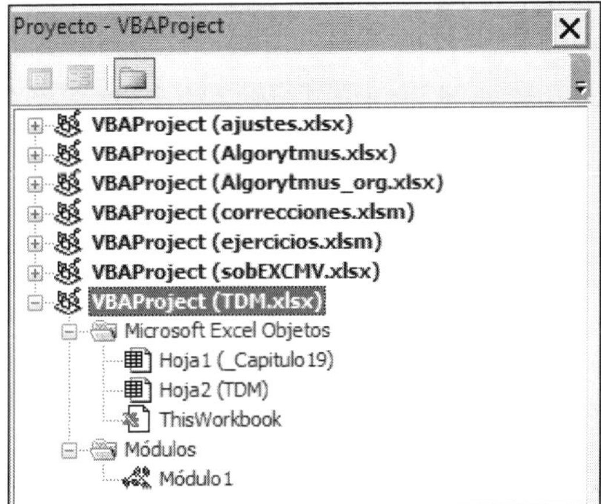

Para cada uno de los libros abiertos, verá su nombre entre paréntesis junto con el del proyecto (**`VBAProject`** es el nombre del proyecto predefinido).

Para modificar el nombre del proyecto, en la ventana **Propiedades** cambie la propiedad **`Name`**.

2. Libro activo y aquel que contiene el código VBA: ActiveWorkbook y ThisWorkbook

Tal y como vio en los capítulos Manipular celdas de Excel y Manipular hojas de Excel, existe un objeto VBA **`ActiveWorkbook`** que apunta al libro activo. Al igual que solo puede haber una celda y una hoja activas, solo puede haber un libro activo.

```
'Mostrar el nombre del libro y hoja activa en la ventana Inmediato
Debug.Print ActiveWorkbook.Name & " "  & ActiveSheet.Name
```

Ejemplo 8: usar el libro activo a través del objeto ActiveWorkbook

El otro objeto visible en la imagen anterior es el objeto **`ThisWorkbook`**. Este objeto se refiere al libro en el que se ejecuta el código VBA.

3. Declarar un objeto Workbook

Al igual que en el caso del objeto `Worksheet`, la declaración de un objeto `Workbook` es sencilla.

```
Dim wbk As Workbook
```

Ejemplo 9: declarar una variable de tipo Workbook

4. Asignar un objeto Workbook

Al igual que en el caso del objeto `Worksheet`, antes de poder utilizar la variable de tipo `Workbook` que acaba de declarar, deberá asignarla.

Hay al menos cuatro formas de asignar un valor a esta variable.

a. Asignar a partir del índice del libro

Se puede apuntar a un libro en Excel desde su posición de apertura en la aplicación Excel. La numeración está definida por el orden en el que se abren los libros y comienza en el 1.

```
Set wbk = Workbooks(1)
```

Ejemplo 10: asignar usando el índice del libro

Este enfoque es viable cuando se conoce el orden en el que se muestran los libros en la aplicación, pero, salvo en raras ocasiones, este enfoque puede generar errores de dirección.

b. Asignar usando el nombre del libro

Es posible que no sepa dónde se encuentra su libro en relación con otros en la aplicación. En esta situación, se puede utilizar el nombre del libro.

```
Set wbk = Workbooks("Libro_Empleados.xlsx")
```

Ejemplo 11: asignar usando el nombre del libro

Debe especificar el nombre del archivo incluyendo la extensión (xls, xlsx, xlsm o xlsb son las extensiones de Excel más comunes). Este método le permite independizarse del orden en que se abrieron los libros.

c. Asignar apuntando al libro activo

Si desea asignar el libro activo a una variable, algo que puede hacer después de crear un libro, por ejemplo, puede usar directamente el objeto VBA **`ActiveWorkbook`**.

```
Set wbk = ActiveWorkbook
```

Ejemplo 12: asignar al libro activo

d. Asignar al crear o al abrir

Tan pronto como se abre o se crea un libro, se puede asignar un objeto `Workbook` a una variable. Los métodos `Add` y `Open` devuelven un objeto `Workbook`.

```
'Asignación al crear un libro
Set wbk = Workbooks.Add
'Asignación al abrir un libro
Set wbk = Workbooks.Open("P:\Informes\Listado.xlsx")
```

Ejemplo 13: asignar al abrir o crear un libro

5. Principales propiedades de un libro

El objeto `Workbook` tiene muchas propiedades: algunas de ellas se utilizan con mucha frecuencia, mientras que otras son más específicas.

a. Acceder a las hojas de un libro: Worksheets y Sheets

Cuando se tiene un objeto `Workbook`, se puede acceder a las hojas del libro a través de la propiedad `Worksheets`.

```
'Muestra el nombre de la primera hoja del libro wbk
Debug.Print wbk.Worksheets(1).Name
```

Ejemplo 14: usar la propiedad Worksheets de un libro

b. Nombre y ruta de un libro: Name, FullName y Path

Entre las propiedades que pueden ser muy útiles, **`Path`** y **`FullName`** indican la ruta y el nombre de un libro.

```
'Mostrar la ruta donde se guarda el archivo
Debug.Print wbk.Path ' "P:\Informes"

'Mostrar el nombre del archivo
Debug.Print wbk.Name ' "Listado.xlsx"

'Mostrar el nombre completo (ruta + nombre del archivo)
Debug.Print wbk.FullName ' "P:\Informes\Listado.xlsx"
```

Ejemplo 15: nombre y ruta de un libro

c. Rangos nombrados en el ámbito del libro: Names

De la misma manera que se vio para las hojas, los rangos con nombre que se reconocen en todo el libro (a diferencia de los rangos con nombre limitados a una hoja específica del libro) son accesibles con la propiedad **`Names`**.

```
Sub ListaDeRangosNombradosLibroActivoyAgregarNuevoNombre()
  Dim w As Workbook
  Dim n As Name
  Set w = ActiveWorkbook
  For Each n In w.Names
    Debug.Print n.Name & ":" & n.RefersTo
  Next n
  'Agregar un rango nombrado apuntando a la celda A1 de la 1ª hoja
del libro
  w.Names.Add "CeldaNombradaDelLibro", w.Worksheets(1).Name & "!A1"
End Sub
```

Ejemplo 16: usar la propiedad Names a nivel del libro

6. Métodos principales de un libro

a. Activar un libro abierto: Activate

Para hacer que un libro abierto se active y luego utilizar el objeto `ActiveWorkbook`, se puede usar el método `Activate`, que no requiere ningún parámetro.

```
'Activar el 2° libro abierto
Workbooks(2).Activate
```

Ejemplo 17: usar el método Activate

b. Guardar un libro: Save, SaveAs

Una vez que haya realizado las manipulaciones que desee en un libro, puede guardarlo. Si el archivo ya existe, basta simplemente con guardarlo. El método **Save** corresponde a guardarlo, mientras que **SaveAs** permite guardar en una nueva ubicación.

```
'Guardar un libro existente
Wbk.Save
```

Ejemplo 18: usar el método Save

El método `Save` no requiere ningún parámetro, mientras que `SaveAs` permite proporcionar cierta información, además de la ubicación del archivo. La sintaxis general del método `SaveAs` es la siguiente:

```
Wbk.SaveAs ([FileName], [FileFormat], [Password], [WriteResPassword],
    [ReadOnlyRecommended], [CreateBackup], [AccessMode], [ConflictResolution],
    [AddToMru], [TextCodepage], [TextVisualLayout], [Local])
```

Ejemplo 19: sintaxis general del método SaveAs

El primer parámetro corresponde a la ruta del archivo y su nombre. El parámetro `FileFormat` permite indicar el formato del archivo; por ejemplo, un archivo csv (`xlCSV`), un archivo xls (`xlExcel8`) o un libro con macros (`xlOpenXMLWorkbookMacroEnabled`). Si se omite el parámetro, el formato será el predeterminado para la versión de Excel que se utiliza (xlsx).

La mayoría de los parámetros se han comentado en el apartado de la colección `Workbooks`.

```
'Guardar un libro Excel
Wbk.SaveAs "P:\Informes\NuevoArchivo.xlsx"

'Guardar un archivo CSV
Wbk.SaveAs "P:\Informes\ArchivoCSV.csv", xlCSV
```

Ejemplo 20: usar el método SaveAs

c. Imprimir un libro: PrintPreview, PrintOut

Una vez que haya completado el diseño de una hoja, puede ver la vista previa de impresión o imprimirla directamente.

Vista previa antes de imprimir: PrintPreview

Si quiere permitir al usuario tener una vista previa antes de imprimir la hoja del libro, puede utilizar el método **PrintPreview**.

```
'Muestra la vista previa antes de imprimir el libro Final
Workbooks("Final.xlsx").PrintPreview
```

Ejemplo 21: usar el método PrintPreview

Imprimir un libro: PrintOut

Al igual que ha visto para la impresión de hojas, el método **PrintOut** le permite imprimir a nivel del libro.

La sintaxis es idéntica a la vista con las hojas.

```
Wbk.PrintOut([From], [To], [Copies], [Preview], [ActivePrinter],
    [PrintToFile], [Collate], [PrToFileName], [IgnorePrintAreas])
```

Ejemplo 22: sintaxis general del método PrintOut

Los parámetros son idénticos a los vistos en el capítulo anterior, Manipular hojas de Excel.

D. Eventos en los libros

Después de hablar de las propiedades y los métodos del libro, pasamos a los eventos.

1. Gestión de eventos en el Editor de Visual Basic

- En el Editor de Visual Basic, para acceder a los eventos del libro, haga doble clic en ThisWorkbook en el Explorador de proyectos

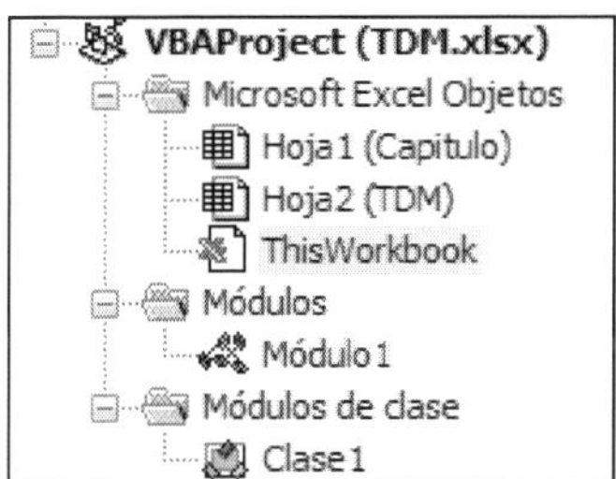

Por encima de la ventana de código hay dos cuadros de listas desplegables.

- Seleccione **Workbook** en la lista de la izquierda; en la lista de la derecha aparecen todos los eventos que Excel puede detectar automáticamente en relación con el libro.
- Seleccione el evento que le interesa.

2. Algunos eventos para los libros

Al igual que se vio en el capítulo sobre las hojas, se pueden activar instrucciones sobre eventos que tienen lugar en un libro. Ya sea al abrir, guardar o cerrar un libro, puede ser conveniente ejecutar instrucciones durante esos eventos, así como conocer algunos de ellos.

a. Abrir el libro: Workbook_Open

Cuando se abre el libro, se pueden ejecutar instrucciones, por ejemplo, para mostrar un mensaje al usuario o mostrar un formulario de bienvenida.

Las instrucciones podrían ponerse dentro de la siguiente macro:

```
Private Sub Workbook_Open()
   MsgBox "Buenos días y bienvenido", vbOKOnly
End Sub
```

Ejemplo 23: usar el evento Worbook_Open

b. Guardar el libro: Workbook_BeforeSave

Justo antes de guardar un libro, se activa un evento; puede utilizarse en VBA, por ejemplo, para indicar la fecha y la hora en una celda. Este es el procedimiento **Workbook_BeforeSave**. La sintaxis general es la siguiente:

```
Private Sub Workbook_BeforeSave(ByVal SaveAsUI As Boolean,
Cancel As Boolean)
   'instrucciones
End Sub
```

Ejemplo 24: sintaxis general del procedimiento Workbook_BeforeSave

El parámetro `SaveAsUI` es un booleano que se establece como `True` si el cuadro de diálogo `Guardar como` se muestra debido a los cambios realizados en el libro. El parámetro `Cancel` se suministra con el valor `False` al principio del procedimiento. Si las instrucciones del procedimiento cambian su valor a `True`, el libro no se guardará al final del procedimiento.

He aquí un ejemplo de instrucciones que comprueban la presencia de un valor en la celda A1 de la primera hoja en el momento de guardar, y cancelan el guardado en caso de un valor negativo.

```
Private Sub Workbook_BeforeSave(ByVal SaveAsUI As Boolean,
Cancel As Boolean)
   If ThisWorkbook.Worksheets(1).Range("A1").Value < 0 Then
     MsgBox "Trámite incompleto, repita el proceso",
vbCritical + vbOKOnly
     Cancel = True
   End If
End Sub
```

Ejemplo 25: usar el evento Workbook_BeforeSave

c. Cerrar el libro: Workbook_BeforeClose

También se pueden ejecutar instrucciones antes de cerrar un libro a través del procedimiento **Workbook_BeforeClose**.

La sintaxis general de este procedimiento es la siguiente:

```
Private Sub Workbook_BeforeClose(Cancel As Boolean)
   ' instrucciones que se ejecutarán justo antes de cerrar el libro
de trabajo
End Sub
```

Ejemplo 26: sintaxis general del procedimiento Workbook_BeforeClose

De la misma forma que para el evento de guardar, se puede cancelar el cierre del libro pasando el valor del parámetro Cancel a True durante el procedimiento.

He aquí hay un ejemplo de código que interrumpe el cierre del libro si el número de hojas de este es diferente de 5:

```
Private Sub Workbook_BeforeClose(Cancel As Boolean)
   If ThisWorkbook.Worksheets.Count <> 5 Then
      MsgBox "No ha llegado al número de hojas previstas (5). Prosiga", _
             vbCritical + vbOKOnly
      Cancel = True
   End If
End Sub
```

Ejemplo 27: usar el procedimiento Workbook_BeforeClose

d. Activar o desactivar el libro: Workbook_Activate y Workbook_Deactivate

Como se ha visto con las hojas, cuando el libro se activa o desactiva, se pueden lanzar instrucciones con las macros `Workbook_Activate` y `Workbook_Deactivate`.

```
Private Sub Workbook_Activate()
   'instrucciones que se ejecutan al activar el libro
End Sub

Private Sub Workbook_Deactivate()
   'instrucciones que se ejecutan al desactivar el libro
End Sub
```

Ejemplo 28: macros al activar y desactivar un libro

e. Agregar una hoja: Workbook_NewSheet

Cuando se añade una nueva hoja al libro, puede ejecutar una serie de instrucciones a través del procedimiento **`Workbook_NewSheet`**. El objeto añadido se pasa como parámetro Sh.

```
Private Sub Workbook_NewSheet(ByVal Sh As Object)
   'al agregar una hoja
   MsgBox "Se agregó la hoja: " & Sh.Name
End Sub
```

Ejemplo 29: activar instrucciones al agregar una hoja al libro

f. Eventos para cada hoja del libro

Si algunos de los eventos vistos en el capítulo anterior sobre las hojas se aplican a una hoja en particular, también se puede hacer que cada hoja del libro sea tomada en cuenta por el procedimiento. He aquí algunos ejemplos.

```
Private Sub Workbook_SheetActivate(ByVal Sh As Object)
   'Activar una hoja dentro de un libro,
   'SH es la hoja que se pasa como parámetro
End Sub

Private Sub Workbook_SheetBeforeRightClick(ByVal Sh As Object, ByVal
Target As Range, Cancel As Boolean)
   'Evento clic derecho sobre la hoja,
   'Sh es la hoja, Target es la celda implicada y
   'Cancel permite anular el evento
End Sub

Private Sub Workbook_SheetBeforeDelete(ByVal Sh As Object)
   'Evento en caso de supresión de una hoja,
   'Sh se pasa como parámetro del procedimiento
End Sub
```

Ejemplo 30: distintos eventos de hojas a nivel del libro

E. Manipular datos de varios libros

Para retomar varios elementos vistos en este capítulo, he aquí un ejemplo de código que tiene por objetivo:

- crear un nuevo libro,
- añadirle una hoja en la segunda posición, que se llamará B,
- copiar los datos de la hoja A que se encuentra en el libro en el que se está ejecutando el código (`ThisWorkbook`),
- y pegarlos en la hoja B del nuevo libro,
- borrar la primera hoja del libro,
- guardar el nuevo libro en el directorio P:\Informe con la fecha actual en el formato AAAA_MM_DD,
- cerrar el libro.

```
Sub EjemploDeManipulacion()
   'Declaraciones
   Dim wbk As Workbook
   Dim wsh As Worksheet
   'Asignaciones
   Set wbk = Workbooks.Add
   Set wsh = wbk.Worksheets.Add(After:=wbk.Worksheets(1))
   'Renombrar
   wsh.Name = "B"
   'Copiar datos de la hoja A
   ThisWorkbook.Worksheets("A").UsedRange.Copy
   'Pegar en la hoja B
   wsh.Range("A1").PasteSpecial
   'Borrar la primera hoja
   wbk.Worksheets(1).Delete
   'Guardar el libro
   wbk.SaveAs "P:\Informe\" & Format(Date, "YYYY_MM_DD") & " .xlsx"
   'Cerrar el libro
   wbk.Close
End Sub
```

Ejemplo 31: manipular datos en un libro

F. Ejercicios

Como parte de los siguientes ejercicios, se encargará de crear una hoja llamada `Ejercicios_ManipulacionesLibro`. Algunos de los ejercicios utilizarán los datos que coloque allí.

1. Usar ThisWorkbook

a. Ubicación del libro

✎ Cree la macro **`MostrarUbicacionLibro`**.

Esta macro mostrará la ubicación del libro.

✎ Ejecute la macro (ubicación del archivo).

b. Nombre de la hoja activa

✎ Cree la macro **`MostrarNombreHojaActivaEnELibro`**.

Esta macro mostrará el nombre de la hoja activa del libro.

✎ Active una hoja del libro y ejecute la macro **`MostrarNombreHojaActivaEnElLibro`** (nombre de la hoja activa).

2. Crear, guardar y cerrar un libro

a. Crear un libro

✎ Cree la macro **`CrearLibroYMostrarNombreHojas`**.

Esta macro creará un libro y luego mostrará el número de hojas de este.

✎ Ejecute la macro `CrearLibroYMostrarNombreHojas` (1).

✎ Cierre manualmente el libro después de haber ejecutado la macro `CrearLibroYMostrarNombreHojas`.

b. Guardar un nuevo libro

✎ Cree la macro **`EtapasCompletasLibro`**.

Esta macro deberá crear un libro.

En este nuevo libro, la macro añadirá una hoja llamada `Temp` y luego guardará el libro. El nombre del libro (sin su extensión `xlsx`) está en la celda `A1` de la hoja **`Ejercicios_ManipulacionesLibro`** que ha creado. La carpeta donde se guarda el libro será la misma que la del libro donde se encuentra su código.

✎ Rellene la celda A1 de la hoja `Ejercicios_ManipulacionesLibro` y ejecute la macro `EtapasCompletasLibro`. Verifique que el libro se ha guardado en la misma carpeta que la del libro en la que se encuentra su código.

c. Cerrar un libro

Para este ejercicio, el libro creado en el ejercicio anterior deberá estar abierto.

✎ Cree la macro **CerrarLibro**.

Esta macro debe cerrar el libro cuyo nombre está en la celda A1 de la hoja Ejercicios_ManipulacionesLibro.

✎ Ejecute la macro CerrarLibro. Verifique que el libro se ha cerrado.

Capítulo 16

Manipular la aplicación Excel

A. Objetivos 267
B. Objeto Application 267
C. Propiedades del objeto Application 269
D. Métodos del objeto Application 272
E. Ejercicios 274

A. Objetivos

Hasta ahora ha visto los objetos más básicos que puede manejar Excel, las celdas. También ha descubierto las hojas y los libros.

El nivel más alto de esta jerarquía es la propia aplicación Excel.

Este capítulo trata las propiedades y los métodos que se pueden utilizar en VBA para configurar la aplicación Excel. También explicará cómo iniciar una nueva aplicación Excel o simplemente salir de ella.

Por último, encontrará algunos ejercicios que le permitirán trabajar sus nuevos conocimientos.

B. Objeto Application

El objeto **`Application`** es el objeto más «alto» en la jerarquía de objetos que puede manipular con Excel. Este objeto VBA representa la propia aplicación Excel, es decir, el programa Excel.exe que se ejecuta en su ordenador.

Tenga en cuenta que este objeto **`Application`** también existe en otras aplicaciones de Office/Microsoft 365 (Word, Outlook o Access, por ejemplo). Por lo tanto, si necesita manipular varias aplicaciones en su programa (¡una aplicación Word se puede dirigir desde el código VBA de Excel!), tendrá que hacer preceder el objeto Application con la propia aplicación, **`Excel.Application`**.

1. Declarar la aplicación Excel

Como ha visto en los capítulos anteriores, el primer paso para poder utilizar un objeto a través de una variable es declarar dicha variable. La declaración se hace simplemente así:

```
Dim xlApp As Application
'o de otra forma
Dim xlApp As Excel.Application
```

Ejemplo 1: declarar una variable de tipo Application

El simple hecho de declarar una variable de este tipo no es suficiente para iniciar una nueva aplicación Excel. Primero debe asignar un valor a esta variable para iniciarla.

2. Ejecutar una nueva aplicación Excel o usar la actual

Para que la variable que ha declarado sea utilizable, se le debe asignar un valor.

Para ejecutar una nueva aplicación Excel, que se abrirá además de aquella en la que ya está abierto su libro, la instrucción será la siguiente:

```
Dim xlApp As Excel.Application
'Ejecutar una nueva aplicación Excel
Set xlApp = New Excel.Application
'Usar la aplicación Excel del libro en la que el código está situado
Set xlApp = ThisWorkbook.Application
```

Ejemplo 2: ejecutar una nueva aplicación Excel

Puede ver la palabra clave **New** que desencadena la creación de una aplicación en su ordenador.

También puede, en este caso, declarar y ejecutar una nueva aplicación Excel en una sola línea, así:

```
Dim xlApp As New Excel.Application
```

Ejemplo 3: declarar y ejecutar una aplicación Excel en una sola instrucción

Una vez iniciada la aplicación, esta permanece abierta hasta que su programa o el usuario cierren voluntariamente la ventana o el proceso de Excel que se ha creado.

3. Cerrar una aplicación Excel: Quit

El método que permite cerrar una aplicación Excel es **Quit**.

```
'Declarar
Dim xlApp As Excel.Application
'Asignar
Set xlApp = New Excel.Application
'Usar
'Sus instrucciones con el objeto xlApp
'Cerrar
xlApp.Quit
```

Ejemplo 4: cerrar una aplicación Excel

Una vez cerrada la aplicación, la variable **xlApp** tendrá el valor de **Nothing** y no podrá utilizar sus propiedades o métodos.

4. Propiedad común a los objetos: Parent

Para los objetos relacionados con Excel que ha descubierto hasta ahora, existe una jerarquía. Una celda está incluida en una hoja, que está incluida en un libro, que está abierto en una aplicación. Esta noción de jerarquía se puede utilizar a través de la propiedad **Parent** que tienen los objetos **Range**, **Cells**, **Worksheet** y **Workbook**.

Así, usted puede utilizar esta propiedad para trabajar a un «nivel superior» al del objeto al que apunta directamente su código.

```
'Cambiar el nombre de la hoja a partir de una celda
'Range("A1").Parent.Name = "Nuevo Nombre"
'Conocer la ruta del libro que contiene una hoja
Debug.Print Worksheets("Hoja Ejemplo").Parent.Path
```

Ejemplo 5: usar la propiedad Parent para apuntar los objetos

C. Propiedades del objeto Application

Esta sección le presenta algunas de las muchas propiedades que ofrece el objeto **Application**.

1. Objetos activos: ActiveXX

Ya sea que se trate de una celda, una hoja o un libro, existe una propiedad para apuntar directamente el objeto activo a partir del objeto **Application**.

```
'Obtener el nombre del libro activo
Debug.Print Application.ActiveWorkbook.Name
'Obtener el nombre de la hoja activa
Debug.Print Application.ActiveSheet.Name
```

```
'Obtener la dirección de la celda activa
Debug.Print Application.ActiveCell.Address
```

Ejemplo 6: usar las propiedades Active del objeto Application

2. Propiedades de despliegue: DisplayXX, Visible

Entre los elementos que Excel despliega, varios pueden ser manipulados a través de instrucciones VBA.

a. Mensaje de advertencia: DisplayAlerts

Cuando inserte o elimine celdas u hojas, Excel le preguntará si está seguro de querer realizar esta acción.

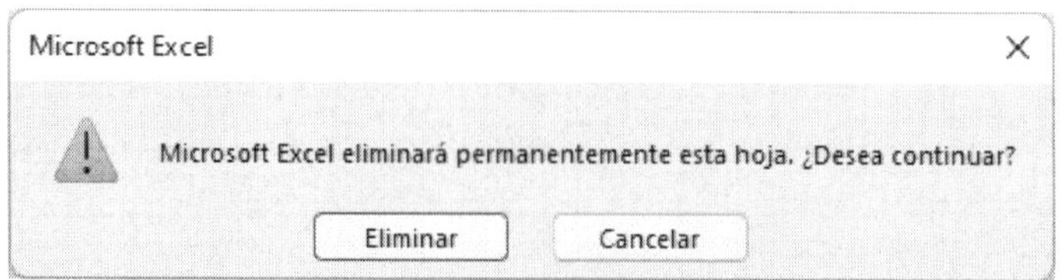

Esta indicación puede manipularse en VBA utilizando la propiedad **DisplayAlerts**, que contiene un valor booleano.

```
'Activar mensaje de alerta
Application.DisplayAlerts = True
'Desactivar mensaje de alerta
Application.DisplayAlerts = False
```

Ejemplo 7: activar o desactivar mensajes de alerta de Excel

b. Mostrar la barra de fórmulas: DisplayFormulaBar

La barra de fórmulas situada debajo de la cinta de opciones de Excel puede hacerse visible o invisible utilizando la propiedad **DisplayFormulaBar**.

Esta propiedad es un valor booleano.

```
'Mostrar la barra de fórmulas
Application.DisplayFormulaBar = True
'Ocultar la barra de fórmulas
Application.DisplayFormulaBar = False
```

Ejemplo 8: mostrar u ocultar la barra de fórmulas

c. Mostrar la barra de estado: DisplayStatusBar

Si desea ocultar la barra de estado, situada en la parte inferior de la aplicación Excel, puede hacerlo usando la propiedad **`DisplayStatusBar`**.

```
'Mostrar la barra de estado
Application.DisplayStatusBar = True
'Ocultar la barra de estado
Application.DisplayStatusBar = False
```

Ejemplo 9: mostrar u ocultar la barra de estado

d. Mostrar u ocultar la aplicación Excel: Visible

Del mismo modo que ha visto que una hoja se puede ocultar, tiene la posibilidad de ocultar o mostrar la aplicación Excel, a través de su propiedad **`Visible`**.

```
'Hacer visible la aplicación Excel
Application.Visible = True
'Ocultar la aplicación Excel
Application.Visible = False
```

Ejemplo 10: usar la propiedad Visible del objeto Application

3. Modo de cálculo: Calculation

Cuando se añaden fórmulas a las celdas, los cálculos pueden llevar mucho tiempo y ralentizar el proceso. Si tiene miles de fórmulas en un libro, a veces parece que Excel da la impresión de congelarse. Para evitar este inconveniente y poder agregar fórmulas sin tener que esperar a que se hagan cálculos intermediarios, puede utilizar la propiedad **`Calculation`** del objeto `Application`.

Las opciones de cálculo se encuentran en la pestaña **Fórmulas** de Excel.

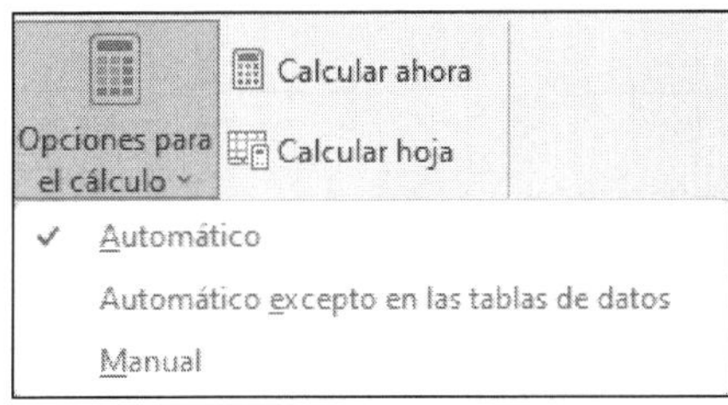

Las tres opciones de cálculo tienen los siguientes valores en VBA:

```
'Opciones de cálculo
Application.Calculation = xlCalculationAutomatic        'Automático
Application.Calculation = xlCalculationSemiautomatic    'Automático
excepto en las matrices de datos
Application.Calculation = xlCalculationManual           'Manual
```

Ejemplo 11: opciones de cálculo posibles en la aplicación

4. Habilitar eventos o sonidos: EnableEvents, EnableSound

De la misma forma que puede desactivar temporalmente la opción de cálculo (pasando a **Manual**), también es posible desactivar la activación de procedimientos de eventos en su aplicación o silenciar el sonido que emite Excel durante los avisos.

a. Habilitar procedimientos basados en eventos: EnableEvents

Ya hemos visto este punto en el capítulo Manipular hojas de Excel, así que no dude en consultarlo nuevamente.

b. Habilitar sonido: EnableSound

Puede ocurrir que los mensajes de advertencia que Excel muestra con frecuencia se vuelvan irritantes. Además de poder desactivarlos, también puede silenciar el sonido de Excel. La propiedad **EnableSound** le permite gestionar este aspecto de la aplicación.

```
'Deshabilita el sonido
Application.EnableSound = False
'Habilita el sonido
Application.EnableSound = True
```

Ejemplo 13: gestionar el sonido de la aplicación Excel

D. Métodos del objeto Application

Muchos de estos métodos ya se han visto en los otros objetos de Excel tratados en los capítulos anteriores. Sin embargo, aquí hay dos métodos que pueden permitirle gestionar sus programas de forma más eficaz.

1. Navegar en el Explorador de archivos: GetOpenFileName

Cuando quiera dar a un usuario la opción de seleccionar un archivo para abrirlo, Excel mostrará el cuadro de diálogo **Abrir** para navegar por el **Explorador de archivos**. Esta interfaz se puede reproducir en VBA utilizando el método **GetOpenFileName**.

Este método permite recuperar la ruta del archivo que el usuario ha elegido.

La sintaxis general de este método es la siguiente:

```
Application.GetOpenFileName([FileFilter], [FilterIndex], [Title],
    [ButtonText], [MultiSelect])
```

Ejemplo 14: sintaxis general del método GetOpenFileName

Los parámetros son opcionales.

`FileFilter` es una cadena que permite especificar los criterios para filtrar los archivos. En ella indicará las extensiones de archivo que se podrán seleccionar. Si no se da ningún valor, se pueden seleccionar todos los archivos.

```
'Filtro sobre los archivos de texto o Excel
Application.GetOpenFilename("Archivos de texto (*.txt),*.txt,
Archivos Excel(*.xlsx;*.xls;*.xlsm),*.xlsx;*.xls;*.xlsm")
```

Ejemplo 15: usar el parámetro FileFilter en GetOpenFileName

Cuando se ejecute la instrucción, los filtros quedarán visibles de la siguiente forma:

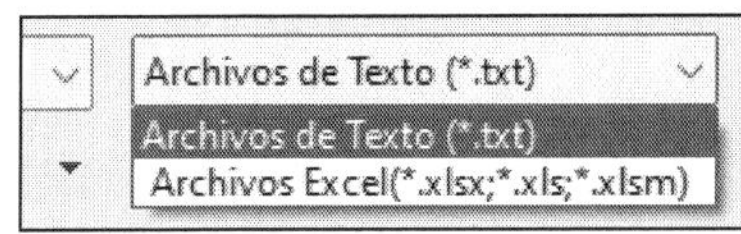

El segundo parámetro `FilterIndex` permite, cuando se ha rellenado el parámetro `FileFilter`, especificar qué filtro estará activo de forma predefinida. Si se omite el parámetro, se utilizará el valor `1`, aplicando el primer filtro de forma predefinida.

El parámetro `Title` (Título en español), de tipo cadena, permite especificar un título para la ventana que tiene el valor `Abrir` de forma predefinida.

El parámetro `ButtonText` solo está disponible para los usuarios de Macintosh. Con él usted puede especificar el texto que se muestra en el botón **Abrir**.

Por último, el parámetro `MultiSelect` permite especificar si el usuario puede seleccionar varios archivos (`True`) o solo uno (`False`). Solo se puede seleccionar un archivo de forma predefinida.

Cuando el usuario selecciona un archivo, este método devuelve una cadena que corresponde a la ruta completa del archivo seleccionado.

Si el usuario prefiere hacer clic en **Cancelar** o cerrar la ventana sin seleccionar un archivo, el valor devuelto será el valor booleano `False`. Por último, si el usuario selecciona varios archivos, el tipo devuelto será **`Array`**.

Para poder manipular el valor devuelto por este método, se utilizará una variable de tipo **Variant**, que puede gestionar los tres casos.

```
Dim Regresa As Variant
Regresa = Application.GetOpenFileName(MultiSelect :=True)
If Regresa = False Then
   'Caso en el que el usuario cierra la ventana
Else If IsArray(Regresa) Then
   'Caso en el que el usuario selecciona varios archivos
   Dim i As Integer
   For i = LBound(Regresa) To UBound(Regresa)
       'usado a través de Regresa(i)
   Next i
Else
   'Caso en el que el usuario elige un solo archivo
End If
```

Ejemplo 16: gestionar distintos casos de uso de la ventana Abrir

Para facilitar el manejo de los archivos señalados por el usuario, asegúrese de utilizar los parámetros más adecuados a sus necesidades, limitando al máximo su elección y, así, hacer más eficiente la aplicación.

E. Ejercicios

1. Ejecutar una nueva aplicación Excel

- Cree la macro **AbrirNuevaAplicacionExcel**.

Esta macro debe declarar una variable de tipo **Excel.Application** y abrir una nueva aplicación.

- Ejecute la macro **AbrirNuevaAplicacionExcel** y verifique que se abre una nueva aplicación Excel.

2. Obtener objetos activos

- Cree la macro **MostrarNombresObjetosActivos**.

Esta macro mostrará el nombre del libro activo, luego el nombre de la hoja activa y finalmente el valor de la celda activa.

- Introduzca un valor en la celda activa y ejecute la macro (la visualización debe coincidir con los valores esperados).

3. Recorrer algunos archivos

✎ Cree la macro **MostrarNombreArchivosSeleccionados**.

Esta macro deberá mostrar una ventana **Abrir** (`GetOpenFileName`), con el título **Elija sabiamente**. El usuario deberá tener la posibilidad de elegir varios archivos; la extensión de los archivos será `*.txt`.

Una vez que el usuario haya elegido 0, 1 o más archivos, la macro mostrará **Ningún archivo** si el usuario ha elegido 0, o mostrará todos los archivos seleccionados mediante un `MsgBox`.

✎ Ejecute la macro `MostrarNombreArchivosSeleccionados`; asegúrese de que su código toma en cuenta los tres casos posibles.

Capítulo 17

Manipular fórmulas

A. Objetivos 279

B. Fórmulas en Excel 279

C. Fórmulas en VBA 280

D. Usar sus propias funciones en las fórmulas de Excel 288

E. Usar fórmulas de Excel directamente en VBA - WorksheetFunction 288

F. Opciones de cálculo y cálculo en una hoja o libro 291

G. Ejercicios 292

A. Objetivos

En este capítulo descubrirá las diferentes formas de escribir fórmulas en las celdas.

Antes de pasar a las fórmulas en VBA y a la clase `WorksheetFunction`, le recordaremos la pestaña **Fórmulas** de Excel.

Terminará este capítulo con ejercicios para validar sus nuevos conocimientos.

B. Fórmulas en Excel

Existen centenares de fórmulas disponibles en Excel e incluso un usuario muy avanzado solo utilizará una mínima parte de ellas. Sin necesidad de ser un experto en fórmulas y funciones de Excel, he aquí un breve recordatorio de la pestaña **Fórmulas** de la cinta de opciones de Excel y de algunos de los errores de salida de las fórmulas con los que tendrá que lidiar en VBA.

1. Pestaña Fórmulas

En la cinta de opciones de Excel, las fórmulas tienen su propia pestaña dedicada.

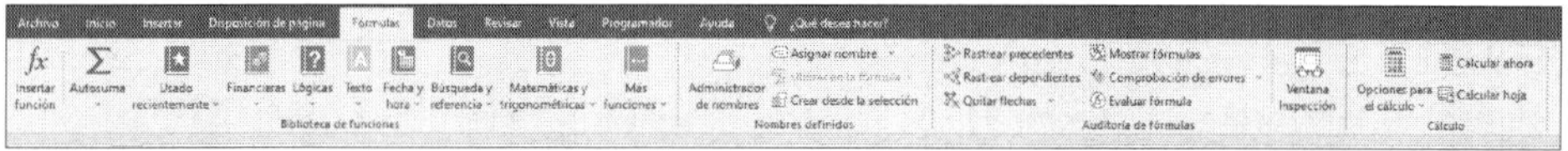

La cinta de opciones tiene un grupo **Biblioteca de funciones** en el que se agrupan las fórmulas por categorías.

Puede introducir sus propias fórmulas directamente en las celdas o en la barra de fórmulas.

Las fórmulas comienzan con el signo = y utilizan tanto funciones de Excel como celdas o valores escritos «directamente».

```
=A1+B2
=AÑO(C3)
=TEXTO(AHORA(); "AAAA-MM")
```

Ejemplo 1: diferentes tipos de fórmulas de Excel

Cada una de estas fórmulas proporciona un valor como salida, de diferentes tipos de datos, según los valores y funciones utilizadas (texto, valor numérico, fecha, booleano, etc.).

2. Errores en la salida de las fórmulas

Cuando se ejecutan fórmulas que devuelven errores, por ejemplo en una búsqueda que no encuentra ningún resultado (con **BUSCARV**), las celdas muestran errores como #DIV/0!, #N/A!, #NAME? o #REF!.

En las secciones de este capítulo verá que los errores en las fórmulas pueden gestionarse con sus programas VBA.

C. Fórmulas en VBA

Como descubrirá en las siguientes secciones, hay varias formas de escribir fórmulas en VBA. Dependiendo de su fluidez con la lengua de Shakespeare o de sus limitaciones empresariales, tendrá que usar uno u otro método.

1. Usar inicialmente la grabadora de macros

Para empezar, utilice la grabadora de macros para ver qué código predefinido se genera cuando se añaden fórmulas a las celdas.

a. Manipulaciones por realizar

He aquí los cinco pasos que se deben realizar:

1 - Rellenar las celdas

En un libro nuevo o existente, introduzca los siguientes datos en las celdas A1 a C3:

	A	B	C
1	Identificador		
2		Empleado	Rama
3	1	Martín Juárez	Contabilidad
4	2	Gerardo Pérez	RH

2 – Ejecutar la grabadora de macros

- Como se vio en el capítulo La grabadora de macros, inicie la grabadora de macros y nombre la macro **Macro1**.

3 – Agregar las fórmulas

- En la celda D1, agregue la fórmula: =BUSCARV(1;A:C;3;FALSO)
- En la celda E1, agregue la fórmula: =BUSCARV("Martín Juárez";B:C;2;FALSO)

4 – Detener la grabadora de macros

- Detenga la grabadora de macros tal y como vio en el capítulo La grabadora de macros.

5 – Analizar el código generado automáticamente

- Acceda a la interfaz VBE; este es el código que debería ver en el módulo recién creado:

```
Sub Macro1()
   Range("D1").Select
   ActiveCell.FormulaR1C1 = "=VLOOKUP(1,C[-3]:C[-1],3,FALSE)"
   Range("E1").Select
   ActiveCell.FormulaR1C1 = "=VLOOKUP(""Martín Juárez"",
C[-3]:C[-2],2,FALSE)"
End Sub
```

Ejemplo 2: código generado por la grabadora de macros

b. Análisis del código generado por la grabadora de macros

La primera línea de la macro consiste en seleccionar la celda D1, que a estas alturas ya conoce.

```
Range("D1").Select
```

La segunda línea utiliza la celda activa (D1) para asignarle una fórmula a través de la propiedad **FormulaR1C1**, que verá con más detalle en la siguiente sección.

```
ActiveCell.FormulaR1C1 = "=VLOOKUP(1,C[-3]:C[-1],3,FALSE)"
```

La fórmula se aplica directamente a nivel de una celda de tipo `Range/Cells`.

Puede ver que la fórmula se pasa como una cadena, con el signo = como primer carácter, como lo que usted introdujo manualmente.

Lo que puede constatar a continuación es que la fórmula que tiene en cuenta la grabadora de macros está escrita en inglés (VLOOKUP corresponde a BUSCARV en las fórmulas de Excel). Por otro lado, en nuestro ejemplo, el carácter separador de los parámetros de la función de Excel, inicialmente un punto y coma (;), se transforma en una coma (,).

Luego, se utiliza la notación R1C1 para representar las celdas en relación con las demás. El número entre corchetes permite determinar el desplazamiento; las letras R y C indican las filas (*Row* en inglés) y las columnas (*Column*) respectivamente.

Finalmente, en la última línea de la macro, puede ver que las comillas de la fórmula de Excel se han duplicado en la fórmula de VBA.

```
ActiveCell.FormulaR1C1 = "=VLOOKUP(""Martín Juárez"",
C[-3]:C[-2],2,FALSE)"
```

Una vez abordados estos detalles, puede continuar con las propiedades relacionadas con la fórmula que propone VBA.

2. Escribir una fórmula en una celda con VBA

Entre las distintas propiedades vinculadas a las fórmulas, la que se utiliza con más frecuencia es `Formula`, pero también verá en esta sección las demás propiedades, especialmente `FormulaLocal` cuando quiera trabajar con los nombres de las fórmulas en el idioma correspondiente a su versión de Excel, ya sea español, inglés o cualquier otro.

Como ya se ha visto en la sección anterior, la sintaxis de las fórmulas en VBA será muy similar a la que está acostumbrado a usar en Excel.

Así, la siguiente sentencia escribirá la fórmula **=A2+A3** en la celda A1:

```
Range("A1").Formula = "=A2+A3"
```

Ejemplo 3: sintaxis simple de una fórmula utilizando Formula

Cuando se escribe una fórmula en una celda, se le pasa una cadena. Por lo tanto, todo el trabajo residirá en la construcción de dicha cadena. Como se vio en el capítulo Variables y constantes, es posible concatenar cadenas e integrar variables en las cadenas.

Las siguientes instrucciones le dan el mismo resultado que las del ejemplo 3:

```
Dim i As Integer
i = 2
Range("A1").Formula = "=A" & i & "+A" & i + 1
```

Ejemplo 4: escribir una fórmula por concatenación

Los signos aritméticos son los mismos que se utilizan en las fórmulas.

```
'Escribir la fórmula =A3*B5/7 en la celda C5
Range("C5").Formula = "=A3*B5/7"
```

Ejemplo 5: los signos aritméticos no cambian en Formula

Las primeras dificultades llegarán con las funciones de Excel. De nuevo, no es necesario conocer todos los equivalentes en inglés, ya que utilizando **`FormulaLocal`** en lugar de `Formula` los nombres de las funciones se pueden usar en el idioma correspondiente a su versión de Excel.

Así, las siguientes instrucciones permiten añadir una función SUMA a la celda **A5**:

```
Range("A5").FormulaLocal = "=SUMA(A1:A4 )"
'y su equivalente en Formula
Range("A5").Formula = "=SUM(A1:A4)"
```

Ejemplo 6: FormulaLocal permite escribir fórmulas en español

Como ha visto en la sección anterior, el otro punto que hay que tener en cuenta es el carácter de separación entre los parámetros de la función. Debe mantener el punto y coma cuando trabaja con fórmulas en español, mientras que debe utilizar la coma si trabaja en inglés.

```
'Escribir una fórmula en la celda A2 para obtener los 5 caracteres
'de la izquierda que están en la celda A1
Range("A2").FormulaLocal = "=IZQUIERDA(A1;5)"
Range("A2").Formula = "=LEFT(A1,5)"
```

Ejemplo 7: carácter separador: punto y coma o coma según la propiedad utilizada

Este error es común cuando se hacen malabarismos entre los dos idiomas para escribir fórmulas.

También es importante saber quién va a utilizar su archivo de Excel. De hecho, si todos los usuarios usan la misma versión en español de Excel, puede usar la propiedad **FormulaLocal** sin riesgo de error. Si, por el contrario, algunos de sus usuarios trabajan con versiones de Excel en otros idiomas, aparecerá el error #¿NOMBRE? en la celda.

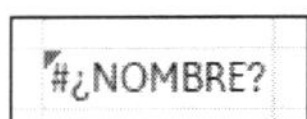

Además, si utiliza fórmulas relacionadas con la fecha, no olvide que el formato español (DD/MM/AAAA) no será necesariamente idéntico para todos los usuarios. El formato usado en Japón, China y otros países, por ejemplo, es AAAA-MM-DD. Y cuando quiera utilizar los formatos en sus fórmulas, piense en las letras que debe usar.

```
'Escrito la función TEXTO en la celda G1 la función TEXTO, pasando el formato
'DD-MMM-YYYY mostrará la fecha de la celda R2 en el formato 15-Sep-2024
Range("G1").FormulaLocal = "=TEXTO(R2;""DD-MMM-YYYY"")"
Range("G1").Formula = "=TEXT(R2,""DD-MMM-YYYY"")"
```

Ejemplo 8: los formatos de fecha en las fórmulas son una fuente frecuente de errores

El último punto por recordar sobre las fórmulas es también el hecho de tener comillas dentro de las fórmulas de Excel, como se ve en el ejemplo anterior. Deberá recordar duplicar estas comillas para que la fórmula siga siendo correcta para el programa.

```
'Escribir una fórmula que concatene A1, un guion - y A2
'en la celda A3
Range("A3").FormulaLocal = "=A1&""-""&A2"
```

Ejemplo 9: recordar las comillas dobles en las fórmulas

Si tiene dudas sobre la sintaxis que debe utilizar, considere utilizar la grabadora de macros.

3. Distintas propiedades de las fórmulas

Aunque hasta ahora ha visto las propiedades `Formula` y `FormulaLocal`, la grabadora de macros vista al principio del libro también mostraba **`FormulaR1C1`**. Para ayudarle a orientarse en las diferentes propiedades y saber cuál debe utilizar según sus necesidades, he aquí algunas explicaciones. Todas las propiedades están accesibles tanto en lectura como en escritura, lo que significa que puede leer las fórmulas contenidas en una celda y escribir otras nuevas.

Tenga en cuenta que, si apunta a una celda que no utiliza una fórmula, sino que contiene un simple valor, la propiedad devolverá el valor sin el signo = como primer carácter.

a. Fórmulas en formato internacional: Formula

Cuando trabaja en una empresa internacional, sus usuarios pueden utilizar versiones de Excel en varios idiomas: la propiedad **`Formula`**, que impone una escritura en inglés de las fórmulas, es la que debe utilizar en prioridad.

Aunque la mayoría de las fórmulas que usará no serán especialmente difíciles, recuerde los tres puntos siguientes:

- Nombre de las funciones de Excel en inglés,
- La coma , es el separador de parámetros,
- Las comillas " deben duplicarse para que aparezcan correctamente en la fórmula de Excel.

```
Range("D1").Formula = "=VLOOKUP(""Martín Juárez"",A2:C3,2,FALSE)"
```

Ejemplo 10: instrucción que respeta la sintaxis de las fórmulas usando Formula

b. Fórmulas en formato regional: FormulaLocal

Cuando solo cuenta con usuarios que disponen de una versión de Excel en español, todos ellos podrán utilizar su aplicación y el paso por la propiedad **`FormulaLocal`** es posible. A continuación, bastará con pasar la fórmula tal y como la habría escrito en la celda de Excel, utilizando los nombres de las funciones en español.

```
'Obtener el número de caracteres de la celda A2 y colocarlo en la celda A3
Range("A3").FormulaLocal = "=LARGO(A2)"
```

Ejemplo 11: instrucción usando FormulaLocal

c. Fórmulas con referencia relativa: FormulaR1C1, FormulaR1C1Local

Cuando se desea escribir fórmulas, pero no se tiene la posibilidad de conocer de antemano las coordenadas de las celdas implicadas, se pueden utilizar fórmulas de referencia relativa.

Las propiedades que permiten utilizar una fórmula con notación relativa son **FormulaR1C1** (internacional) y **FormulaR1C1Local** (regional).

```
'Escribir una fórmula en la celda activa para conocer el número
'de caracteres de la celda a la derecha y una fila abajo
ActiveCell.FormulaR1C1 = "=LEN(R[1]C[1])"
ActiveCell.FormulaR1C1Local = "=LARGO(R[1]C[1])"
```

Ejemplo 12: usar la notación relativa usando FormulaR1C1 o FormulaR1C1Local

Estas propiedades pueden ayudarle si no conoce de antemano las columnas y filas de las celdas que intervienen en sus fórmulas.

d. Fórmulas matriciales: FormulaArray

Cuando quiera insertar una fórmula matricial en una celda o en un rango de celdas, puede utilizar la propiedad **FormulaArray**.

Recuerde: una fórmula matricial se valida en Excel con la combinación de teclas [Ctrl] [Mayús] [↵]; la fórmula se encierra entonces entre llaves {}:

{=SUMA(A2:A27*C2:C27)}

La fórmula se utilizará entonces con los nombres de las funciones en inglés. La imagen anterior se obtiene tras la ejecución de la siguiente línea.

```
Range("D1").FormulaArray = "=SUM(A2:A27*C2:C27)"
```

Ejemplo 13: usar la propiedad FormulaArray para una fórmula matricial

Puede ver que las llaves no son necesarias en la fórmula.

4. Ocultar una fórmula en una hoja protegida: FormulaHidden

Cuando se hace un uso más avanzado de los libros de Excel, incluyendo las hojas protegidas, se puede especificar si una fórmula se oculta o no cuando la hoja está protegida. La propiedad **FormulaHidden** es un valor booleano que se puede leer y modificar.

```
Range("A1").FormulaHidden = True
```

Ejemplo 14: ocultar una fórmula cuando la hoja está protegida con FormulaHidden

Nótese que no se debe confundir la propiedad `FormulaHidden`, que concierne a la fórmula, y la propiedad `Hidden`, que indica si una fila o columna está oculta.

5. Gestión de errores en los resultados de las fórmulas

Una vez que una celda tiene una fórmula, el valor del resultado de esta se proporciona directamente pasando a través de la propiedad **`Value`**.

Al utilizar fórmulas en Excel, es posible que se produzcan errores. Las celdas se identifican con un triángulo en la esquina superior izquierda. Los errores pueden ser de varios tipos, por lo que debe tener en cuenta que esto tiene un impacto en las instrucciones VBA que utiliza.

En estos casos, el valor devuelto por la propiedad **`Value`** contendrá un error y el programa no podrá utilizar el valor como usted lo desea. Sin embargo, hay dos maneras de evitar este problema.

a. Reforzar sus fórmulas de Excel: ESERROR o SI.ERROR

Para que sus fórmulas sean más robustas, se pueden reforzar utilizando funciones dedicadas, como `ESERROR` o `SI.ERROR`, para asegurar que al menos un valor predefinido sea devuelto por su fórmula.

Por ejemplo, para evitar un error #N/D con una fórmula `BUSCARV`, puede encapsularla de la siguiente forma, asegurándose de que, en caso de que la búsqueda no devuelva un valor, tendrá un texto predefinido **No se encontró ningún valor**.

```
=SI.ERROR(BUSCARV(40;A:B;2;FALSO);"No se encontró ningún valor")
```

b. Adaptar su código VBA: IsError y CVErr

Si las fórmulas ya existen y necesita lidiar con los errores que puedan devolver, puede adaptar su código en consecuencia.

Hay muchas formas de tratar los errores en VBA, que verá con más detalle en el capítulo Gestión de errores y depuración pero, en lo que respecta a las fórmulas, he aquí dos que le serán útiles.

La función **`IsError`**, que toma una expresión como parámetro y devuelve **`True`** si la expresión es un valor de error.

```
If IsError(ActiveCell.Value) Then
   MsgBox "La celda activa tiene un error", vbCritical + vbOKOnly
End If
```

Ejemplo 15: usar la función IsError

El otro enfoque que puede ayudarle a determinar el error devuelto por sus fórmulas es utilizar la función **CVErr**. Esta le permite especificar el número de error devuelto por la celda. Esta función toma como parámetro un valor numérico que representa el número de error. Así, se puede comparar la propiedad **Value** de la celda con un número de error específico.

```
If ActiveCell.Value = CVErr(2007) Then
   MsgBox "¡La celda intenta dividir entre 0!", vbCritical + vbOKOnly
End If
```

Ejemplo 16: usar CVErr para determinar un error en la fórmula

c. Tabla de números de error encontrados

Como no es necesario conocer los números de error de memoria, existen constantes de Excel para representarlos a través de la función CVErr.

A continuación se muestra una tabla que resume los errores de fórmulas:

Errores en Excel	Número de error en VBA	Constante Excel
#¡NULO!	2000	xlErrNull
#¡DIV/0!	2007	xlErrDiv0
#!VALOR!	2015	xlErrValue
#¡REF!	2023	xlErrRef
#¿NOMBRE?	2029	xlErrName
#¡NUM!	2036	xlErrNum
#N/D	2042	xlErrNA

¡Cuidado!, si su celda solo muestra almohadillas #########, puede ser simplemente que haya que adaptar el ancho de la columna o que haya realizado cálculos con fechas y el resultado sea negativo.

En este caso, la propiedad **Value** de la celda devolverá un valor válido y es Excel el que no es capaz de mostrar el valor en el formato solicitado en este caso.

D. Usar sus propias funciones en las fórmulas de Excel

Otra posibilidad muy práctica con VBA es utilizar sus propias funciones directamente en las celdas de Excel.

Hacerlo es muy sencillo. Las funciones que desee utilizar en las fórmulas tendrán que escribirse en módulos (no en **ThisWorkbook**, en las hojas ni en los módulos de clase). El ámbito de las funciones también debe ser **Public**.

He aquí un ejemplo de una fórmula que devuelve el valor 1.

```
Public Function Devuelve1() As Integer
   Devuelve1=1
End Function
```

Ejemplo 17: hacer que una función personalizada esté disponible en las fórmulas

Una vez escritas estas pocas líneas, al ir a una celda de Excel y escribir el nombre de la función, esta aparecerá en la lista de funciones disponibles, respetando las mayúsculas y minúsculas del nombre.

Cuando la fórmula se valide, el valor que devuelve la función (aquí 1) se mostrará directamente en la celda.

Esto también funciona si se cuenta con una función que requiere parámetros.

```
'Función que devuelve el cuadrado del valor pasado como parámetro
Public Function RegresaElCuadrado(iValor As Integer) As Integer
   RegresaElCuadrado = iValor * iValor
End Function
```

Ejemplo 18: función personalizada que requiere un parámetro

Bastará con proporcionar el parámetro o parámetros directamente en la fórmula, como aquí, con la función **RegresaElCuadrado**:

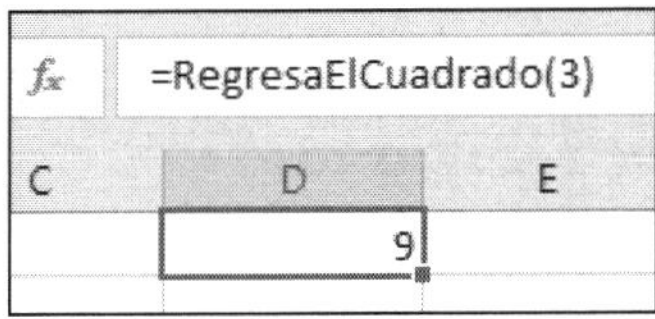

Está claro que, si el valor pasado como parámetro genera un error en el código, la función devolverá un error #¡VALOR!:

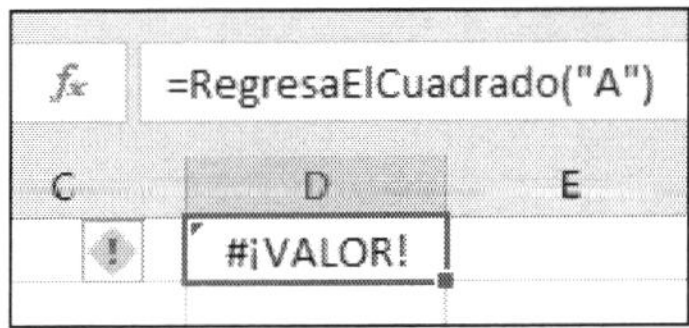

Así, es muy fácil hacer que las funciones personalizadas en sus programas VBA estén disponibles directamente en Excel.

E. Usar fórmulas de Excel directamente en VBA - WorksheetFunction

Puede utilizar funciones directamente en VBA sin pasar por las fórmulas de Excel gracias a la propiedad `WorksheetFunction` del objeto `Application`.

1. Propiedad WorksheetFunction

La propiedad **`WorksheetFunction`** reagrupa el conjunto de funciones de Excel disponibles en la interfaz de Excel, directamente en formato VBA.

Al igual que hay cientos de funciones de Excel para las fórmulas, existen centenares de funciones miembros de la propiedad `WorkSheetFunction`.

A continuación, le presentamos algunas de ellas para ayudarle a entender el principio.

2. Miembros de la propiedad WorksheetFunction

Los puntos comunes de las funciones en Excel y VBA son sus nombres en inglés y el orden de los parámetros que las funciones esperan como entrada. También se pueden pasar celdas o valores fijos.

La sintaxis general de esta propiedad es la siguiente:

```
Application.WorksheetFunction.NombreDeLaFunción(Arg1, [Arg2],...)
```

Ejemplo 19: sintaxis general de la propiedad WorksheetFunction

El nombre de la función **NombreDeLaFunción** depende de la función de Excel que se vaya a utilizar; el número de parámetros es variable dependiendo de la función usada.

Estos son algunos ejemplos de funciones que puede utilizar.

a. Mínimo, máximo y promedio

Las funciones **MIN**, **MAX** y **PROMEDIO** permiten devolver, respectivamente, el valor mínimo, máximo y promedio de una serie de valores que se pasan como parámetros de entrada.

Para reproducir las siguientes fórmulas de Excel, por ejemplo,

```
=MIN(A1:C3)
=MAX(5;12;C5)
=PROMEDIO(A1:B6;C8)
```

las instrucciones VBA serían las siguientes (se utilizaría una variable para almacenar el resultado de la función):

```
Dim Resultado As Double 'El tipo de datos aquí se define arbitrariamente
'Min
Resultado = Application.WorksheetFunction.Min(Range("A1:C3"))
'Max
Resultado = Application.WorksheetFunction.Max(5, 12, Range("C5"))
'Promedio
Resultado = Application.WorksheetFunction.Average(Range("A1:B6"),
Range("C8"))
```

Ejemplo 20: usar WorksheetFunction para las funciones MIN, MAX y PROMEDIO

b. BuscarV

He aquí otro ejemplo de una función muy utilizada: BUSCARV (y su variante BUSCARH).

La sintaxis de la fórmula en Excel es la siguiente:

```
=BUSCARV(ValorABuscar;RangoDeCeldas;NúmeroColumna;ValorPróximo)
'Ejemplo
=BUSCARV("Juan";A1:D2;3;FALSO)
```

Para reproducir el resultado de esta función en VBA, basta con utilizar las siguientes instrucciones:

```
Dim Resultado
Resultado = Application.WorksheetFunction.VLookup("López",
Range("A1:D2"), 3, False)
```

Ejemplo 21: usar la función VLookup

Es posible que la función no encuentre el valor requerido y devuelva un error #N/D que debe analizarse en el código.

La encapsulación de funciones puede funcionar a veces, pero otras necesitará realizar una gestión de errores, que verá con más detalle en el capítulo Gestión de errores y depuración.

Como ejemplo, la siguiente fórmula de Excel:

```
=SIERROR(BUSCARV("A1";A:B;2;FALSO);"No hay correspondencia")
```

se utilizará con un manejo de errores como este:

```
Dim Resultado
On Error Resume Next
Resultado = Application.WorksheetFunction.VLookup("A1", Range("A:B"),
2, False)
If Err.Number > 0 Then
   Resultado = "No hay correspondencia"
End If
```

Ejemplo 22: gestionar un error en la función VLookup

Para no complicar el código, puede preferir escribir una fórmula en una celda, y la gestión de los errores, como se ve en la sección Adaptar su código VBA: IsError y CVErr.

F. Opciones de cálculo y cálculo en una hoja o libro

1. Opciones de cálculo en VBA: Calculation

Puede referirse a la sección dedicada del capítulo Manipular la aplicación Excel para ver las propiedades de **Calculation**.

2. Calcular una hoja, calcular todo el libro: Calculate

Puede lanzar un cálculo en una hoja o libro por medio del método **Calculate**.

La sintaxis será la siguiente:

```
Worksheets("Hoja").Calculate
```

Ejemplo 23: usar el método Calculate

G. Ejercicios

- Antes de realizar los siguientes ejercicios, cree la hoja **Ejercicios_ManipulacionFormulas**.
- En esta hoja, rellene el rango de celdas A1 a B6 como se muestra en la siguiente imagen:

	A	B
1	Pedidos	Volumenes
2	YODA_6	25
3	PALPATINE_8	28
4	CHEWBACCA_5	12
5	PALPATINE_8	38
6	YODA_6	75
7		

El objetivo de los ejercicios es utilizar fórmulas basadas en estos datos.

1. Escribir fórmulas en español

a. Número total de elementos

- Cree la macro **FormulaSumaVolumenes**.
- Esta macro escribirá en la celda B7 una fórmula SUMA de los volumenes. Deberá utilizar la fórmula en español (`FormulaLocal`).
- Ejecute la macro **FormulaSumaVolumenes**. El total mostrado en la celda B7 deberá ser 178.

b. Cantidad máxima

- Cree la macro **FormulaMaximoVolumenes**.
- Esta macro escribirá en la celda B8 una fórmula MAX de volumenes. Volverá a utilizar la fórmula en español (`FormulaLocal`).
- Ejecute la macro `FormulaMaximoVolumenes`. El total mostrado en la celda B8 deberá ser 75.

2. Escribir fórmulas en inglés

a. Numero total de pedidos

- Cree la macro **FormulaTotalYODA**.
- Esta macro escribirá en la celda B9 una fórmula que indique el número total de pedidos (SUMA.SI en español, SUMIF en inglés). Utilizará esta vez una fórmula en inglés (Formula).
- Ejecute la macro FormulaTotalYODA. El total mostrado en la celda B9 deberá ser 100.

b. Número total de apariciones de un pedidos

- Cree la macro **FomulaAparicionesPedido**.
- Esta macro pedirá al usuario que introduzca una pedido. La macro mostrará entonces el número de filas que coinciden con ese pedido. Deberá utilizar la función CountIf a través de Application.WorksheetFunction.
- Ejecute la macro FormulaAparicionesPedido, introduzca YODA_6; deberá obtener el valor 2.

3. Usar sus propias fórmulas

El objetivo de este ejercicio es manipular las funciones creadas en VBA.

En los capítulos anteriores ha podido crear funciones públicas que deberían estar disponibles cuando escriba su nombre en una celda de Excel.

Vuelva al libro de trabajo en el que hizo los ejercicios del capítulo Manipular fechas y horas y pruebe esto con la función ElTrimestreCorrecto, pasándole un valor en «duro» o apuntando a una celda que contenga una fecha.

Capítulo 18

Gráficos

A. Objetivos 297
B. Gráficos en Excel 297
C. Jerarquía de los objetos Shape, ChartObject y Chart 298
D. Gráfico: Chart 299
E. Usar la grabadora de macros para crear un gráfico 303
F. Ejercicios 304

A. Objetivos

En este capítulo, primero revisaremos cómo crear un gráfico a partir de un rango de celdas utilizando la cinta de opciones de Excel.

Existen miles de combinaciones de gráficos posibles; ¡incluso hay un campeonato mundial de Excel que se lleva a cabo sobre la creación gráfica!

Sin pretender convertirlo en un campeón mundial de gráficos de Excel, en este capítulo verá los objetos asociados a la creación de gráficos utilizados en VBA y cómo usar la grabadora de macros para que VBA escriba código por usted. Por último, una serie de ejercicios le ayudarán a asegurarse de que estos nuevos conocimientos han sido adquiridos correctamente.

B. Gráficos en Excel

Como dice el refrán, «una imagen vale más que mil palabras»: las representaciones gráficas tienen una importancia no despreciable a la hora de mostrar datos. Los gráficos han experimentado una importante evolución, y Excel permite crear muchos tipos diferentes de gráficos en función del tipo de datos por representar y del mensaje que se quiera transmitir.

En Excel, los gráficos se pueden crear desde la pestaña **Insertar** y están visibles en el grupo **Gráficos**:

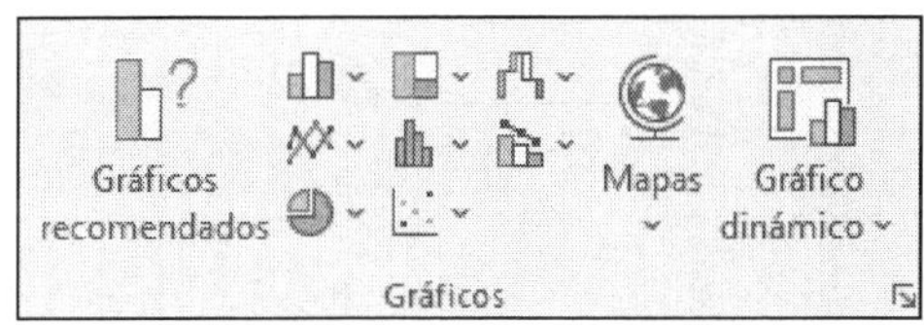

Cuando se tiene un conjunto de datos por representar en forma gráfica, se puede elegir el tipo de gráfico. Una vez creado el gráfico, puede personalizarlo cambiando, por ejemplo, los colores o las formas de los puntos, las curvas, etc., que son visibles

C. Jerarquía de los objetos Shape, ChartObject y Chart

Al trabajar con gráficos, Excel considera en realidad varios niveles de objetos, cada uno de los cuales representa una parte de lo que el usuario podrá ver o manipular.

Sin entrar en detalles técnicos, he aquí una imagen con los diferentes objetos que componen un gráfico:

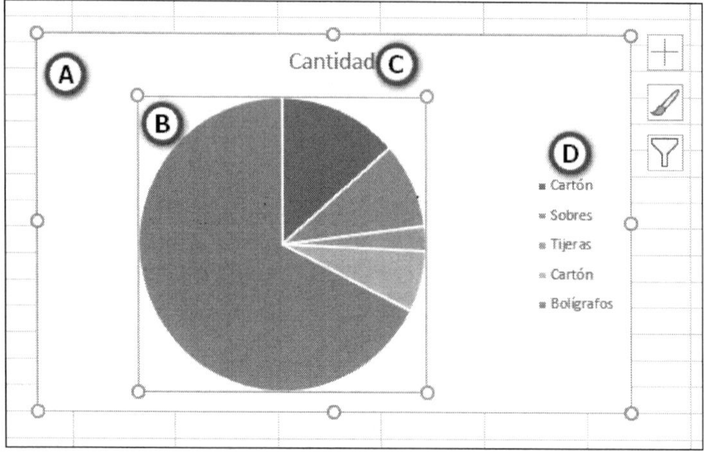

El marco del conjunto A (**ChartObject**) es el «contenedor» en el que se encuentran el área de trazado del gráfico B (**PlotArea**), el título del gráfico C (**ChartTitle**) y su leyenda D (**Legend**).

Dependiendo del tipo de gráfico, otros elementos, como los puntos de las curvas o los ejes también se representan mediante objetos que pueden manipularse en VBA.

1. Capa de diseño: Shape

Ya sea que se utilice una forma automática, un gráfico o una imagen, el primer nivel en el que Excel trabaja es un objeto **Shape**. Cada objeto Shape pertenece a la colección Shapes, que se encuentra en cada hoja de su libro.

Usted puede crear un gráfico a partir de la colección **Shapes**.

2. Hoja del gráfico: ChartObject

Cuando se crea un gráfico, este se encuentra en un contenedor que se puede volver a presentar visualmente, como el marco blanco en el que figuran el gráfico, el título y la leyenda. El conjunto de objetos **ChartObject** se encuentra en la colección **ChartObjects**.

ChartObject es el objeto Parent del gráfico Chart.

D. Gráfico: Chart

En esta sección aprenderá más sobre el objeto **Chart**, que representa un gráfico de cualquier complejidad y que se manipula fácilmente con VBA.

1. Colección Charts

Al igual que todas las hojas pertenecen a la colección Worksheets, o los libros pertenecen a la colección Workbooks, los gráficos pertenecen a la colección **Charts**. A partir de esta colección puede crear gráficos o añadir otros. Se puede conocer el número de gráficos a partir de la propiedad Count.

2. Objeto Chart

En VBA, un gráfico está representado por un objeto **Chart**. Este tipo de datos tiene muchas propiedades y métodos propios. Las sutilezas de los gráficos no son el tema de este libro, pero descubrirá los principales métodos y propiedades que le permitirán personalizar sus gráficos.

3. Crear un gráfico

Tal y como sucede con los otros tipos de objetos, lo primero que hay que hacer antes de poder utilizar una variable es declararla.

```
Dim cht As Chart
```

Ejemplo 1: declarar una variable de tipo Chart

Para agregar un gráfico al libro, debe usar el método Add de la colección Charts.

```
Dim cht As Chart
Set cht = Charts.Add
```

Ejemplo 2: agregar un gráfico

Existe otra forma de crear un gráfico, que se verá más adelante en este capítulo.

4. Definir un rango de datos de origen: SetSourceData

Una vez creado el gráfico, puede especificar el rango de celdas que servirán como origen. Esta asociación se realiza mediante el método **SetSourceData**. Este método utiliza dos parámetros; la sintaxis general es la siguiente:

```
Chart.SetSourceData(Source,[PlotBy])
```

Ejemplo 3: sintaxis general del método SetSourceData

El primer parámetro **Source** es el rango de celdas utilizadas, es decir, un objeto **Range**; el segundo parámetro se utiliza para especificar si los datos deben manipularse en filas (**xlRows**) o en columnas (**xlColumns**).

Utilizando, por ejemplo, los datos creados como parte de los ejercicios del capítulo anterior, las instrucciones serían las siguientes:

```
'Declaración y asignación efectuadas precedentemente
cht.SetSourceData Source:=Worksheets("Ejercicios_ManipulacionGraficos")
.Range("A1:B6")
```

Ejemplo 4: determinar qué datos usar en un gráfico

5. Definir un tipo de gráfico: ChartType

Una vez que haya especificado los datos que se utilizarán como origen para su gráfico, es el momento de determinar el tipo de gráfico que desea. La propiedad **ChartType** le permite hacer precisamente eso. Hay muchos tipos de gráficos y la lista de constantes de Excel sobre el tipo de gráficos se proporciona en el apéndice.

```
'Definir un gráfico circular
Cht.ChartType = xlPie
```

Ejemplo 5: definir el tipo de gráfico

6. Mostrar ejes, leyenda o título: HasAxis, Has Legend, HasTitle

Entre las opciones de gráficos que pueden serle útiles, aquí tiene algunas.

a. Gestión de los ejes de un gráfico: HasAxis

Para especificar qué tipos de ejes tiene el gráfico, puede utilizar la propiedad **HasAxis**, que usa dos parámetros denominados **Index1** e **Index2**, cada uno de los cuales puede tomar valores específicos.

```
'Mostrar el eje de las ordenadas de un gráfico
Charts("Chart1").HasAxis(xlValue, xlPrimary) = True
'Mostrar el eje de las abscisas de un gráfico
Charts("Chart1").HasAxis(xlCategory, xlPrimary) = True
```

Ejemplo 6: mostrar los ejes de un gráfico

Index1 se utiliza para especificar si el eje muestra abscisas (xlCategory), ordenadas (xlValue) o series de datos (xlSeriesAxis), mientras que el parámetro **Index2** se utiliza para especificar si se trata de un eje primario (xlPrimary) o secundario (xlSecondary). Por último, puede indicar que este conjunto forma parte de los ejes del gráfico, estableciendo el valor como True.

b. Mostrar una leyenda: HasLegend, Legend

Un gráfico puede tener una leyenda y solo una. Las instrucciones VBA son capaces de manipular este aspecto de su gráfico.

Esto le permite determinar si su gráfico tiene una leyenda y con qué tamaño y tipografía se mostrará en la pantalla. La propiedad **HasLegend**, que representa un valor booleano, permite especificar si la leyenda es visible (True) o no (False).

La propiedad **Legend** del objeto Chart tiene características tales como la dimensión de la leyenda (Height y Width), su ubicación relativa al gráfico (Position) o su tipografía (Font). También se puede especificar la ubicación exacta utilizando las propiedades Top y Left, que representan la posición vertical desde la parte superior y la posición horizontal desde la izquierda.

```
'Activa la leyenda del gráfico
cht.HasLegend=True
With cht.Legend
   .Font.Size = 10 'Tamaño de la tipografía
   .Position = xlLegendPositionRight 'sitúa la leyenda a la derecha
del gráfico
End With
```

Ejemplo 7: usar las propiedades Legend del objeto Chart

c. Dar un título al gráfico: HasTitle, ChartTitle

Además de una leyenda, un gráfico puede tener un título que proporcione información sobre el propósito o el contenido de los datos que representa. La propiedad **HasTitle**, al igual que HasLegend, se utiliza para este propósito. Un valor True indica que el gráfico tiene un título.

El título se manipula a través de la propiedad **ChartTitle**. Puede establecerse el título del gráfico (Caption) o su ubicación (Position - automática xlChartElementPositionAutomatic o personalizada xlChartElementPositionCustom).

```
'Activar el título del gráfico
cht.HasTitle = True
'Definir el título del gráfico
cht.ChartTitle.Caption = "Su gráfico"
```

Ejemplo 8: usar las propiedades HasTitle y ChartTitle

7. Ubicación del gráfico: Left, Top, Width y Heigh

Al trabajar con un gráfico, puede manipular tanto el marco global del gráfico, el nivel `ChartObject`, como el área de trazado más específica del gráfico (`PlotArea`).

a. Propiedades de la ubicación del gráfico

Las cuatro características que se refieren a las dimensiones de los objetos son siempre las mismas. **`Left`** y **`Top`** se utilizan para determinar las coordenadas de la esquina superior izquierda de un objeto. Las coordenadas 0,0 corresponden a la posición de la celda A1 en una hoja. Las propiedades **`Width`** y **`Height`** corresponden al ancho y al alto del objeto, respectivamente. Tiene varias opciones para determinar estas características para su gráfico y su área de trazado.

b. Indicar la ubicación durante la creación

Al crear un gráfico, en lugar de pasar por la colección `Charts` (utilizando `Charts.Add`, véase la sección Crear un gráfico), puede pasar directamente por la colección **`Shapes`**, con el método **`AddChart2`**. Este método tiene la siguiente sintaxis general:

```
Shapes.AddChart2([Style],[xlChartType],
   [Left],[Top],[Width],[Height],[NewLayout])
```

Ejemplo 9: sintaxis general del método AddChart2

Los parámetros `Style` y `xlChartType` permiten especificar el estilo y el tipo de gráfico; los parámetros `Left`, `Top`, `Width` y `Height` se usan para especificar todas las características de ubicación y tamaño del gráfico.

Así, en una sola instrucción, puede proporcionar varios datos:

```
ActiveSheet.Shapes.AddChart2 251, xlPie,
ActiveSheet.Range("C1").Left,
ActiveSheet.Range("C3").Top, 320, 180
```

Ejemplo 10: usar el método AddChart2

c. Cambiar la ubicación una vez creado el gráfico

Si desea mover el gráfico una vez creado, puede hacerlo usando las propiedades `Left`, `Top`, `Width` y `Height` de su objeto `Parent`, el `ChartObject`.

```
With cht.Parent
   .Width = 320
   .Height = 180
   .Top = ActiveSheet.Range("C3").Top
   .Left = ActiveSheet.Range("C1").Left
End With
```

Ejemplo 11: usar el objeto Parent de Chart

d. Propiedades de la ubicación de la zona de trazado

De la misma forma que tiene la capacidad de especificar la ubicación y el tamaño de todo el gráfico, puede manipular las características del área de trazado del gráfico, a través de la propiedad **PlotArea**.

```
With cht.PlotArea
    .Width = 40
    .Height = 35
End With
```

Ejemplo 12: manipular la zona de trazado del gráfico PlotArea

E. Usar la grabadora de macros para crear un gráfico

Dada la gran variedad de opciones disponibles a la hora de crear o actualizar un gráfico, se recomienda comenzar utilizando la grabadora de macros para, a continuación, analizar las distintas líneas de código adaptando las instrucciones a su programa según sus necesidades.

Si retomamos el caso de la creación del gráfico basado en los datos de la hoja Ejercicios_ManipulacionFormulas, buscando un gráfico circular, esto es lo que generó la grabadora de macros. Las líneas se comentan para facilitar su comprensión.

```
Sub CreacionGrafico()
   Sheets("Ejercicios_ManipulacionFormulas").Activate
   Range("A1:B6").Select 'seleccionar el rango de celdas
   ActiveSheet.Shapes.AddChart2(251, xlPie).Select 'crear
gráfico y activarlo
   ActiveChart.SetSourceData
Source:=Range("Ejercicios_ManipulacionFormulas!
$A$1:$B$6") 'establecer el rango de celdas de origen
   ActiveChart.ChartTitle.Text = "Cantidad por categoría"
'actualizar el título del gráfico
End Sub
```

Ejemplo 13: usar la grabadora de macros para generar un gráfico

F. Ejercicios

✎ Para estos ejercicios, cree una nueva hoja llamada **Ejercicios_ManipulacionGraficos**. En esta hoja, introduzca los datos en los rangos de celdas A1:B5 y D1:E5, como se muestra en la siguiente captura de pantalla:

	A	B	C	D	E
1	Fecha	Ventas		Productos	Ventas
2	01/01/2024	123.000 €		Teclado	129.900 €
3	01/02/2024	148.500 €		Ratón	155.880 €
4	01/03/2024	112.800 €		Pantalla	88.332 €
5	01/04/2024	135.300 €		Auriculares	145.488 €

Los siguientes ejercicios le permitirán comprender mejor la creación y manipulación de gráficos en su proyecto VBA. Si lo desea, puede utilizar la grabadora de macros para inspirarse en el código generado automáticamente. Aunque las soluciones visuales son solo indicativas, le permitirán ajustar su código si es necesario. El código que genera un gráfico se realiza por defecto en la hoja activa, por lo que se recomienda activar la hoja Ejercicios_ManipulacionGraficos para que la generación no tenga impacto en las demás hojas del libro.

Si lo desea, puede crear un módulo específico para estos ejercicios.

1. Crear gráficos sencillos

a. Ventas mensuales

✎ Cree la macro **`GraficoVentas`**.

Esta macro debe crear un nuevo gráfico, de tipo **`Líneas`**, basado en los datos del rango de celdas A1:B5. El gráfico debe representar la evolución del volumen de ventas durante el periodo comprendido entre enero de 2024 y abril de 2024.

El título del gráfico será **Volumen de ventas mensuales** y no contendrá ninguna leyenda.

✎ Ejecute la macro **GraficoVentas**. El gráfico tendrá el siguiente aspecto:

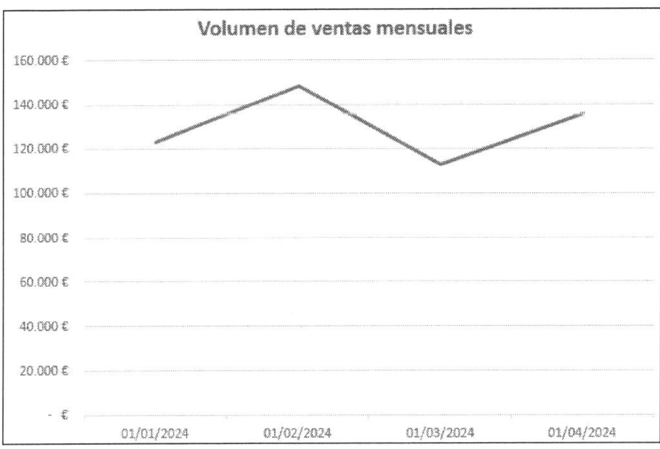

b. Desglose de ventas por producto

✎ Cree la macro **GraficoDesglosePorProducto**.

Esta macro debe crear un gráfico, de tipo Circular, basado en los datos del rango de celdas D1:E5. El gráfico debe representar la distribución del volumen de ventas por producto.

El título del gráfico será **Volumen de ventas por producto** y la leyenda se mostrará a la derecha del área del gráfico.

✎ Ejecute la macro `GraficoDesglosePorProducto`. El gráfico tendrá el siguiente aspecto:

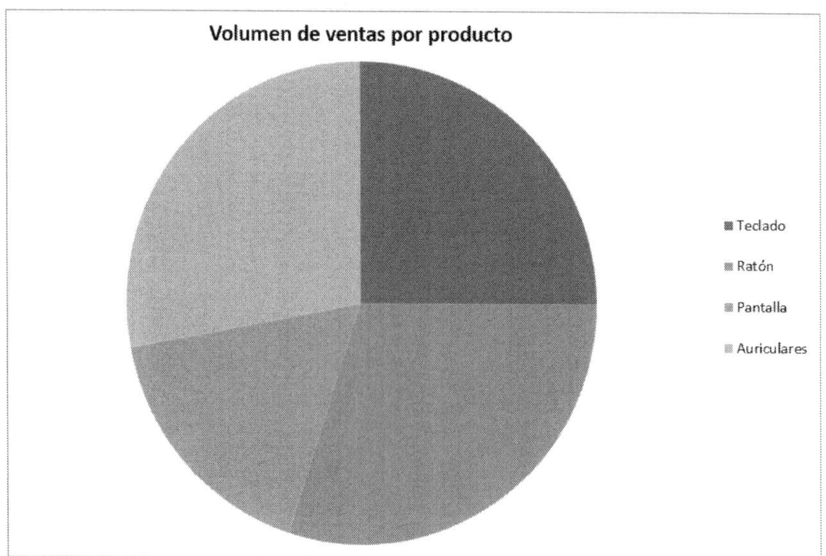

2. Mover un gráfico

En estos dos ejercicios creará gráficos y los colocará en celdas específicas.

a. Al crearlo

✎ Cree la macro **`GraficoVentasPosicion`**.

Esta macro creará un gráfico, idéntico al del ejercicio Ventas Mensuales, pero tendrá que colocarse durante su creación en la esquina superior izquierda de la celda F1.

✎ Ejecute la macro `GraficoVentasPosicion`.

b. Una vez creado

✎ Cree la macro **`GraficoDesglosePorProductoPosicion`**.

Esta macro creará un gráfico, idéntico al del ejercicio Desglose de ventas por producto, pero una vez creado deberá situarse en la esquina superior izquierda de la celda L1.

✎ Ejecute la macro `GraficoDesglosePorProductoPosicion`.

3. Personalizar el gráfico creado

Este ejercicio le permitirá ir un poco más allá modificando el gráfico creado.

✎ Cree la macro **`ManipularPropiedadesGraficas`**.

Esta macro debe crear un gráfico, basado en los datos del rango de celdas A1:B5, pero debe realizar un ajuste al gráfico ya creado.

El intervalo de las ordenadas se ajustará entre los valores 100 000 y 160 000, y el color de la curva será **naranja**.

Puede utilizar la grabadora de macros para completar este ejercicio.

✎ Ejecute la macro `ManipularPropiedadesGraficas`. El gráfico de salida se asemejará a este:

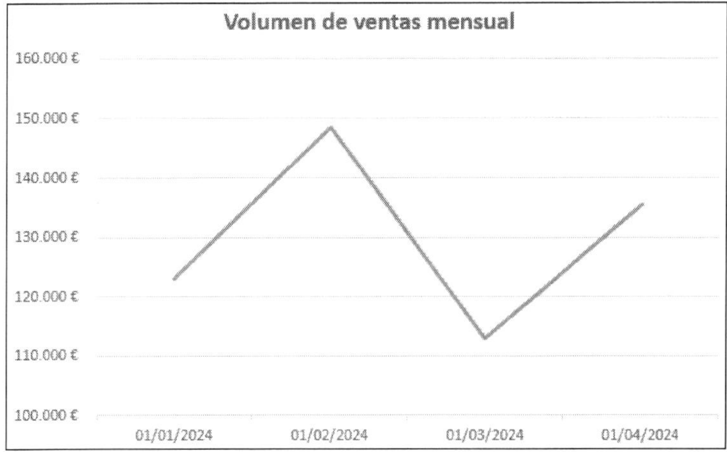

Capítulo 19

Formularios de usuario

A. Objetivos del capítulo 311
B. Formularios de usuario: UserForm 311
C. Crear un primer formulario 313
D. Controles en un formulario de usuario 320
E. Gestión de eventos en un formulario 324
F. Ejercicios 325

A. Objetivos del capítulo

En este capítulo descubrirá los formularios de usuario, que sirven de interfaz entre su programa y los usuarios de una forma más intuitiva y agradable que a través de los básicos y a veces austeros cuadros de diálogo vistos hasta ahora.

Conocerá los principales controles con los que los usuarios pueden interactuar y creará su primer formulario.

Terminará este capítulo adaptando algunos de los ejercicios de los capítulos anteriores con formularios de usuario creados específicamente.

B. Formularios de usuario: UserForm

1. ¿Qué es un formulario de usuario?

Cuando quiera solicitar una serie de datos a un usuario, como un apellido, un nombre o la fecha de nacimiento, puede mostrar sucesivamente tres cajas de diálogo tipo **`InputBox`**. El riesgo es que el usuario se equivoque en uno de los pasos y tenga que volver a iniciar el proceso.

Los formularios de usuario son cuadros de diálogo avanzados en los que se pueden mostrar objetos con los que el usuario puede interactuar; estos objetos se denominan controles.

Dependiendo de las necesidades de su negocio y del proceso que quiera ofrecer a sus usuarios, los formularios pueden ser muy elaborados o sumamente sencillos.

He aquí dos formularios, uno sencillo y otro más complejo, que permiten a los usuarios insertar automáticamente información en las hojas de Excel:

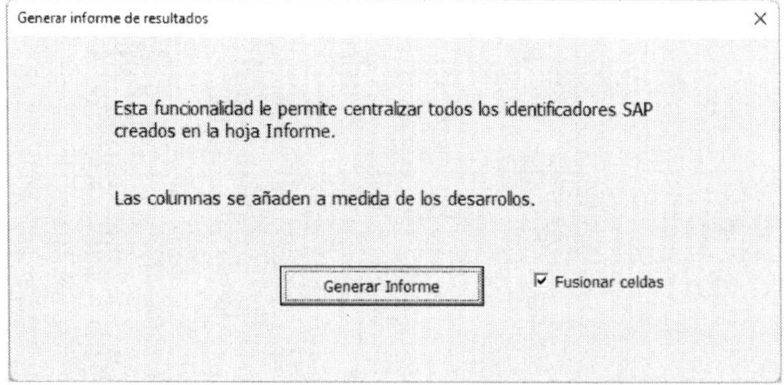

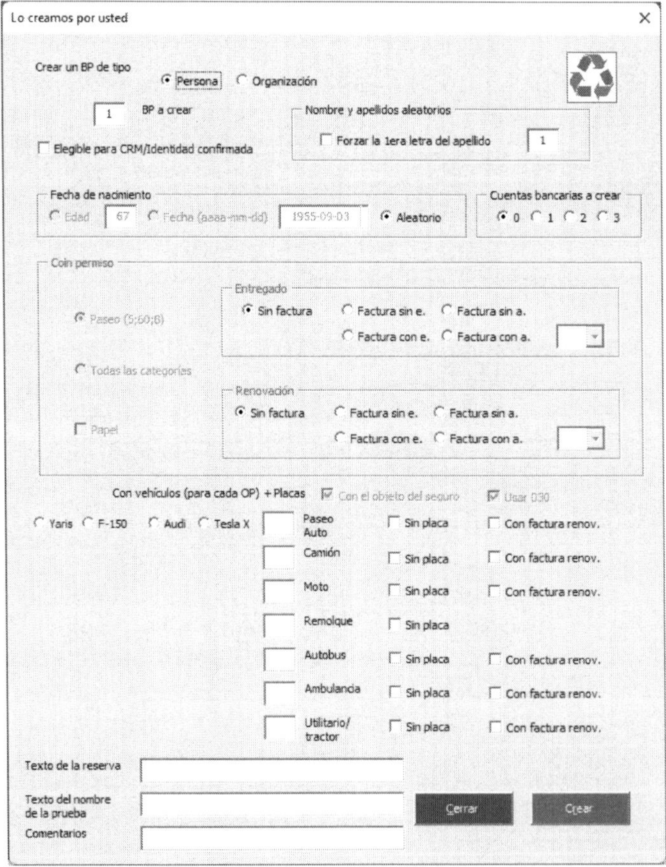

En la siguiente sección, verá algunos de estos controles y la principal información que puede obtener de ellos.

Al igual que los módulos, cada formulario de usuario estará representado en el Explorador de Proyectos. Los encontrará en la carpeta llamada Formularios.

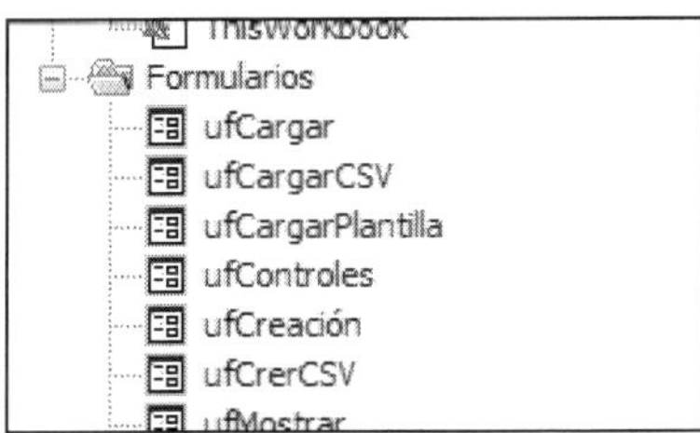

C. Crear un primer formulario

Para ofrecer a los usuarios una interfaz sofisticada, se necesitan algunas manipulaciones muy sencillas y rápidas.

1. Agregar un formulario de usuario

Antes de poder manipular un formulario de usuario, debe añadirlo al libro. Hay dos formas de crear un formulario y también se puede importar uno ya existente.

a. Por medio del menú

Para añadir un nuevo formulario directamente desde el menú, active el menú **Insertar** y elija **UserForm**.

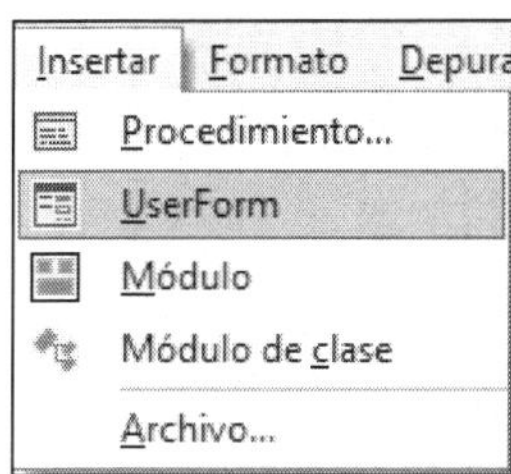

b. Directamente en el Explorador de proyectos

Haga clic derecho en el Explorador de proyectos, seleccione el submenú **Insertar** y elija **UserForm**.

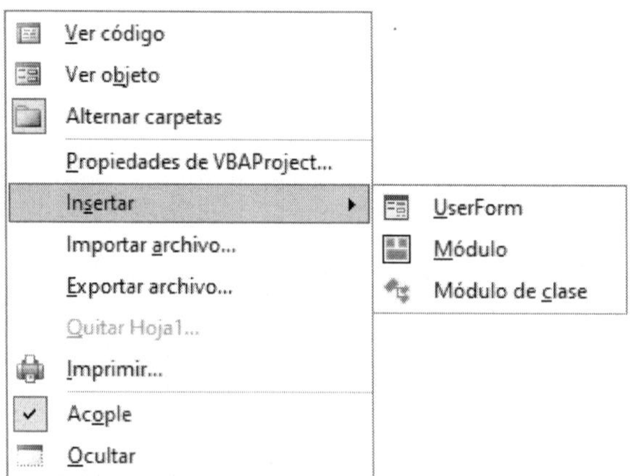

El nombre predefinido del primer formulario es **UserForm1**.

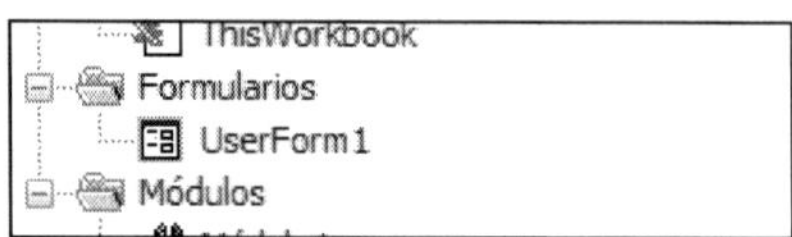

Haga doble clic en el objeto **UserForm1** en el Explorador de Proyectos para mostrar el formulario y personalizarlo.

2. Personalizar un formulario de usuario

Una vez creado el formulario, el primer paso es darle las dimensiones que desee.

a. Dimensionar el formulario

Utilice el ratón para mover los cuadrados blancos.

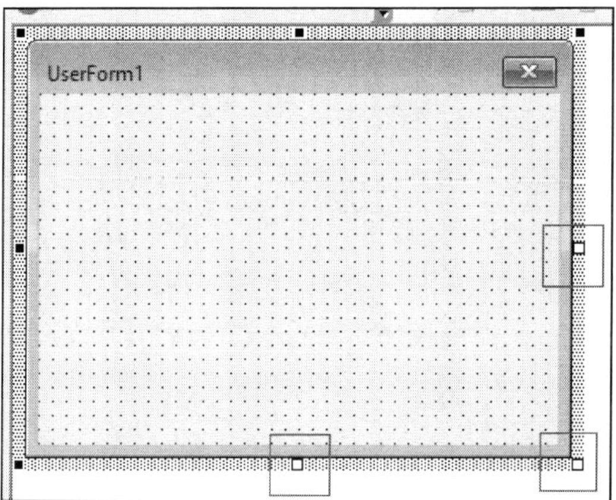

o especifique las propiedades de alto (`Height`) y ancho (`Width`) directamente en la ventana de propiedades del formulario.

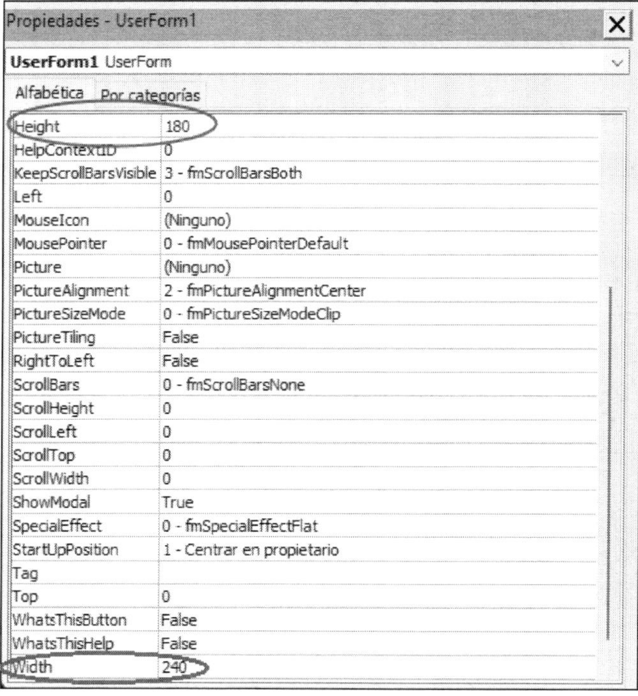

b. Agregar controles

Una vez que su formulario tenga las dimensiones deseadas, puede añadirle controles. El **Cuadro de herramientas** le permite arrastrarlos y soltarlos para insertarlos en el formulario.

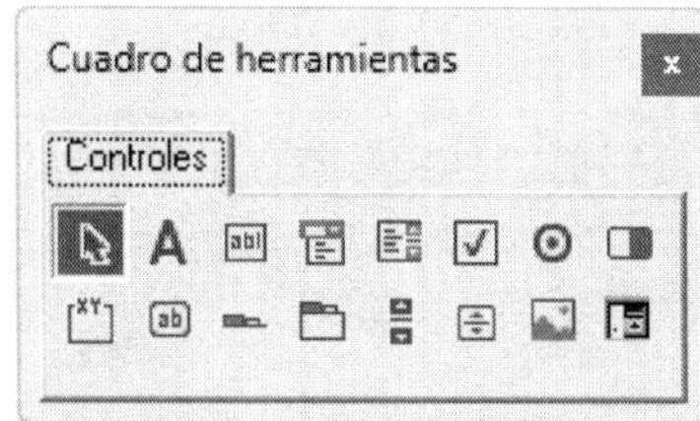

- Si el **Cuadro de herramientas** no está visible, puede hacerlo aparecer yendo al menú **Ver** y haciendo clic en **Cuadro de herramientas**.
- En este ejemplo, haga clic en el control **Botón de comando**:

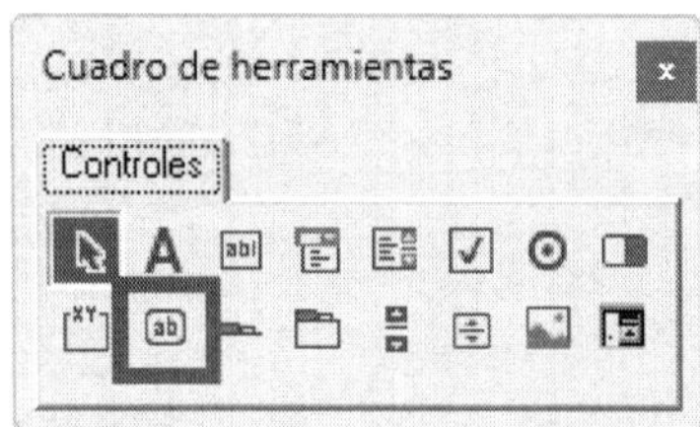

- Una vez que haya seleccionado el botón de comando en el **Cuadro de herramientas**, haga clic en el formulario para añadirlo.
- Arrastrándolo, coloque su botón donde quiera y ajuste sus dimensiones según sea necesario.
- Seleccione el botón y modifique el texto que aparece en él cambiando la propiedad `Caption`, por ejemplo, **Haga clic aquí**. Del mismo modo, modifique el título del formulario cambiando la propiedad `Caption` por **Mi primer formulario**.

Su formulario se parecerá a este:

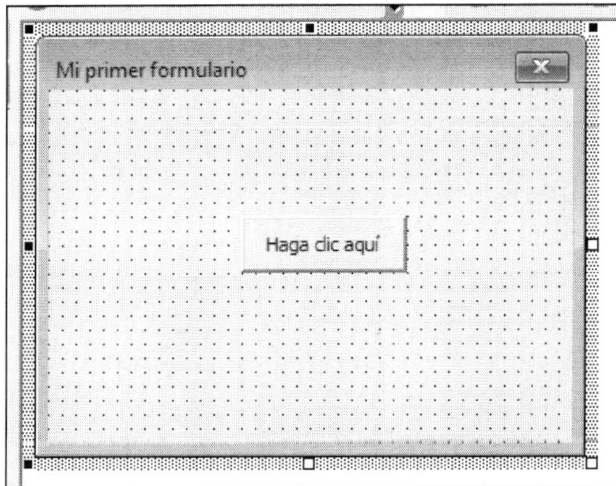

Los controles se nombran automáticamente siguiendo la lógica del tipo de control seguido de un número. Por supuesto, es posible e incluso recomendable cambiar los nombres de los controles para facilitar la lectura del código. Sin embargo, en los siguientes pasos se mantendrán los nombres predefinidos, para no hacerle perder el hilo del proceso.

c. Añadir eventos a los controles

Para hacer que su formulario sea interactivo, necesita activar instrucciones en determinados eventos en función de su necesidad y de la lógica del proceso que quiere ofrecer a los usuarios.

- Haga doble clic en el botón para acceder al código que se ejecutará en relación con el formulario.

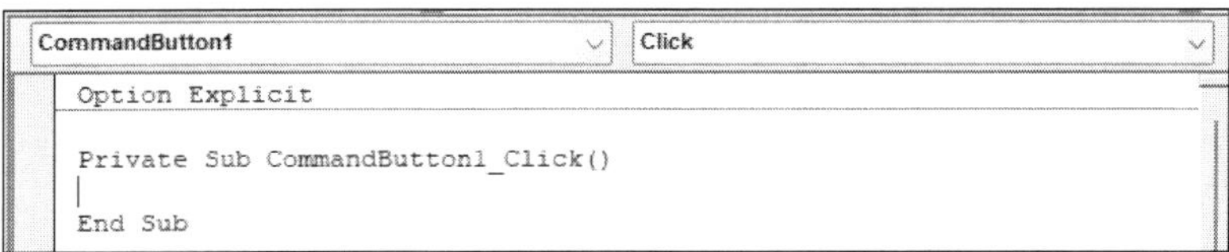

Aquí encontrará los dos cuadros desplegables mencionados al principio del libro: la lista de controles del formulario aparece en el de la izquierda, los eventos que activan las instrucciones están en el de la derecha.

Los principales eventos se tratarán en la sección Gestión de eventos en un formulario.

d. Programar lo que sucederá

Va a hacer que, cuando un usuario haga clic en el botón, aparezca el mensaje «Buenos días».

✎ Introduzca el siguiente código:

```
Private Sub CommandButton1_Click()
   MsgBox "Buenos días"
End Sub
```

Ejemplo 1: mostrar un mensaje de bienvenida al hacer clic en un botón

Con esto termina esta etapa de creación de formularios.

3. Mostrar un formulario de usuario

Una vez que su formulario esté listo, hace falta mostrarlo al usuario. Dispone de dos formas de mostrar el formulario.

4. Desde el menú o con un método abreviado de teclado

Cuando ejecute sus pruebas, puede mostrar un formulario directamente desde el menú o utilizar un método abreviado de teclado.

✎ Haga clic en el menú **Ejecutar** - **Ejecutar Sub/UserForm** o utilice el método abreviado de teclado F5.

Sin embargo, este método no es el que utilizará más adelante, ya que los usuarios no entrarán en el entorno del código para mostrar un formulario.

a. Mostrar por código

Por medio de instrucciones, se puede ordenar a Excel que cargue y muestre un formulario. Por tanto, puede crear una macro en la que aparezca esa instrucción.

Para mostrar un formulario, se utiliza el método **Show**. La sintaxis de este método es la siguiente:

```
UserForm1.Show [Modal]
```

Ejemplo 2: sintaxis general del método Show

El parámetro **Modal** es un valor que permite indicar si el formulario será modal o no.

Una vez que su formulario se despliegue, esto es lo que verá en la pantalla:

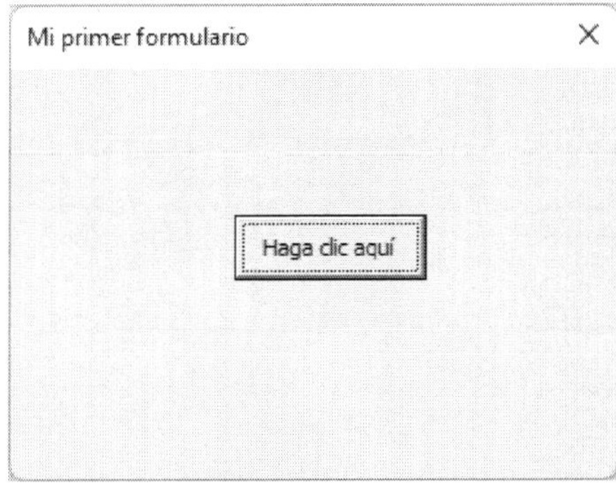

b. Formulario modal o no

Tiene la posibilidad de indicar si el usuario puede hacer clic fuera del formulario cuando se muestra por medio de programación.

De forma predefinida, un formulario es modal: las hojas de cálculo no son accesibles mientras el formulario está visible.

Para mostrar su formulario dejando accesibles las hojas de cálculo, puede utilizar las siguientes instrucciones:

```
UserForm1.Show False
UserForm1.Show vbModeless
UserForm1.Show 0
```

Ejemplo 3: distintas formas de mostrar un formulario no modal

5. Ocultar un formulario de usuario

Una vez que el formulario está visible, tiene la opción de ocultarlo mientras lo deja activo. Para realizar esta acción, el método que se utiliza se llama **Hide**.

```
UserForm1.Hide
```

Ejemplo 4: ocultar un formulario abierto

El usuario ya no puede interactuar con el formulario, pero usted puede seguir manipulándolo mediante programación. A continuación, puede hacerlo reaparecer mediante **Show**.

6. Cerrar un formulario de usuario

El usuario tiene la posibilidad de cerrar el formulario haciendo clic en la cruz situada en la parte superior derecha de este.

Pero también puede cerrar un formulario con la instrucción **Unload**.

```
Unload UserForm1
```

Ejemplo 5: cerrar un formulario

Debe especificar el nombre del formulario como parámetro del método `Unload`.

Tenga en cuenta que, cuando se codifica directamente en el formulario, la palabra clave **Me** representa el propio formulario. Entonces, se puede realizar la llamada genérica directamente en el formulario, para evitar tener que modificar su nombre cada vez.

```
Unload Me
```

Ejemplo 6: cerrar un formulario usando Me

D. Controles en un formulario de usuario

Cuando se utiliza un formulario de usuario, hay varios objetos disponibles, todos ellos con sus propios puntos fuertes y usos dedicados. En esta sección se analizarán algunos.

Cada uno de ellos está presente en el Cuadro de herramientas.

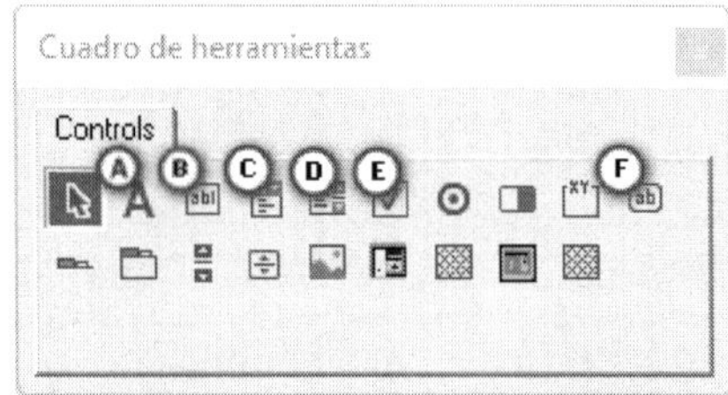

1. Etiqueta o título: Label

Una etiqueta es un texto que el usuario no puede modificar. Una etiqueta permite indicar información sobre los otros controles que se encuentran en el formulario. Este objeto corresponde al tipo **Label** en VBA. Puede añadirlo desde el Cuadro de herramientas, Ⓐ.

a. Texto de la etiqueta: Caption

La etiqueta muestra un texto que solo puede modificarse mediante el código, al que se puede acceder a través de la propiedad **Caption** del control.

```
LblBienvenida.Caption = "Bienvenidos"
```

Ejemplo 7: modificar el texto de una etiqueta

2. Cuadro de texto: TextBox

El cuadro de texto es una zona de entrada similar al que se ve con la función **InputBox**.

Este control está presente en el Cuadro de herramientas Ⓑ. El cuadro de texto puede, por ejemplo, tener un color de texto o un fondo personalizable. El cuadro de texto corresponde al tipo **TextBox** en VBA.

a. Texto introducido en el cuadro: Value

Cuando quiera recuperar el texto introducido en un cuadro de texto, utilizará la propiedad **Value** del control.

```
MsgBox TxtInformacion.Value
```

Ejemplo 8: mostrar el contenido de una zona de texto

3. Cuadro de lista y Cuadro combinado: ListBox y Combobox

Cuando el usuario tiene que elegir entre varios valores posibles, son preferibles los controles cuadro de lista y cuadro combinado (también llamados listas desplegables). El cuadro de lista (**ListBox**) muestra todos los valores que contiene uno debajo de otro, mientras que el cuadro combinado (**ComboBox**) solo muestra el valor introducido, lo que obliga al usuario a abrir la lista para mostrar todos los valores disponibles. En un cuadro de lista, solo se pueden seleccionar los valores presentes, mientras que el cuadro combinado permite introducir manualmente un valor. Los controles están accesibles en el Cuadro de herramientas (Ⓒ y Ⓓ).

a. Rango de celdas de origen: RowSource

Las listas de datos de los cuadros de lista pueden proceder de un rango de celdas de su libro. Si este es el caso, puede utilizar la propiedad **RowSource**, que toma una cadena como parámetro.

```
LstEmpleados.RowSource = "Hoja!A1:A6"
```

Ejemplo 9: usar la propiedad RowSource para alimentar un cuadro de lista

b. Agregar un valor: AddItem

Cuando los datos no están directamente presentes en un rango de celdas, se puede añadir una fila a la lista utilizando el método **AddItem**, seguido del valor que se añadirá después de los valores ya presentes en ella.

```
LstCiudades.AddItem "El Cairo"
```

Ejemplo 10: agregar una entrada a un cuadro de lista

c. Valor seleccionado en la lista: Value

Cuando quiera saber qué valor ha seleccionado el usuario, puede utilizar la propiedad **Value** del control. Si ningún valor ha sido seleccionado, el control devolverá el valor Null.

```
If Not IsNull(LstPais) Then
   Msgbox LstPais.Value
End If
```

Ejemplo 11: mostrar el valor introducido en un cuadro de lista

4. Casilla de verificación: CheckBox

Cuando desee que el usuario pueda proporcionar información de tipo Sí/No, la casilla de verificación (**CheckBox**) es la indicada. Puede colocar fácilmente una casilla de verificación desde el Cuadro de herramientas (Ⓔ).

a. Marcada o no: Value

Conocer el estado de una casilla de verificación es muy sencillo: devuelve el valor **Verdadero** si está marcada y **Falso** si no lo está.

```
If ChkVIP.Value Then
   MsgBox "El usuario es VIP"
Else
   MsgBox "El usuario no es VIP"
End If
```

Ejemplo 12: usar la propiedad Value de una casilla de verificación

5. Botón de comando: CommandButton

Entre los controles disponibles, el botón de comando (**CommandButton**) es probablemente el más utilizado en las interfaces. Puede hacer clic y doble clic en un botón. Los eventos se explicarán en la sección Gestión de eventos en un formulario.

a. Texto mostrado en el botón: Caption

Para especificar el texto en un botón, se utiliza su propiedad **Caption**.

```
BtnAccion.Caption = "Haga clic aquí"
```

Ejemplo 13: usar la propiedad Caption de un botón de comando

6. Propiedades comunes a los controles

Aunque cada tipo de control tiene sus propias propiedades, hay algunas de ellas que son comunes a casi todos los controles. He aquí algunos ejemplos.

a. Control visible u oculto: Visible

Para hacer visible o invisible un control, se dispone de la propiedad **Visible**, que es un valor booleano que indica si el control será visible (`True`) o invisible (`False`).

```
BtnRDV.Visible= False
```

Ejemplo 14: hacer invisible un botón a través de la propiedad Visible

b. Control activo - Enabled

Si algunos controles son visibles, también tiene la opción de hacer que se activen o no, por ejemplo, cuando hay que marcar una casilla de verificación para que un cuadro de texto esté activo o no. La propiedad **Enabled** permite esta información, dependiendo de si el control está activo (`True`) o inactivo (`False`).

```
TxtApellidoDeSoltera.Enabled = False
```

Ejemplo 15: hacer inactiva una zona de texto a partir de su propiedad Enabled

c. Ubicación y dimensiones del control: Top, Left, Height y Width

Cuando añada controles a su formulario, podrá colocarlos donde desee.

Cuando se muestra el formulario, tiene la posibilidad de cambiar la ubicación de un control o su tamaño utilizando las propiedades ya comentadas con las celdas: **Top**, **Left**, **Height** y **Width**.

```
With TxtEdad
    .Top = 10
    .Left = 25
End With
```

Ejemplo 16: desplazar un control por medio de programación

E. Gestión de eventos en un formulario

Al igual que se pueden activar instrucciones sobre eventos que tienen lugar en las hojas o en sus libros, también se pueden activar con controles que se encuentran dentro del formulario.

La nomenclatura de los eventos se realiza de acuerdo con la siguiente lógica: **Private Sub NombreDelControl_Evento()**. A continuación, algunos ejemplos.

1. Al cargar el formulario: UserForm_Initialize

El primer evento que se activa cuando se carga un formulario es su inicialización; esto corresponde a la macro **UserForm_Initialize**.

Puede utilizar este evento para rellenar los valores predefinidos en los distintos controles y así preparar mejor el formulario.

```
Private Sub UserForm_Initialize()
   TxtDepartamento.Value = "Contabilidad"
End Sub
```

Ejemplo 17: instrucciones que se activan al cargar el formulario

2. Al hacer clic: Click

Las interacciones en las interfaces pueden realizarse tanto con el teclado como con el ratón y, como los usuarios están especialmente acostumbrados a hacer clic, el evento que detecta el clic en un control puede utilizarse para activar instrucciones. El procedimiento se llamará **NombreDelControl_Click**. He aquí un ejemplo:

```
Private Sub BtnCancelar_Click()
   If MsgBox("¿Está seguro de que quiere cancelar la entrada
activa?",vbYesNo)=vbYes Then
      Unload Me
   End If
End Sub
```

Ejemplo 18: ejecutar instrucciones al hacer clic en un botón

3. Al modificar: Change

Al utilizar casillas de verificación, usted puede activar instrucciones cuando la casilla está marcada o desmarcada con el evento **Change**.

```
Private Sub ChkOtro_Change()
   TxtOtro.Enabled = ChkOtro.Value 'activo si la casilla está marcada,
                                   'inactivo en caso contrario
End Sub
```

Ejemplo 19: activar un cuadro de texto al cambiar el valor de una casilla de verificación

F. Ejercicios

En el marco de estos ejercicios, tratará de crear una interfaz que satisfaga una necesidad específica; le daremos una imagen de ejemplo del formulario de usuario para guiarle.

1. Formulario básico

- Cree un formulario llamado **UsfEjercicio1**.
- Coloque un cuadro de texto y un botón de comando en este formulario. El formulario podría tener el siguiente aspecto:

- Cuando el usuario haga clic en el botón, el texto contenido en la zona de texto deberá añardirse en la columna A de la hoja activa del libro ThisWorkbook.

2. Ir un poco más lejos

- Cree un formulario llamado **UsfEjercicio2**.
- Coloque un cuadro de texto, un botón de comando y una casilla de verificación en este formulario.
- Cuando se muestra el formulario, la casilla de verificación debe estar marcada (valor `True`) y la caja de texto debe contener el valor **Canadá**.

Cuando el usuario haga clic en el botón, debe aparecer un cuadro de diálogo que muestre el texto proporcionado, en minúsculas si la casilla está marcada o en mayúsculas si no lo está.

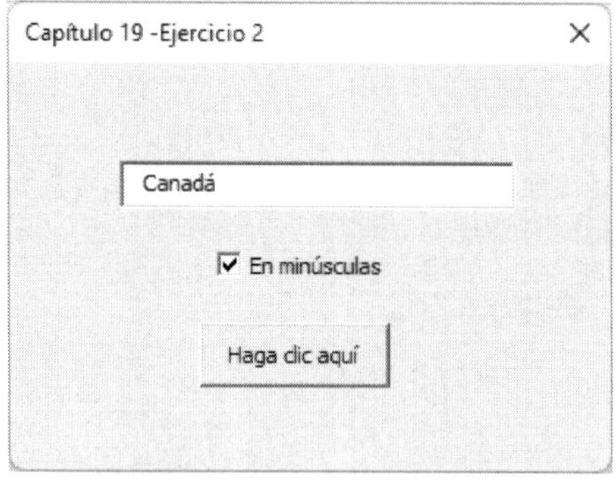

Capítulo 20

Gestión de errores y depuración

A. Objetivos del capítulo 329
B. Errores en Excel 329
C. Errores en VBA 330
D. Gestionar errores en el código 334
E. Gestionar errores en los formularios de usuarios 342
F. Ejercicios 343

A. Objetivos del capítulo

Durante su proceso de aprendizaje y más allá, tendrá la oportunidad de escribir muchos programas, ¡y de cometer también muchos errores! Esto no es una fatalidad y se puede gestionar muy bien.

Tanto si son culpa suya como de sus usuarios, este capítulo pretende ayudarle a prevenir muchos de esos errores y a adaptarse cuando se produzcan codificando o ejecutando un programa.

Al final del capítulo, se le pedirá que repita algunos de los ejercicios de los capítulos anteriores y que haga su código más robusto utilizando los consejos sugeridos aquí.

B. Errores en Excel

Es muy común tener errores en las celdas de Excel. En el capítulo Manipular fórmulas ha visto que se pueden producir errores en las fórmulas, pero esta no es la única fuente posible de error en Excel.

1. Errores en fórmulas

Tanto si el dato que se busca no está presente como si se intenta dividir entre 0, se puede manejar cualquier tipo de error devuelto por la fórmula en una celda, como ya se ha visto con las funciones **ESERROR** y **SI.ERROR**.

Cuando Excel identifica un error, aparece un signo de exclamación negro en un triángulo amarillo a la izquierda de la celda:

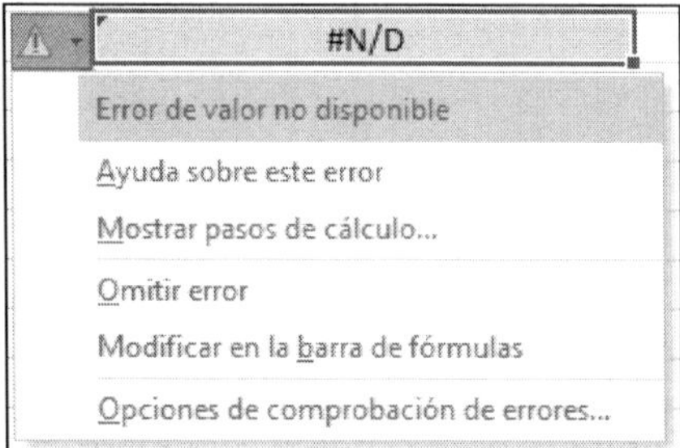

Excel proporciona un mensaje del error y le sugiere posibles soluciones. De este modo, se puede utilizar la ayuda de Excel para mostrar los pasos de cálculo que conducen a este error, ignorar el error o corregir la fórmula directamente en la barra de fórmulas.

2. Errores de concepción

Más allá de las soluciones que le ofrece Excel, puede ocurrir que el origen de los problemas venga directamente de los datos con los que esté trabajando. Puede tener errores debido a que los formatos de las celdas no son los correctos, los datos no están donde deberían estar, etc.

Al no poder prever todos los escenarios posibles, se tendrá que adaptar según los casos de error encontrados y enriquecer gradualmente su libro de Excel.

Este enfoque es el mismo que para sus programas en VBA.

C. Errores en VBA

Hay varios tipos de errores en VBA; no todos aparecen por las mismas razones o al mismo tiempo. En esta sección verá sus diferencias, pero también algunas correcciones muy sencillas para solucionar los errores más triviales.

1. Obtenga ayuda: Option Explicit

Lo primero que se recomienda encarecidamente es utilizar una instrucción que verá en cada una de las correcciones de los ejercicios:

```
Option Explicit
```

Ejemplo 1: una instrucción que, más que útil, es esencial

Esta instrucción debe colocarse al principio de sus módulos. Le ayudará a programar mejor.

a. Agregar la instrucción manualmente

En efecto, la presencia de esta instrucción impone que cada variable utilizada en el código sea declarada estrictamente de antemano. Así, si una variable no está correctamente escrita o si falta su declaración, VBA se lo dirá inmediatamente.

```
Option Explicit
Sub ProcedimientoLlenoDeErrores()
   Dim o As String
   B = "B"
End Sub
```

Ejemplo 2: caso de uso de una variable no declarada

Si comete un error en el nombre de una variable, por ejemplo, si utiliza nombres de variables largos y se olvida de una letra, VBA lo detectará.

```
Sub OtroProcedimientoLlenoDeErrores()
   Dim UnNombreDeVariableParticularmenteLargo As String
   UnNombreDeVariableParticularmenteLarg = "A"
End Sub
```

Ejemplo 3: caso de un nombre de variable mal escrito

Estos casos provocarán errores cuando se intente ejecutar un programa:

Aquí falta la letra o en el nombre de la variable (`Larg` en lugar de `Largo`).

b. Añadir automáticamente al crear un módulo

Como ya ha comprendido, esta instrucción puede considerarse un requisito previo para cualquier instrucción de un módulo.

✎ Para activar esta opción VBA, utilice el menú **Herramientas** - **Opciones**.

✎ En la pestaña **Editor**, marque la casilla **Requerir declaración de variables**.

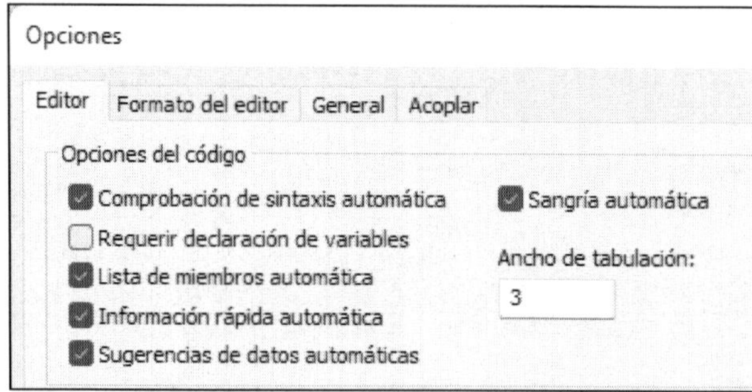

Así, en cuanto inserte un nuevo formulario de usuario, un módulo o un módulo de clase, se escribirá automáticamente la instrucción `Option Explicit` en la primera línea.

En el caso de los módulos creados antes de que se marcara esta casilla, dicha instrucción tendrá que añadirse manualmente.

2. Error de compilación

Al codificar, no se es inmune a los errores, como olvidar una letra o una palabra clave. En cuanto la línea no respete la sintaxis VBA, aparecerá un error.

Algunos errores se indicarán inmediatamente: VBA muestra entonces la línea correspondiente en rojo.

En el siguiente ejemplo, se ha pulsado la tecla ↵ antes de terminar la instrucción de declaración:

```
Sub ProcedimientoLlenoDeErrores()
   Dim o As

End Sub
```

Esta línea permanecerá en rojo hasta que la complete y la haga válida.

Si continúa con su declaración, pero deja otro error, por ejemplo, un tipo de datos que no existe, la línea no se pone en rojo porque VBA considera que la línea es sintácticamente correcta. Pero, en cuanto intente ejecutar la macro, recibirá un mensaje de error diciendo que el tipo de datos no está definido:

```
Sub ProcedimientoLlenoDeErrores()
   Dim o As sting

End Sub
```

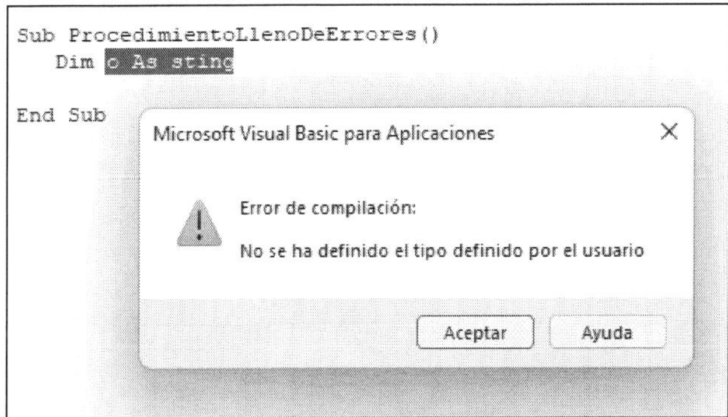

Por lo tanto, corregirá este error de escritura corrigiendo el tipo de datos.

✎ Para comprobar que su código está correctamente escrito, puede hacer clic en el menú **Depuración** - **Compilar VBAProject**. Si no aparece ningún mensaje de error, puede ejecutar su programa.

3. Error de ejecución

Si no se encontraron errores cuando se escribió el código, a veces se producen errores cuando este se ejecuta. Tanto si se trata de un tipo de datos esperado que no se respeta (**Error en tiempo de ejecución 13 - No coinciden los tipos**) como si se supera el límite de un valor (**Error de tiempo en ejecución 6 - Desbordamiento**), cada error encontrado en tiempo de ejecución generará un mensaje de advertencia que se mostrará al usuario.

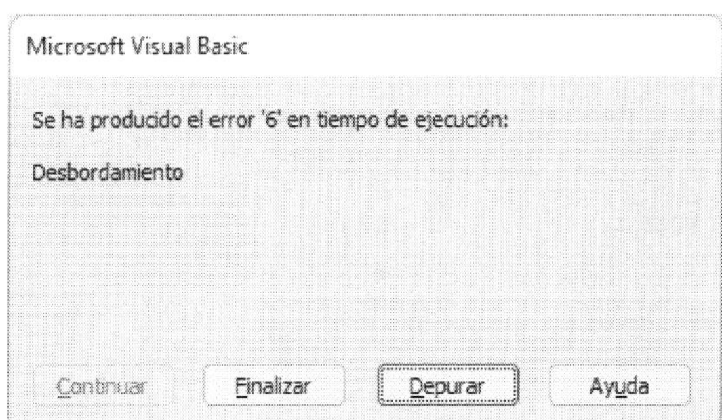

✎ Al hacer clic en el botón **Depurar**, se accede directamente a la línea responsable del error.

Tanto si se trata de un error de programación como si es de manipulación, es importante protegerse de estos errores, que se verán en la sección Gestionar errores en el código.

4. Error propio

También puede ocurrir que, a pesar de la ausencia de un error de compilación o de ejecución, no se obtenga el resultado esperado al ejecutar el programa.

Todo programador aprende continuamente y los errores forman parte de ese aprendizaje. Tanto si se ha equivocado en ciertos criterios como si no se han previsto las combinaciones de valores, es normal que su código evolucione para adaptarse constantemente a los cambios a los que se confrontan sus herramientas informáticas.

Realice una depuración paso a paso para asegurarse de que sus variables tienen el valor correcto en cada paso crítico de su programa.

D. Gestionar errores en el código

En esta sección, verá varias herramientas a su disposición para paliar de la mejor manera posible los errores que puedan ocurrir durante el uso de su programa.

1. Asegurarse de los valores de las variables

Cuando ejecuta su programa, las variables que manipula toman valores y su código se basa en estos valores para ejecutar o no instrucciones. Por lo tanto, es primordial saber qué valores se esperan durante la ejecución.

Mediante el uso de puntos de interrupción (véase el capítulo Ejecutar un programa y reglas de escritura), ya puede estar seguro de si una sentencia debe ejecutarse o no. Pero a veces esto no es suficiente para conocer el estado de sus variables.

a. Usar el ratón

Ya sea que esté depurando en modo paso a paso o que el programa se haya detenido para usted en un punto de interrupción, es posible ver lo que contiene una variable simplemente colocando el ratón sobre ella. A continuación, se muestra una descripción emergente con el nombre de la variable sobre la que se sitúa el ratón, así como su valor en ese momento del programa:

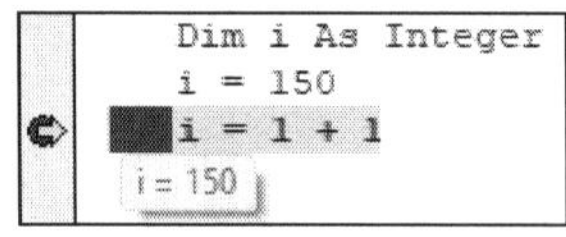

Esta solución permite una rápida visibilidad del contenido de las variables, pero no siempre es esto posible. Como, por ejemplo, cuando la variable cuyo valor se desea conocer se encuentra mucho más arriba en el programa, o cuando el tipo de variable no es un valor que pueda representarse simplemente con un texto (una hoja o un libro de Excel, por ejemplo). Así que hay que utilizar otros medios.

b. Usar la ventana Inmediato

Al igual que existe la posibilidad de iniciar una función o un procedimiento desde la ventana **Inmediato**, el valor de una variable se puede conocer durante la ejecución de un programa, desde esta ventana.

Para ello, basta con escribir el nombre de la variable precedido del carácter de interrogación ?. El contenido de la variable se mostrará en la siguiente línea en la ventana **Inmediato**:

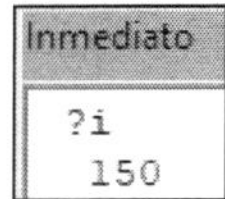

Este enfoque permite alejarse de la técnica anterior con el puntero del ratón, pero no resuelve el problema mencionado en la sección anterior, es decir, la representación de objetos más complejos y su contenido.

Afortunadamente, aún existe una última solución para acceder a la información de sus variables: las expresiones de inspección.

c. Usar la inspección

Tanto si está ejecutando un programa como si simplemente está depurando sus líneas de código, puede utilizar una herramienta muy útil para llevar un control de los valores de sus variables: la expresión de inspección.

Ya ha desplegado la ventana **Inspecciones** en el capítulo El entorno de programación VBE.

- Haga un clic derecho en una variable de su código y seleccione la opción **Agregar inspección**.

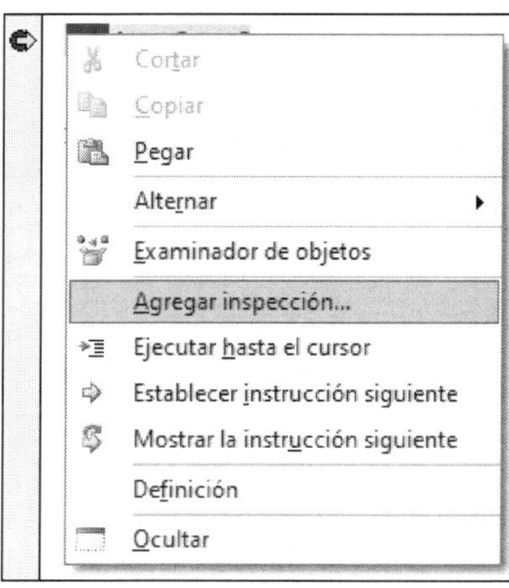

Así, se puede escribir una expresión que será inspeccionada por VBA cuando se ejecute el código.

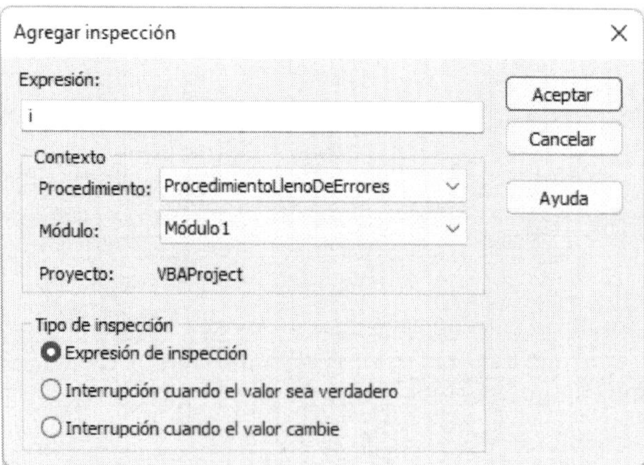

- Introduzca un nombre de variable, una igualdad o una desigualdad.
- El contexto le permite especificar el nombre del procedimiento y el módulo en el que se inspeccionará la expresión.
- Dispone de tres tipos de inspección:
  - **Expresión de inspección**: el valor de la expresión se proporciona en cada momento de la ejecución del programa.
  - **Interrupción cuando el valor sea verdadero**: la expresión que proporcione será una igualdad o una desigualdad, y dará como resultado un valor booleano. El programa se detendrá cuando esta expresión sea `True`.
  - **Interrupción cuando el valor cambie**: si el valor de la expresión cambia durante la ejecución, el programa se detendrá en la línea siguiente al cambio de valor.
- Una vez configuradas las opciones de inspección, haga clic en **Aceptar**: verá los detalles que necesita en la ventana **Inspecciones**, en la parte inferior de su pantalla:

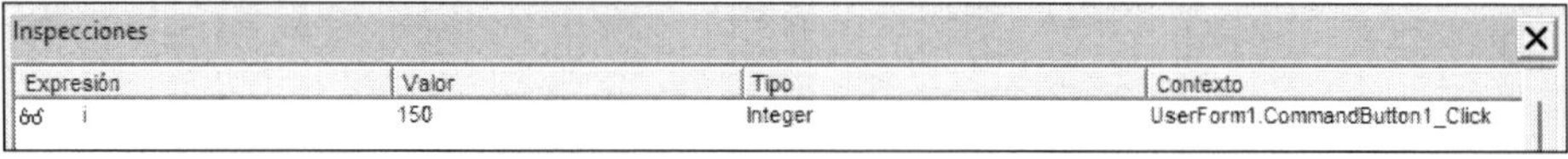

Verá el valor y el tipo de la expresión, así como el contexto. El interés de esta interfaz es permitirle modificar directamente el valor, cambiándolo en la columna **Valor**, pero también acceder a la arborescencia de expresiones, por ejemplo, para una hoja o un libro de Excel.

- Al hacer clic en el icono +, podrá ver todo el conjunto de objetos accesibles a partir de la expresión:

Inspecciones

Expresión	Valor	Tipo	Contexto
i	150	Integer	UserForm1.CommandButton1_Click
⊟ wsh		Worksheet/Hoja1	UserForm1.CommandButton1_Click
⊞ Application		Application/Application	UserForm1.CommandButton1_Click
AutoFilter	Nothing	AutoFilter	UserForm1.CommandButton1_Click
⊞ Cells		Range/Range	UserForm1.CommandButton1_Click
CircularReference	Nothing	Range	UserForm1.CommandButton1_Click
CodeName	"Hoja1"	String	UserForm1.CommandButton1_Click
⊞ Comments		Comments/Comments	UserForm1.CommandButton1_Click
⊞ CommentsThreaded		CommentsThreaded/CommentsThreaded	UserForm1.CommandButton1_Click
ConsolidationFunction	xlSum	XlConsolidationFunction	UserForm1.CommandButton1_Click
⊞ ConsolidationOptions		Variant/Variant(1 to 3)	UserForm1.CommandButton1_Click
ConsolidationSources	Vacío	Variant/Empty	UserForm1.CommandButton1_Click
Creator	xlCreatorCode	XlCreator	UserForm1.CommandButton1_Click
⊞ CustomProperties		CustomProperties/CustomProperties	UserForm1.CommandButton1_Click

Por último, las propiedades de los objetos se pueden utilizar en las expresiones de inspección:

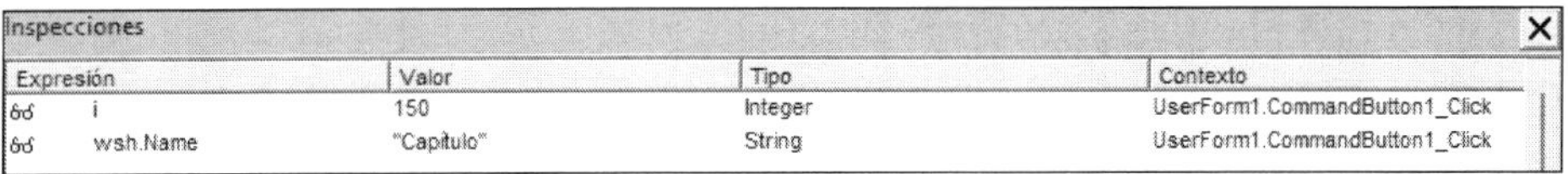

Inspecciones

Expresión	Valor	Tipo	Contexto
i	150	Integer	UserForm1.CommandButton1_Click
wsh.Name	"Capitulo"	String	UserForm1.CommandButton1_Click

- Para editar o eliminar una expresión de inspección, haga clic derecho en la ventana **Inspecciones** y luego clic en la opción correspondiente.

2. Blindar su código

Cuando constate que se producen errores durante el uso de su programa, lo ideal es asegurarse de que dejen de ser visibles para sus usuarios y que sepa cómo anticiparse a ellos o evitarlos si puede.

a. Identificar los riesgos de error

Cuanto más largo es un programa, más probable es que tenga errores. Esto es especialmente cierto cuando se depende de un usuario para que le proporcione información. Ya sea por valores erróneos, por una operación de copiado y pegado mal realizada o por cualquier otra razón, es importante prever aquellos lugares en los que sus instrucciones pueden generar un error cuando escriba su programa, como, por ejemplo, una división entre 0.

b. Usar las funciones de verificación de tipo o de valor

Cuando se recuperan valores de las celdas o se solicita información a los usuarios a través de cuadros de diálogo, puede ocurrir que estos sean incorrectos o falten. He aquí algunas funciones que le permitirán evitar ese tipo de problemas.

Asegurarse de tener un valor: IsNull() IsEmpty() e Is Nothing

Tanto si se trata de un cuadro combinado sin valor como de una celda vacía, puede detectar si los datos para los que se esperan valores están rellenos. Las funciones **IsNull** e **IsEmpty**, para las que usted proporciona las variables o celdas, devolverán un valor booleano. También se puede determinar si un objeto no tiene ningún valor asignado, en cuyo caso es **Nothing**. Asimismo, puede probar este valor con **Is Nothing**.

```
If IsNull(ListBox) Then
   MsgBox "Introduzca un valor"
End If
```

Ejemplo 4: usar la función IsNull

```
Dim rng As Range
If rng Is Nothing Or IsEmpty(ActiveCell) Then
   MsgBox "La celda no está asignada o la celda activa no tiene datos"
End If
```

Ejemplo 5: usar IsEmpty e Is Nothing

Asegurarse de tener un número: IsNumeric()

Cuando se desea obtener un número como valor de entrada para ejecutar un programa, se puede comprobar si una celda o variable contiene un valor numérico utilizando la función **IsNumeric()**. Esta función devolverá información sobre si el valor que se le pasa puede considerarse un valor numérico (`True`) o no (`False`).

```
If Not IsNumeric(TxtBoxAge.Value) Then
   MsgBox "Indique una edad válida", vbOKOnly + vbCritical
End If
```

Ejemplo 6: usar la función IsNumeric

Asegurarse de tener una fecha: IsDate

También se puede determinar si un valor puede considerarse como una fecha o no; véase el capítulo Manipular fechas y horas para más detalles.

3. Anticipar los errores: On Error

a. Admitir la existencia de errores

Si, a pesar de todos sus esfuerzos por anticiparse a ciertos errores, sigue teniendo usuarios que le informan de errores, debe admitir que a veces no se puede anticipar todo.

Puede preparar su programa para decirle cómo comportarse cuando estos errores lleguen. La sentencia **On Error** permite definir a partir de qué línea se activará la gestión de errores incorporada en VBA. Hay tres casos posibles de manejo de errores en VBA, cuyas sutilezas se describen a continuación.

b. Continuar el código en un punto determinado: On Error GoTo

El primer enfoque posible cuando se produce un error es hacer transitar el programa por otra ubicación. La instrucción **GoTo** irá seguida de una etiqueta que estará presente en el programa.

```
Sub EjemploDeGestionDeError()
   Dim i As Integer
   On Error GoTo SigueEnCasoDeError
   i = 1 / 0 'error
   Exit Sub
SigueEnCasoDeError:
   MsgBox "Se ha producido un error"
End Sub
```

Ejemplo 7: usar la instrucción GoTo

En el ejemplo 7, la instrucción `i=1/0` generará un error; el código continuará después de la línea `SigueEnCasoDeError` mostrando el cuadro de diálogo.

c. Reanudar después de encontrar un error: Resume

Puede indicarle al código que reanude en una línea que originalmente era un error con la instrucción **Resume**.

```
Sub EjemploDeGestionDeErrorConResumen()
   Dim i As Integer, j As Integer
   On Error GoTo SigueEnCasoDeError
   i = 1 / j 'error si j es 0, pues no ha sido inicializada
   MsgBox i 'mostrará 1
   Exit Sub
SigueEnCasoDeError:
   If j = 0 Then
       j = 1
   End If
   Resume
End Sub
```

Ejemplo 8: usar la instrucción Resume

d. Pasar a través de los errores: On Error Resume Next

Cuando no quiere que aparezca el error, pero tampoco desea que esto ponga en peligro el resto de su programa, puede indicarle al programa que simplemente se salte los errores. La instrucción que se dará entonces al programa es **`On Error Resume Next`**. En esta situación, cualquier error que se produzca será ignorado y no se mostrará ninguna advertencia al usuario.

```
Sub EjemploDeResumeNext()
   Dim i As Integer, j As Integer
   On Error Resume Next
   i = 1 / j 'error si j es 0, pues no ha sido inicializada
   MsgBox i 'mostrará 0
   i = i + 1
   MsgBox i 'mostrará 1
End Sub
```

Ejemplo 9: usar la instrucción Resume Next

e. Detener la gestión de errores: On Error GoTo 0

Por último, se puede desactivar la gestión de errores. Para ello, debe usar en su programa la instrucción **`On Error GoTo 0`**.

```
Sub EjemploDeGoTo0()
   Dim i As Integer, j As Integer
   On Error Resume Next
   i = 1 / j 'error ignorado
   MsgBox i 'mostrará 0
   On Error GoTo 0
   i = I / j 'Error de ejecución
   MsgBox i 'mostrará 1
End Sub
```

Ejemplo 10: usar la instrucción On Error GoTo 0

4. Objeto error: Err

Cuando se produce un error durante la ejecución de su programa, el objeto **`Err`** se utiliza para almacenar información sobre el error.

Es posible utilizar las propiedades y métodos del objeto `Err` para saber más sobre el error que se ha producido.

a. Propiedades del objeto Err

Número y Descripción del error: Number y Description

El mensaje de advertencia que aparece en la pantalla proporciona al usuario dos datos: el número del error y su descripción. Estos datos son accesibles a través de las propiedades **`Number`** y **`Description`** del objeto **`Err`**.

Origen del error: Source

También puede conocer el origen del error, es decir, el nombre del objeto en el que se ha producido el error, utilizando la propiedad **`Source`** del objeto **`Err`**.

b. Métodos del objeto Err

Reinicializar el error: Clear

Para reinicializar el error, se puede utilizar el método **`Clear`** del objeto **`Err`**. Este método se activa automáticamente cuando el programa pasa por una instrucción `Resume`, `Exit Sub`, `Exit Function`, `Exit Property` u `On Error`.

Simular su propio error: Raise

También puede simular su propio error usando el método **`Raise`** del objeto **`Err`**. Este método utiliza la siguiente sintaxis:

```
Err.Raise Número, [Fuente], [Descripción], [ArchivoDeAyuda],
[ContextoDeAyuda]
```

Ejemplo 11: Sintaxis general del método Raise del objeto Err

Este método toma como parámetros los números, orígenes y descripción del error.

Así, la siguiente instrucción:

```
Sub EjemploDeRaise()
   Err.Raise 1234, "Origen desconocido", "Error personalizado"
End Sub
```

Ejemplo 12: usar el método Raise del objeto Err

tendrá como resultado la siguiente pantalla:

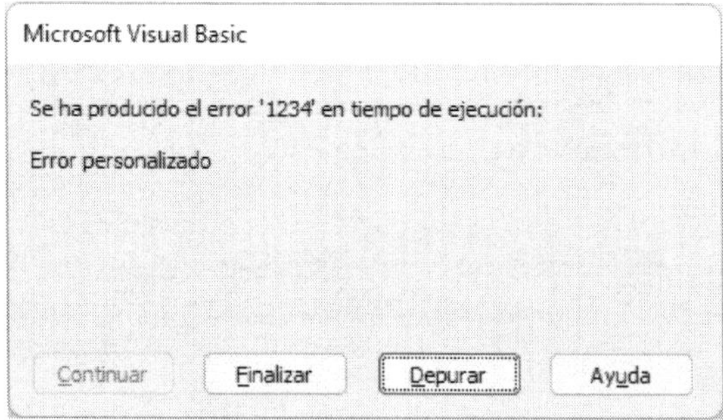

E. Gestionar errores en los formularios de usuarios

Después de haber visto los principales medios para protegerse contra los errores en tiempo de ejecución, esta última sección le da algunas ideas sobre cómo asegurarse lo antes posible de que sus usuarios están proporcionando lo que usted espera de ellos cuando rellenan un formulario.

De este modo, la gestión de errores puede realizarse tan pronto como se haga clic en un botón en un formulario de usuario.

1. Validar datos

Antes de llamar a determinadas funciones, puede realizar una serie de pruebas en los controles de sus formularios. Las comprobaciones de coherencia, campos de texto correctamente rellenados y valores válidos son unas de tantas otras cosas que tendrá que validar antes de llamar a los procedimientos.

Puede crear una función `Validar`, de tipo `Boolean`, que realizará las comprobaciones y devolverá el valor `True` solo si todas sus pruebas proporcionan los resultados esperados.

```
Function Validar() As Boolean
   Validar = True
   'Instrucciones para validar los controles
   ...
   'en caso de que falle la validación del control
   Validar = False
End Function
```

Ejemplo 13: usar una función de validación

A continuación, puede utilizar esta función directamente al hacer clic en el botón **Validar** de su formulario:

```
Private Sub BotonValidar_Click()
   If Validar Then
       'Instrucciones principales
   Else
       MsgBox "Rellene los datos correctamente"
   End If
End Sub
```

Ejemplo 14: usar una función de validación antes de ejecutar las instrucciones

2. Forzar al usuario a elegir

Siempre que sea posible, considere la opción de rellenar previamente un formulario para facilitar al usuario su trabajo y así reducir el riesgo de que se olvide de hacerlo. Puede utilizar valores predefinidos o seleccionar, por ellos, los valores en las listas. Recuerde colocar las instrucciones en el evento **UserForm_Initialize** de sus formularios.

3. Guiar al usuario

Etiquetar la ruta para su usuario le permite a este evitar errores. Al desglosar el proceso dentro de su programa, se pueden realizar validaciones incrementales para asegurarse de que el usuario está haciendo bien las cosas, antes de lanzar procesos más complejos. Puede utilizar objetos como barras de progreso o multipáginas.

F. Ejercicios

Cree el módulo **Capitulo_20_Errores** para escribir sus programas.

1. Reforzar los ejercicios precedentes

En un esfuerzo por hacer más robustos los ejercicios de los capítulos precedentes, he aquí algunas ideas.

- **Capítulo 5 MsgBox Inputbox Ejercicio DialogoBasico**: asegúrese de que el usuario no introduzca un valor numérico ni una fecha.
- **Capítulo 11 Cadenas de Caracteres Ejercicio DescomponerUnaFecha**: asegúrese de que los caracteres pasados como parámetros se puedan recuperar como una fecha válida.

2. Implementar una gestión de errores

- **Capítulo 14 Manipular Hojas de Excel Ejercicio Crear-RellenarYNombrarHoja**: implemente un sistema de gestión de errores que muestre un mensaje al usuario si la hoja ya está presente en el libro.

3. Usar las funciones de control

- **Capítulo 15 Manipular Libros Ejercicio EtapasComple-tasLibro**: use las funciones vistas en este capítulo para asegurarse de que la celda utilizada para almacenar el nombre del archivo no está vacía, antes de proceder a guardar el libro.

Capítulo 21

Progresar con el código

A. Objetivos 347
B. Primero ha de funcionar y luego se optimiza 347
C. Dejar de reinventar la rueda 349
D. Lo mejor es enemigo de lo bueno 350

A. Objetivos

En este capítulo, abordará los eventos que ocurren una vez que haya realizado con éxito sus primeros programas. Cuando empieza, utilizará rigurosamente las estructuras de código y los bloques descritos en este libro, pero tendrá la sensación de que puede hacerlo mejor. Este capítulo le ofrece algunas respuestas sobre cuándo buscar mejoras y cuándo conformarse con el resultado obtenido.

B. Primero ha de funcionar y luego se optimiza

Cuanto más se progresa en un campo, más se apunta a un resultado óptimo. Este objetivo será similar en su conocimiento y dominio del lenguaje VBA. Pero no se salte los pasos innecesariamente.

1. Obtener el resultado correcto

Lo más importante al crear sus primeros programas es obtener el resultado esperado una vez ejecutado el programa. No le importa si el código está bien escrito, si está bien comentado o si tiene el rendimiento digno de un coche de Fórmula 1.

El primer paso aquí es solo conseguir el resultado correcto, y ese es el objetivo principal en el que debe centrarse. Estará de acuerdo con nosotros en que un código óptimo que está perfectamente documentado pero que da un resultado erróneo presenta un interés más que limitado.

Así que concéntrese en los pasos de su código y utilice puntos de interrupción para asegurarse de obtener los valores correctos en el momento adecuado en sus programas.

2. Obtener el resultado correcto y de la forma óptima

a. Código más eficaz

Ya ha experimentado con la optimización de su código, especialmente a través de los bucles vistos en el capítulo Bucles. Las instrucciones, que son varias veces idénticas, siempre resultan más agradables y fáciles de leer cuando están agrupadas y simplificadas dentro de un bloque de código.

Parta del principio de que un programa corto es la forma más fácil de mantener y optimizar.

Si es necesario, divida un procedimiento particularmente largo en varios más cortos, con su procedimiento principal, que llamará sucesivamente a todos los procedimientos secundarios.

b. Código más fácil de leer

Algunas manipulaciones recurrentes en el marco de su programa pueden ser el objeto de un procedimiento dedicado. Al darle un nombre explícito, no tendrá problemas para saber qué hará un procedimiento o qué devolverá una función como valor.

Del mismo modo, la elección de los tipos de datos o los nombres que les da es también una forma de optimizar su código. No dude en utilizar nombres más largos, pero más comprensibles.

c. Un programa más robusto

Con el uso cada vez más frecuente de herramientas VBA que pondrá a disposición de los usuarios, se dará cuenta de que el punto de entrada del usuario es una fuente infinita de posibles errores.

Al leer el capítulo Gestión de errores y depuración, ha tenido en cuenta este importante elemento de riesgo de error en sus programas, y sabe que debe asegurarse de que sus programas tengan en cuenta estos posibles errores, sin mostrar continuamente mensajes de error que los no programadores no sabrán interpretar.

d. Un programa comentado

Tanto si sabe exactamente lo que hace una línea o serie de líneas de código como si no, es importante que comente sus programas. Los comentarios le ayudarán a seguir la traza de las distintas etapas de la evolución del programa, y aquellos que escriba hoy deberán comprenderse dentro de seis meses o un año. No es raro que una aplicación se mantenga en las empresas durante varios años, así que ¡piénselo!

e. Un programa escrito hoy, utilizado mañana, por usted y por otros

Un último punto importante cuando desarrolle una aplicación es tener siempre presente que, un día u otro, esta aplicación puede ser mantenida por otra persona que no sea usted; para facilitarle el trabajo, debe dejarle todos los elementos posibles de forma que pueda seguir desarrollando su herramienta.

Ya sea dentro de unas semanas o varios años, aunque las normas de la programación puedan evolucionar, recuerde dejar la información importante a disposición de aquel o aquellos que tendrán el placer de hacerse cargo de su herramienta.

Y no olvide que esa persona también podría ser ¡usted!

C. Dejar de reinventar la rueda

A medida que desarrolle nuevos programas, volverá invariablemente a pasos que conoce cada vez mejor y, en lugar de empezar desde cero, tendrá funciones y procedimientos listos para su empleo.

1. Usar el código de la grabadora de macros

Como ha visto al principio de este libro, la grabadora de macros puede ser un valioso aliado a la hora de encontrar una propiedad o un método que utilice con poca frecuencia. También es una herramienta en la que puede apoyarse para manipulaciones que potencialmente ignora si las instrucciones de VBA satisfacen sus necesidades.

2. Reutilizar su propio código

Su código no está únicamente vinculado a un libro de Excel, sino que puede exportarse e importarse directamente a través de un módulo o de un módulo de clase. Organice los módulos de código más utilizados por categorías, según las necesidades de la empresa, por ejemplo (Gestión de tiempos, Gestión de inventarios, Nóminas, etc.).

Cuando esté satisfecho con los resultados obtenidos, ahorrará todo el tiempo que haya pasado escribiendo código, ya que no tendrá que volver a hacer lo mismo.

3. Generalizar procedimientos y funciones

También tendrá la ocasión de encontrar variaciones en sus necesidades, como nombres de hojas que cambian, formatos de fecha que evolucionan de un proyecto a otro. Al igual que tiene la posibilidad de reutilizar su código, podrá hacer evolucionar conjuntos de código en los que ha pasado información codificada (manualmente), para transmitir esa misma información por medio de parámetros que añada a las funciones y procedimientos.

D. Lo mejor es enemigo de lo bueno

Tenga cuidado de no caer en el exceso. Tanto si su procedimiento se utiliza treinta veces al día como si se usa una sola vez al año, las expectativas en términos de ahorro de tiempo a veces no valen el tiempo que usted les dedica. Por lo tanto, sea razonable en las mejoras que busca obtener a través de las optimizaciones.

Aunque parezca que a menudo es posible hacerlo «cada vez mejor», usted no está programando en VBA para batir un récord de velocidad, está ahí para ahorrar tiempo a los usuarios y hacerles el trabajo más agradable, y esto es a veces lo principal.

Capítulo 22

Más allá con VBA

A. Esto es solo el principio 353
B. Módulos de clase 353
C. Continuar progresando en el control de Excel 359
D. Controlar una aplicación que no sea Excel 361

A. Esto es solo el principio

Tras haber leído todos los capítulos hasta aquí, está empezando a comprender todas las posibilidades que tiene a su disposición. Sin embargo, esto es solo el comienzo del aprendizaje de VBA y la forma básica de cómo utilizarlo para permitir ahorrar tiempo a sus usuarios.

Estas no son las únicas cosas que se pueden aprender; hay otras más adelante.

Este libro abarca temas que le hacen descubrir los fundamentos de la programación y pronto, con la experiencia, se sentirá tentado de ir más allá. Para que siga adelante, aquí tiene algunas ideas de temas sobre los que puede seguir aprendiendo.

B. Módulos de clase

Ya ha visto en los capítulos Manipular celdas de Excel y Manipular hojas de Excel la posibilidad de trabajar con objetos que tienen distinto grado de sofisticación, y de utilizar sus propiedades, métodos e incluso sus eventos.

Ha escrito sus ejercicios en módulos, ha escrito funciones y procedimientos en formularios de usuario. El tema que deliberadamente no se ha tratado hasta ahora, considerado de un nivel más avanzado, se refiere a los **módulos de clase**.

1. Definición básica de un módulo de clase

Un módulo de clase es un módulo que le permite crear sus propios objetos. Usted almacena en él las variables que desee, permitiendo al resto de sus programas acceder a sus propiedades, pero también a sus métodos e incluso a sus eventos.

Así que puede crear su propio tipo de datos.

Para despertar su interés, he aquí un ejemplo.

2. Agregar un módulo de clase

- Para agregar un módulo de clase a su proyecto, haga clic en el menú **Insertar - Módulo de clase**.

Aparecerá en la carpeta **Módulos de clase**. Puede darle el nombre que quiera. Este nombre se utilizará, después, para crear el objeto.

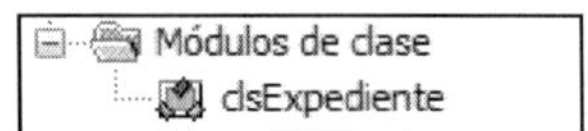

En este ejemplo, el módulo de clase se llamará **clsExpediente**.

Una vez creado el módulo de clase, puede añadirle lo que necesite.

3. Variables

Puede almacenar variables en un módulo de clase, que serán visibles (`Public`) o no (`Private`) desde el programa que lo llame. Los tipos de datos son idénticos a los vistos en este libro.

```
Private strExpediente As String
Private dtFechaApertura As Date
Private rngCeldas As Range
```

Ejemplo 1: declarar variables privadas en un módulo de clase

4. Propiedades

Tal y como ha descubierto en este libro, se le pueden establecer propiedades a su clase. La ventaja de las propiedades en un módulo de clase es que puede realizar un control potencial sobre los datos proporcionados, y sobre todo dar acceso de forma indirecta solo a las variables que son de ámbito `Private` a través de las propiedades `Public`.

Hay tres tipos de propiedades: `Get`, `Let` y `Set`.

a. Leer una propiedad: Get

Para permitir que el código que llama lea una propiedad, es necesario crear una con ámbito `Public` y asignarle el tipo de datos de la variable `Private` leída. Dependiendo de si el tipo de datos es `Objet` o no, la sintaxis implicará la palabra clave `Set` en la instrucción de asignación.

```
Public Property Get Expediente() As String
   Expediente = strExpediente
End Property

Public Property Get Celda() As Range
   Set Celda = rngCeldas
End Property
```

Ejemplo 2: usar la propiedad Get en un módulo de clase

b. Modificar el valor de una propiedad básica: Let

Desde el momento en que se traten de actualizar variables que no sean de tipo `Object`, se utilizarán las propiedades de tipo **`Let`**. La propiedad toma como parámetro el valor que se asignará a la variable, pero puede realizar una manipulación intermedia, como, por ejemplo, una prueba.

```
Public Property Let Expediente(CodigoExpediente As String)
   If Len(CodigoExpediente) = 7 Then
       strExpediente = CodigoExpediente
   Else
       strExpediente = "AA" & CodigoExpediente
   End If
End Property
```

Ejemplo 3: usar la propiedad Let en un módulo de clase

c. Modificar el valor de una propiedad Objet: Set

Si en lugar de tener tipos de datos simples desea utilizar variables de tipo `Object`, por ejemplo, una celda o rango de celdas `Range`, puede hacer la asignación pasando por un **`Property Set`**.

```
Public Property Set Celda(rng As Range)
   Set rngCeldas = rng
End Property
```

Ejemplo 4: usar la propiedad Set en un módulo de clase

5. Métodos

Cuando se manipula un objeto de tipo `Range`, por ejemplo, el método **`Delete`** permite eliminar la celda o el rango de celdas.

Cuando quiera crear un método para su clase, tendrá que establecer procedimientos `Sub`, de ámbito `Public`.

```
Public Sub CrearExpediente()
   Dim wbk As Workbook
   Set wbk = Workbooks.Add 'nuevo expediente
   wbk.Worksheets(1).Range(rngCeldas.Address).Value =
```

```
dtFechaApertura 'rellenar
End Sub
```

Ejemplo 5: crear un método en un módulo de clase

6. Eventos

De la misma forma que puede utilizar procedimientos basados en eventos en hojas, libros o controles de formularios de usuario, se pueden gestionar eventos con una clase.

Para crear un evento, basta con utilizar la palabra clave **Event** y darle un nombre.

```
Event ExpedienteExpiro(DtExpiracion As Date)
```

Ejemplo 6: definir un evento en un módulo de clase

A continuación, puede determinar cuándo se activará el evento mediante la sentencia **RaiseEvent**.

En este ejemplo, se tratará de una fecha de apertura de expediente de más de 30 días de antigüedad con relación a la fecha actual.

```
Public Property Let FechaApertura(dt As Date)
   dtFechaApertura = dt
   If dt < Date - 30 Then
       RaiseEvent ExpedienteExpiro(dt + 30)
   End If
End Property
```

Ejemplo 7: activar un evento dentro de un módulo de clase

El uso de eventos se hará mediante la palabra clave **WithEvents** al declarar una variable del tipo que acaba de crear. Tenga en cuenta que no es posible utilizar esta instrucción en un módulo estándar.

7. Usar un módulo de clase en un proyecto

Cuando haya terminado de crear su propia clase, es el momento de utilizarla en el resto del programa.

Para utilizar la clase, en nuestro ejemplo, bastará con especificar el tipo de datos clsExpediente.

En un formulario de usuario puede utilizar su clase mediante la siguiente declaración:

```
Dim WithEvents MiExpediente As clsExpediente
```

Ejemplo 8: declarar una clase personalizada

Esto tendrá como efecto que esté disponible en el cuadro combinado de la izquierda de la interfaz de código, en este caso el objeto **MiExpediente**, y en el cuadro combinado de eventos de la derecha, en este caso el evento **ExpedienteExpiro**:

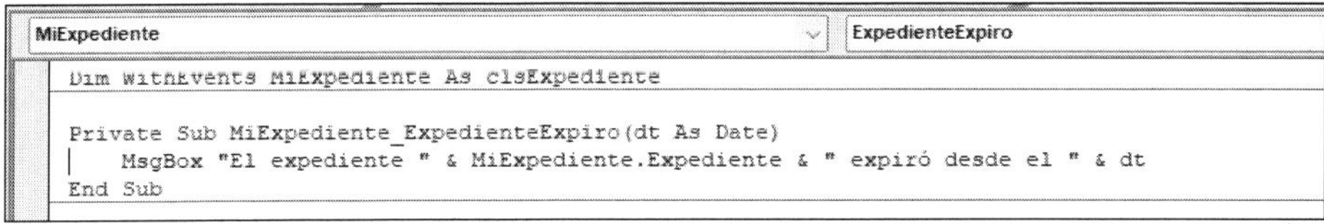

Esto le permite añadir instrucciones en caso de que el evento se active.

Un formulario como este le permite manipular la clase recién creada.

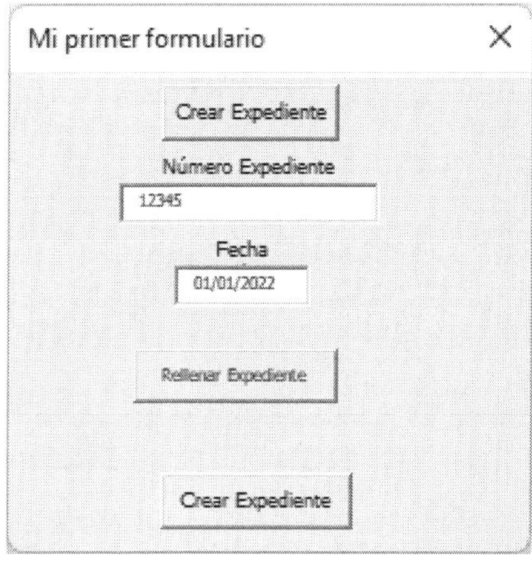

Y el código será el siguiente:

```
Dim WithEvents MiExpediente As clsExpediente

Private Sub MiExpediente_ExpedienteExpiro(dt As Date)
   MsgBox "El expediente " & MiExpediente.Expediente & _
          " expiró desde el " & dt
End Sub

Private Sub BtnRellenar_Click()
   'garantizar que exista una fecha válida
   If IsDate(Me.TxtFecha.Value) Then
       'garantizar que exista una clase instanciada
       If MiExpediente Is Nothing Then Set MiExpediente = New
clsExpediente
       MiExpediente.Expediente = Me.TxtExpediente.Value
       MiExpediente.FechaApertura = CDate(Me.TxtFecha.Value)
```

```
   End If
End Sub

Private Sub BtnExpediente_Click()
   Dim Celda As Range
   Set Celda = Application.InputBox("Elija una
celda destino para su expediente", , , , , , , 8)
   Set MiExpediente.Celda = Celda
   MiExpediente.CrearExpediente

End Sub

Private Sub BtnCrear_Click()
   Set MiExpediente = New clsExpediente
End Sub
```

Ejemplo 9: código completo del uso de un módulo de clase

En la hipótesis de una fecha demasiado lejana, aparecerá el siguiente cuadro de diálogo:

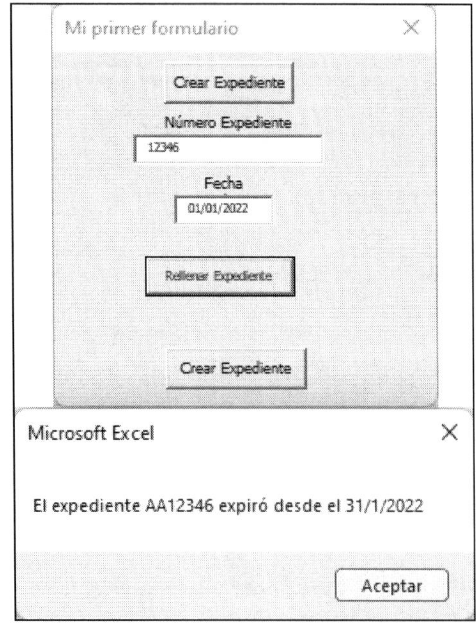

C. Continuar progresando en el control de Excel

Este libro le ha permitido descubrir ciertas características de Excel que puede manipular con VBA. Estas no son las únicas funcionalidades que quedan por descubrir. A través de la grabadora de macros, puede aprender algunas de ellas por su cuenta.

1. Tablas dinámicas

Las tablas dinámicas le permiten realizar cálculos sobre conjuntos de datos. Agrupando la información y organizándola según sus propios criterios, podrá ver, por ejemplo, totales por categoría, resultados por trimestres y mucho más, todo ello de forma muy sencilla.

	A	B	C
1	Divisa:	91	
2			
3			
4	Etiquetas de las líneas	Suma de las cantidades	Número de facturas
5	03911282	1986.6	1
6	11289007	16907.11	2
7	15082001	214.08	1
8	G0463001	7140	1
9	G0633001	1392	1
10	Total general	27639.79	6

Es menos frecuente tener la necesidad de generarlas mediante programación, pero, aun así, se puede hacer.

El tipo de objeto VBA que representa una tabla dinámica es **`PivotTable`**. También hace referencia a **`PivotField`** para sus campos.

La función de Excel `IMPORTARDATOSDINAMICOS` corresponde a `GetPivotData` en VBA.

2. Formatos condicionales

Cuando se trabaja con conjuntos de datos y se desea resaltar los números que destacan o cumplen ciertos criterios, el formato condicional es una herramienta especialmente eficaz. Puede, sin utilizar inicialmente código VBA, jugar con el color del texto, el color del fondo de la celda o incluso con los iconos que estarían visibles.

En VBA, utilizando **`FormatConditions`**, podrá manipular las condiciones y los formatos directamente en su programa.

Nº Factura	Importe
FAC 158232	13,418.71
FAC 158233	3,488.40
FAC 159021	0.00
FAC 512108	0.00
FAC 512119	0.00
6D9	16,907.11
FAC 159136	0.00

3. Proteger hojas y libros

Cuando requiere prestar especial atención a ciertos datos o si quiere bloquear el acceso a determinadas hojas de sus libros, la protección incorporada a Excel también puede controlarse directamente en VBA. Ya sea que se trate de proteger una hoja o un libro, de eliminar una protección o de definir autorizaciones de modificación para rangos de celdas en sus libros, los métodos VBA le permiten gestionar estos elementos automáticamente.

4. Personalizar la cinta de opciones para ejecutar sus macros y mostrar un formulario de usuario

Hasta ahora ha visto cómo ejecutar una macro desde la interfaz de Excel. A continuación, puede pasar a crear botones que colocará en las hojas de Excel. El paso más avanzado desde el punto de vista gráfico es crear sus propias cintas de opciones de Excel.

Utilizando una sencilla estructura XML, puede crear sus propios botones que responden a un clic, lo que le permite añadir una capa gráfica que sus usuarios apreciarán.

Tanto si utiliza las imágenes disponibles en Microsoft Office como el logotipo de la empresa, las posibilidades de personalización son inmensas:

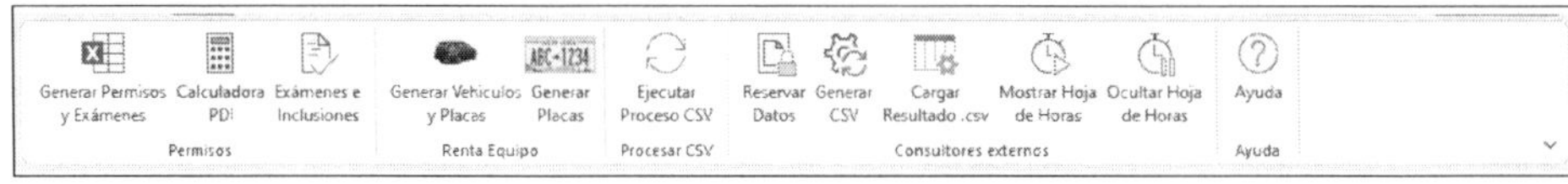

El código VBA asociado a cada botón puede ser muy rudimentario para permitir su funcionamiento:

```
Public Sub CreacionRapida(ctrl As IRibbonControl)
   ufPrincipal.Show
End Sub
```

Ejemplo 10: mostrar un formulario desde la cinta de opciones de Excel

D. Controlar una aplicación que no sea Excel

Cuando empezó a programar en VBA con este libro, solo utilizamos objetos de Excel.

Debe saber que el lenguaje VBA también puede utilizarse con otras aplicaciones de Microsoft, como Access, Word, Outlook o PowerPoint. Por lo tanto, puede utilizar la base de conocimientos que ha adquirido para considerar trabajar con estas otras herramientas.

Al añadir las bibliotecas dedicadas, puede manipular documentos de Word o correos electrónicos creados con Outlook. A continuación, se presentan algunos códigos de muestra para controlar dichas aplicaciones.

1. Crear y escribir en un documento de Word

Agregando la librería **Microsoft Word 16.0 Object Library**, se pueden manipular objetos de Word.

Para añadir una biblioteca, utilice el menú **Herramientas** de VBE y seleccione **Referencias**. Las bibliotecas aparecen en orden alfabético: marque las que quiera añadir a su proyecto y desmarque las que no necesite.

El siguiente programa abrirá la aplicación Word, creará un nuevo documento y escribirá **Buenos días** en él.

```
Option Explicit
Public Sub ControlarWord()
   'Declaraciones
   Dim wdApp As Word.Application
   Dim wdDoc As Word.Document
   Set wdApp = New Word.Application

   With wdApp
       .Visible = True            'hacer la aplicación visible
       Set wdDoc = .Documents.Add 'crear un documento
       .Selection.TypeText "Buenos días"
   End With
End Sub
```

Ejemplo 11: controlar Word desde Excel

2. Crear y rellenar un correo electrónico de Outlook

Agregando la librería **Microsoft Outlook 16.0 Object Library**, puede manipular los objetos de Outlook.

El siguiente programa abrirá la aplicación Outlook, creará un nuevo correo electrónico y rellenará los campos **Para**, **Asunto** y el cuerpo del mensaje.

```
Public Sub ControlarOutlook()
   'Declaraciones
   Dim objOutlook As Outlook.Application
   Dim objMail As Outlook.MailItem

   'Abrir Outlook
   Set objOutlook = New Outlook.Application
   'Crear un correo
   Set objMail = objOutlook.CreateItem(0)

   With objMail
       .To = "apellido.nombre@dominio.com" 'destinatario
       .Subject = "Título del correo"      'asunto
       .Body = "Buenos días"               'contenido
       .Display                            'mostrar correo
   End With

   Set objOutlook = Nothing
   Set objMail = Nothing
End Sub
```

Ejemplo 12: controlar Outlook desde Excel

Capítulo 23

Ejercicio final

A. Objetivos del capítulo 365
B. Declaración principal 363

A. Objetivos del capítulo

Ahora que ya ha leído todos los capítulos, ha llegado el momento de crear su primera aplicación Excel. Le hemos proporcionado un ejercicio de ejemplo, que puede crear Vd. mismo. Deliberadamente no hemos proporcionado ninguna respuesta.

Como parte de su trabajo, se le pedirá que cree herramientas para satisfacer una necesidad de automatización que haya identificado directa o indirectamente. Una aplicación completa consta de muchas etapas y hay que proceder metódicamente para evitar retratarse demasiado pronto en ciertas sutilezas.

El objetivo de este capítulo es ofrecerle un contexto de trabajo para que pueda proyectarse sobre un caso concreto. Algunos elementos le parecerán obvios como caso a tratar, así como otros le parecerán opcionales, ya que no reflejan su realidad empresarial.

B. Declaración principal

Para ayudarle a crear una aplicación de la A a la Z, le presentamos un ejemplo concreto de una necesidad empresarial. Se espera que elabore una aplicación Excel con una serie de funciones diseñadas para ahorrar tiempo a sus compañeros del departamento de Pedidos Automatizados.

1. Contexto

En una empresa de logística, dispone de varios almacenes en todo el país por los que pasan los pedidos de sus clientes.

Los pedidos son de piezas de recambio, medidas en toneladas. Pueden estar recién llegados a uno de sus almacenes (estado Nuevo), en tránsito entre varios de sus almacenes (estado Clasificado) o listos para ser enviados (estado En espera de entrega).

Cada jefe de almacén le envía diariamente un archivo Excel con información sobre los pedidos que reciben y mandan.

Cada archivo contiene dos hojas (una para las recepciones y otra para las expediciones).

Cada hoja tiene cinco columnas:

- hora de tratamiento (de 00:00 a 23:59),
- número de pedido,
- nombre del cliente,
- estado del pedido (los valores posibles aquí son Nuevo, Intermedio, Final),
- volumen del pedido (en toneladas).

	A	B	C	D	E
1	Hora	Numero_Pedido	Nombre_Cliente	Estado	Volumen
2	08:15	YODA_12	Dagobah	Nuevo	23
3	08:25	SOLO_5	Correlia	Intermedio	7
4	09:12	PALPATINE_8	Coruscant	Final	66
5	10:03	LEIA_1	Aldebaran	Nuevo	12
6	11:12	LUKE_30	Tatooine	Intermedio	5

Ejemplo de contenido de un fichero Excel de almacén

Para ofrecer a la dirección una visión completa de los pedidos en curso en los distintos almacenes de la empresa, se le ha pedido que cree una aplicación Excel que recopile la información de los archivos de cada almacén, todos guardados en la misma carpeta.

A partir de los datos recopilados, la dirección quiere poder realizar búsquedas y obtener estadísticas.

2. Objetivos impuestos

Utilizando la aplicación Excel, necesita implementar una solución con formularios de usuario para facilitar el trabajo del departamento de Pedidos Automatizados.

Lo primero que deberá hacer es compilar la información contenida en cada uno de los ficheros, añadiendo el número de almacén. Considerará el nombre del fichero para obtener el número de almacén y la fecha del fichero (NumeroAlmacen_Fecha.xlsx).

Ejemplos de nombres de archivos Excel

La dirección necesita poder realizar una búsqueda a partir de un número de pedido para saber en qué almacén se encuentra el material, así como su historial de transporte (es decir, todos los almacenes por los que ha pasado el envío).

Con el conjunto de pedidos, la dirección necesitará saber:

- para un almacén determinado, el número total de pedidos,
- para un almacén determinado, el peso total de los pedidos,
- para un cliente determinado, los 5 pedidos con mayor volumen,
- para un cliente determinado, el número total de pedidos y el volumen total,
- poder especificar una horquilla temporal (por ejemplo entre dos fechas).

3. Objetivos libres

Con la lectura del enunciado habrá comprendido que es posible ofrecer funciones especialmente sencillas, pero también anticiparse a las futuras necesidades que pueda tener el departamento una vez que su aplicación básica esté en marcha.

Los controles en las hojas pueden ser muchos: comprobar si hay líneas vacías en un archivo, comprobar las horas de las intervenciones, comprobar si hay posibles duplicados en los archivos del almacén.

Del mismo modo, si la empresa desea detectar los pedidos que superan el umbral de 100 toneladas a lo largo de una semana, una herramienta de detección a través de su programa VBA sería posible.

4. Posibles enfoques

Cuando tiene que trabajar y responder a necesidades reales dentro de una empresa, necesita ser metódico para avanzar sin dispersarse. No existe una fórmula mágica para conseguir resultados, pero segmentando su trabajo entre los aspectos visuales (formularios de usuario) y el código, puede encontrar el ritmo más adecuado.

a. Primero el código, las imágenes después

Algunas personas no se sienten creativas y escribir código les es suficiente. Trabaje partiendo de la base de que, de momento, el departamento no requiere de momento un aspecto visual muy logrado y que da más importancia a que sea una aplicación funcional.

De este modo, desarrollará primero las funciones y los procedimientos, antes de incorporarlos a sus formularios de usuario.

Este enfoque le permite lanzar rápidamente la fase de desarrollo y disponer de una fase de prueba/error para llevar a cabo procedimientos que pueden resultar algo complejos.

b. Interfaces para obtener la adhesión de los usuarios, y luego la maquinaria

Cuando le enunciaron la necesidad, pudo identificar algunas posibles mejoras muy prácticas y cree que podrá compartirlas con el departamento antes de empezar a programar.

Una vez que las interfaces están listas, empieza a codificar las instrucciones que se activarán.

Crear interfaces incluso antes de codificar puede ser una solución útil, ya que le permite mostrar cómo se imagina la interfaz y cómo se desarrolla cada necesidad. Al obtener la aprobación del departamento, valida su propia comprensión de sus necesidades y abre la puerta a cambios de última hora o a nuevas necesidades que puedan surgir.

Este planteamiento retrasa el lanzamiento de la programación, pero le evitará tener que cambiar el diseño de la aplicación varias veces, a medida que la necesidad exacta del departamento vaya quedando cada vez más clara.

Capítulo 24

Correcciones de los ejercicios

A. Correcciones de los ejercicios 371
B. Comunicarse con el usuario 371
C. Variables y constantes 373
D. Procedimientos, funciones y macros 375
E. Condiciones 378
F. Bucles 381
G. Operadores 384
H. Cadenas 388
I. Fechas y horas 392
J. Celdas y rangos de celdas 397
K. Hojas 399
L. Libros 401
M. Manipular la aplicación Excel 402
N. Fórmulas 404
O. Gráficos 405
P. Formularios de usuarios 407
Q. Gestión de errores y depuración 409

A. Correcciones de los ejercicios

En este capítulo encontrará las correcciones de los ejercicios que se le han propuesto en este libro.

Cada ejercicio está explicado y comentado para permitirle comprender las instrucciones y planteamientos.

También puede descargar el archivo **Ejercicios_Corregidos.xlsm**, que contiene el código de cada ejercicio, directamente de la página web de Ediciones ENI, www.ediciones-eni.com

B. Comunicarse con el usuario

1. Ejercicio 1: Función MsgBox

- Haga clic derecho en el Explorador de Proyectos y seleccione **Insertar** - **Módulo**.
- Seleccione el módulo creado, **Módulo1**, y en la ventana **Propiedades** cambie su propiedad (**Name**) a **Capitulo_05_MsgBox_InputBox**.

```
Option Explicit

'Ejercicio 1 - Función MsgBox
'A-Hola a todo el mundo
'En el interior de una estructura
Public Sub HolaATodoElMundo()
   'Escriba una instrucción que muestre al usuario, en un
   'cuadro de diálogo, el texto simple "Hola a todo el mundo"
   MsgBox "Hola a todo el mundo"
End Sub

'B-Juego de botones
'En el interior de una estructura
```

```
Public JuegoDeBotones()
   'Escriba una instrucción que muestre al usuario,
   'en un cuadro de diálogo, el texto
   '"¿Listo para la guerra de los botones?",
   'y proponga los botones Sí y No.
   MsgBox "¿Listo para la guerra de los botones?", vbYesNo
End Sub


'C-Juego de iconos
'En el interior de una estructura
Public Sub JuegoDeIconos()
   'Escriba una instrucción que muestre al usuario,
   'en un cuadro de diálogo, el texto
   '"¿Listo para la guerra de los botones?",
   proponga los botones Sí y No
   'y muestre el icono del signo de interrogación (vbQuestion)
   MsgBox "¿Listo para la guerra de los botones?", vbYesNo +
vbQuestion
End Sub


'D-En qué botón se hizo clic
'En el interior de una estructura
Public Sub QueBoton()
   'Escriba una instrucción que muestre al usuario,
   'en un cuadro de diálogo, el texto
   '"¿Qué botón?", proponga los botones Sí y No.
   Select Case MsgBox("¿Qué botón?", vbYesNo)
      'Tomando las instrucciones propuestas en la sección
"Respuesta del usuario,
      'clic en un botón",
      'escriba una instrucción que muestre "Sí" si el usuario
      'hace clic en el botón Sí,
      Case vbYes
          MsgBox "Sí"
     'y "No" si el usuario hace clic en el botón No.
      Case vbNo
          MsgBox "No"
   End Select
End Sub
```

2. Ejercicio 2: Función InputBox

```
'A-Diálogo básico
'En el interior de una estructura
Public Sub DialogoBasico()
   Dim Valor
   'Escriba una instrucción que muestre el texto "Buenos días.
   '¿Cómo te llamas?" al usuario y le pida que introduzca su nombre.
   Valor = Application.InputBox("Buenos días, ¿Cómo te llamas?")
   'Usando las instrucciones propuestas en la sección "Valor que
   'devuelve la función", escriba una instrucción
   'que muestre el nombre introducido por el usuario.
   MsgBox Valor
End Sub

'B-Información predefinida
'En el interior de una estructura
Public InformacionPredefinida()
   Dim Valor
   'Escriba una instrucción que muestre el texto
"Hola, ¿cómo se llama?"
   'al usuario y le pida que introduzca su nombre. El texto
   '"Bond, James Bond" se mostrará de forma predefinida en la caja de
texto.
   Valor = Application.InputBox("Hola, ¿cómo se llama?", ,
"Bond, James Bond")
   'Usando las instrucciones propuestas en la sección
   '"Valor que devuelve la función", escriba una instrucción '
   ' que muestre el nombre introducido por el usuario.
   MsgBox Valor
End Sub
```

C. Variables y constantes

1. Ejercicio 1: Declaraciones simples de variables

```
Option Explicit

Private Sub DeclaracionesSimples()
   'A-Declare una variable que pueda tomar un nombre de Proyecto y
llámela NombreProyecto.
   Dim NombreProyecto As String

   'B-Declare una variable que acepte dos valores enteros
y llámela NumeroPresupuesto.
   Dim NumeroPresupuesto As Integer
```

```
   ' C-Declare una variable que pueda contener Verdadero o Falso
y llámela Prioritaria.
   Dim Prioritaria As Boolean

   ' D-Declare una constante que contenga el 1 de enero de 1950,
que nombrará FECHA_LIMITE.
   Const FECHA_LIMITE As Date = #1/1/1950#

   ' E-Declare una variable que pueda almacenar el valor 3.14
(3 soluciones posibles) y llámela Pi
   Dim Pi1 As Single
   Dim Pi2 As Double
   Dim Pi3 As Currency
End Sub
```

2. Ejercicio 2: Declaraciones múltiples de variables

```
Private Sub DeclaracionesMultiples()
   'A-Declare dos variables de tipo fecha, que nombrará DtPresupuesto y
DtFactura, en una sola línea.
   Dim DtPresupuesto As Date, DtFactura As Date

   'B-Declare dos variables cadena NombreProyecto y Despacho,
en una sola línea, pero en dos instrucciones.
   Dim NombreProyecto As String: Dim Despacho As String

   'C-Declare una variable de tipo decimal, ImporteTotal,
y otra de tipo booleano, PermisoDeTrabajo
   'en una sola línea, con una sola instrucción.
   Dim ImporteTotal As Single, PermisoDeTrabajo As Boolean
End Sub
```

3. Ejercicio 3: Asignación de valores

```
Private Sub AsignacionesValores()
   'A-Declare una variable de tipo cadena llamada BuenosDias
   Dim BuenosDias As String
   'Asígnele el valor "Buenos días"
   BuenosDias = "Buenos días"
   'Muestre el valor de la variable (BuenosDias)
   MsgBox BuenosDias

   'B- Declare una variable FechaNacimiento
   Dim FechaNacimiento As Date
   ' Asígnele como valor su fecha de nacimiento.
   FechaNacimiento = #1/19/1984#
   ' Muestre el valor de la variable (19/01/1984).
```

```
    MsgBox FechaNacimiento

    'C- Declare una variable EsMenor.
    Dim EsMenor As Boolean
    'Asígnele como valor Falso.
    EsMenor = Falso
    'Muestre el valor de la variable (Falso).
    MsgBox EsMenor

    'D- Declare una variable Salario.
    Dim Salario As Single
    'Asígnele como valor 54321,9.
    Salario = 54321.9
    'Muestre el valor de la variable (54321,9).
    MsgBox Salario


    'E-Declare une constante llamada CONSTANTE_AVOGADRO
    'Asígnele como valor 6,02214076 × 1023.
    Const CONSTANTE_AVOGADRO As Double = 6.02214076E+23
    'Muestre el valor de la constante (6,02214076E+23).
    MsgBox CONSTANTE_AVOGADRO
End Sub
```

D. Procedimientos, funciones y macros

1. Ejercicio 1: Escribir macros

```
Option Explicit

'Instrucciones relacionadas con funciones de variables de ámbito público
'Cree una variable de tipo Fecha llamada FechaCompartida,
de ámbito público.
'Esta declaración se colocará en la parte superior del módulo.
Public FechaCompartida As Date


'Ejercicio 1
'A - Macro privada
'Escriba la macro MacroPrivada de ámbito privado.
Private Sub MacroPrivada()
    'Esta macro mostrará al usuario el valor 42.
    MsgBox 42
End Sub

'B-Macro pública
'Escriba una macro de ámbito público
```

```
Public Sub MacroPublica()
   'Esta macro llamará a la macro MacroPrivada creada
precedentemente.
   MacroPrivada '42
End Sub
```

2. Ejercicio 2: Escribir procedimientos

```
'Ejercicio 2
'A-Procedimiento de visualización
'Escriba el procedimiento VisualizarDoble, de ámbito público, que
tome como parámetro un valor numérico entero largo llamado Valor.
Public Sub VisualizarDoble(Valor As Long)
   'Este procedimiento mostrará el doble del valor que se le pasa
como parámetro.
   MsgBox Valor * 2
End Sub

'Cree la macro ProcedimientoVisualizar que ejecutará el procedimiento
Visualizar, pasándole el valor 15.
Private Sub ProcedimientoVisualizar()
   Visualizar 15 '30
End Sub
```

3. Ejercicio 3: Compartir variables públicas

```
'Ejercicio 3
'B-Compartir variables públicas
'Escriba un procedimiento llamado ProcedimientoFechaInicio, de ámbito
público, que tome como parámetro una fecha llamada FechaInicio.
Public Sub ProcedimientoFechaInicio(FechaInicio As Date)
   'Este procedimiento actualizará la variable FechaCompartida
asignándole un valor de FechaInicio + 1 día.
   FechaCompartida = FechaInicio + 1
End Sub

'Escriba otro procedimiento llamado ProcedimientoFechaFin que
tome como parámetro una fecha llamada FechaFin.
Public Sub ProcedimientoFechaFin(FechaFin As Date)
   'Este procedimiento actualizará la variable FechaCompartida
asignándole un valor de FechaFin - 1 día.
   FechaCompartida = FechaFin - 1
End Sub


'Cree la macro llamada VisualizarFechasCompartidas.
Private Sub VisualizarFechasCompartidas()
```

```
    'Esta macro llamará a ProcedimientoFechaInicio, pasándole
el valor de 1 enero 2024.
    ProcedimientoFechaInicio #1/1/2024#
    'A continuación, la macro mostrará el valor de la variable
FechaCompartida.
    MsgBox FechaCompartida '02 enero 2024
    'Enseguida llamará a ProcedimientoFechaFin, pasándole el valor
de 31 diciembre 2024.
    ProcedimientoFechaFin #12/31/2024# '30 diciembre 2024
    'La macro mostrará, nuevamente, el valor de la variable
FechaCompartida.
    MsgBox FechaCompartida
End Sub
```

4. Ejercicio 4: Escribir funciones

```
'Ejercicio 4
'Escriba la función llamada Mitad, de ámbito público, que tome
como parámetro un valor decimal llamado ValorADividirPorLaMitad.
Public Function Mitad(ValorADividirPorLaMitad As Double) As Double
    'Esta función devolverá la mitad del valor de ValorADividirPorLaMitad.
    Mitad = ValorADividirPorLaMitad / 2
End Function


'Cree la macro llamada VisualizarMitad.
Private Sub VisualizarMitad()
    'En esa macro, cree una variable numérica decimal llamada
    ResultadoMitad.
    Dim ResultadoMitad As Double
    'Deberá asignar a esta variable el valor devuelto por la función Mitad,
a la que habrá pasado el valor 10.
    ResultadoMitad = Mitad(5)
    'La macro terminará mostrando el valor de ResultadoMitad.
    MsgBox ResultadoMitad '5
End Sub
```

E. Condiciones

1. Ejercicio 1: Si entonces

```
'Ejercicio 1- Si entonces

'Escriba el procedimiento MuestraSiNegativo, de ámbito público,
'que requiera un parámetro numérico entero llamado ValorDelDesencadenante.
Public Sub MuestraSiNegativo (ValorDelDesencadenante As Integer)
   'Este procedimiento debería mostrar OK si el valor de la variable
ValorDelDesencadenante es estrictamente inferior a 0.
   If ValorDelDesencadenante < 0 Then
      MsgBox "OK"
   End If
End Sub


'Cree la macro SiEntonces.
Public Sub SiEntonces()
   'Esta macro llamará primero a MuestraSiNegativo
   'pasándole un valor de 35,
   MuestraSiNegativo 35'nada
   'y luego a MuestraSiNegativo pasándole un valor de -5.
   MuestraSiNegativo -5 'OK
End Sub
```

2. Ejercicio 2: Si si no

```
'Ejercicio 2- Si si no
'Escriba la función DevuelveDobleOMitadde ámbito privado.
'Tomará como parámetro de entrada un valor entero menor que 255, llamado
'ValorEntrada, y devolverá un valor posiblemente decimal.
Private Function DevuelveDobleOMitad(ValorEntrada As Byte) As Integer
As Single 'Doble también se acepta en este caso
   'Esta función devolverá el doble del valor ValorEntrada,
   'si este es superior a 128,
   If ValorEntrada > 128 Then
      DevuelveDobleOMitad = ValorEntrada * 2
   Else
      'o la mitad del valor ValorEntradaEntrada, en el caso contrario.
      DevuelveDobleOMitad = Entrada / 2
   End If
End Function


'Cree la macro SiSiNo.
Private Sub SiSiNo()
   'Esta macro mostrará sucesivamente el valor devuelto por
   'DevuelveDobleOMitad, pasándole el valor 15
```

```
   MsgBox DevuelveDobleOMitad(15) '7.5
   'luego de nuevo por DevuelveDobleOMitad,
   ' pasándole esta vez el valor 129.
   MsgBox DevuelveDobleOMitad (129) '258
End Sub
```

3. Ejercicio 3: Si no Si

```
'Ejercicio 3- Si no si
'Escriba la función PrecioEnvio, de ámbito público, que devuelva
'un valor numérico decimal.
'Esta función toma como parámetro una cadena de caracteres,
'llamada TallaEnvio.
Public Function PrecioEnvio(TallaEnvio As String) As Single
'Doble también es posible
   'Esta función devolverá "M" si el valor pasado es 0,52,
    If TallaEnvio = "M" Then
        PrecioEnvio = 0.52
    '0.63 para L
    ElseIf TallaEnvio = "L" Then
        PrecioEnvio = 0.63
    '1.81 para XL
    ElseIf TallaEnvio = "XL" Then
        PrecioEnvio = 1.81
    '2.62 para XXL
    ElseIf TallaEnvio = "XXL" Then
        PrecioEnvio = 2.62
    'o 4.10 para XXXL
    ElseIf TallaEnvio = "XXXL" Then
        PrecivoEnvio = 4.1
End If
End Function


'Cree la macro SiSiNoSi.
Public Sub SiSiNoSi()
 'Esta macro llamará a la función PrecioEnvio
 'y mostrará el valor devuelto pasando sucesivamente los valores M
 MsgBox PrecioEnvio("M") '0.52
   'L
   MsgBox PrecioEnvio("L") '0.63
   'XL
 MsgBox PrecioEnvio("XL") '1.81
   'y XXXL
   MsgBox PrecioEnvio("XXXL") '4.1
End Sub
```

4. Ejercicio 4: Según Valor

```
'Ejercicio 4- Según Valor
'Utilizará la estructura Select Case para este ejercicio.
'Escriba la función TallaAdulto, de ámbito público,
'que devuelva una cadena.
'Esta función tomará como parámetro un valor entero,
'entre 0 y 255, llamado Peso.
Public Function TallaAdulto(Peso As Byte) As String
   'Esta función devolverá el valor XS para valores de Peso
   'estrictamente inferiores a 55,
   Select Case Peso
       Case Is < 55
           TallaAdulto = "XS"
       'S para valores entre 55 y 64
       Case 55 To 64
           TallaAdulto = "S"
       'M para valores de 65 a 74,
       Case 65 To 74
           TallaAdulto = "M"
       'L para valores de 75 a 84
       Case 75 To 84
           TallaAdulto = "L"
       'XL para otros valores.
       Case Else
           TallaAdulto = "XL"
       End Select
End Function


'Cree la macro SegunValor.
Public SegunValor()
   'Esta macro llamará a la función TallaAdulto, y mostrará
   'el valor devuelto pasándole sucesivamente los valores de 40
   MsgBox TallaAdulto(40) 'XS
   '60
   MsgBox TallaAdulto(60) 'S
   '80
   MsgBox TallaAdulto(80) 'L
   'y 100
   MsgBox TallaAdulto(100) 'XL
End Sub
```

5. Ejercicio 5: Condición condensada

```
'Ejercicio 5-Condición condensada

'Escriba la función MinimoCondensado, de ámbito público,
'que devuelva un valor numérico decimal.
'Esta función tomará como parámetros dos valores numéricos
'decimales, llamados A y B.
Public Function MinimoCondensado(A As Single, B As Single) As Single
   'Esta función devolverá el valor mínimo de los dos valores
   'A y B, utilizando la función IIf.
   MinimoCondensado = IIf(A < B, A, B)
End Function


'Cree la macro MostrarMinimoCondensado.
Public Sub MostrarMinimoCondensado()
   'Esta macro mostrará el resultado de llamar a la
   'función MinimoCondensado, pasándole primero los valores 2 y 3,
   MsgBox MinimoCondensado(2, 3) '2
   'y luego los valores 12 y 10.
   MsgBox MinimoCondensado(12, 10) '10
End Sub
```

F. Bucles

1. Ejercicio 1: Bucles For Next

```
'Bucles For Next
'A-En incrementos de 1 en 1
'Cree la macro MostrarDe15a20()
Public Sub MostrarDe15a20()
   'Esta macro deberá mostrar los valores de 15 a 20.
   Dim i As Integer
   For i = 15 To 20
       MsgBox i
   Next i
End Sub

'B-En incrementos de 2 en 2
'Cree la macro MostrarDe10a20()
Public Sub MostrarDe10a20()
   'Esta macro deberá mostrar los valores de 10 a 20,
   'en incrementos de 2 en 2.
   Dim i As Integer
```

```
   For i = 10 To 20 Step 2
      MsgBox i
   Next i
End Sub

'C- Decrementando
'Cree la macro MostrarDe40a20De5En5 ()
Public Sub MostrarDe40a20De5En5 ()
   'Esta macro deberá mostrar los valores de 40 a 20,
   'decrementando de 5 en 5
   Dim i As Integer
   For i = 40 To 10 Step -5
      MsgBox i
   Next i
End Sub

'D-En incrementos por medio de un parámetro
'Escriba el procedimiento BucleIncrementalConParametros que tome como
'parámetros tres valores enteros llamados respectivamente LimiteA,
'LimiteB e Incremento.
Public Sub BucleIncrementalConParametros(LimiteA As Integer,
LimiteB As Integer, Incremento As Integer)
   'Este procedimiento deberá mostrar los valores comprendidos
   'entre LimiteA y LimiteB según el incremento definido
   'en Incremento.
   Dim i As Integer
   For i = LimiteA To LimiteB Step Incremento
      MsgBox i
   Next i
End Sub

'Cree la macro LlamadaBucleIncrementalConParametros ()
Public Sub LlamadaBucleIncrementalConParametros ()
   'La macro llamará al procedimiento BucleIncrementalConParametros
   '3 veces. Le pasará sucesivamente los valores 2, 7 y 1
   BucleIncrementalConParametros 2, 7, 1 '2,3,4,5,6,7
   'luego 5, 10 y 2
   BucleIncrementalConParametros 5, 10, 2 '5,7,9
   'finalmente 5, 10 y -2.
   BucleIncrementalConParametros 5, 10, -2 'no mostrará nada
End Sub
```

2. Ejercicio 2: Bucle Do Loop

```
'Bucle Do Loop
'A-Hacer mientras que
'Aquí utilizará una estructura Do While.
'Cree la macro PedirHastaObtener1()
Public Sub PedirHastaObtener1()
   'Esta macro deberá pedir al usuario un valor numérico,
   'mostrando el mensaje "Introduzca un valor;"
   Dim Valor
   Do
      Valor = InputBox("Introduzca un valor:")
      'continuará preguntando hasta que el usuario proporcione
      'el valor 1.
   Loop While Valor <> 1
End Sub

'B- Hacer hasta que
'Aquí utilizará una estructura Do Until.
'Cree la macro PedirHastaObtenerContrasena.
Public Sub PedirHastaObtenerContrasena()
   'Esta macro deberá pedir al usuario una cadena,
   'mostrando el mensaje "Introduzca su contraseña"
   Dim Valor
   Do
     Valor = InputBox("Introduzca un valor:")
     'y seguir preguntando hasta que el usuario proporcione
     'el valor "Contraseña"
   Loop Until Valor = "Contraseña"
End Sub
```

3. Ejercicio 3: Salir de un bucle

```
'Salir de un bucle
'A-Salir de For Next
'Cree la macro PreguntarSiSalirDelBucle.
Public Sub PreguntarSiSalirDelBucle ()
   'Esta macro deberá mostrar los valores del 1 a 5.
   Dim i As Integer
   For i = 1 To 5
      MsgBox i
      'Después de mostrar cada valor, la macro debe preguntar
al usuario si desea continuar, con
      'el mensaje "¿Desea parar?" y ofrecer los botones Sí o No.
      If MsgBox("¿Desea parar?", vbYesNo) = vbNo Then
         'Deberá hacer que se salga del bucle si el usuario hace clic en Sí.
         Exit For
      End If
```

```
    Next i
End Sub
```

G. Operadores

1. Ejercicio 1: Operadores aritméticos

```
Option Explicit

'Ejercicio 1- Operadores aritméticos
'A-Operaciones de base
'Escriba la función Suma, de ámbito público, de tipo entero.
'Esta función toma dos parámetros de tipo numérico entero,
'llamados A y B.
Public Function Suma(A As Integer, B As Integer) As Integer
   'La función devuelve la suma de los valores A y B.
   Suma = A + B
End Function

'A continuación, escriba una función Resta, de ámbito público,
'de tipo entero.
'Esta función toma dos parámetros de tipo entero, llamados A y B.
Public Function Resta(A As Integer, B As Integer) As Integer
   'La función devuelve la diferencia entre los valores A y B.
   Resta = A - B
End Function

'Cree la macro MostrarSumaYDespuesResta.
Public Sub MostrarSumaYDespuesResta()
   'En esta macro declare dos variables de tipo entero,
   'denominadas valor1 y valor2,
   Dim valor1 As Integer, valor2 As Integer
   'asignándoles los valores 10 y 12 respectivamente.
   valor1 = 10: valor2 = 12
   'A continuación, la macro debe mostrar el resultado devuelto
   'por la función Suma, pasándole los valores de valor1 y valor2.
   MsgBox Suma(valor1, valor2) '22
   'La macro debe mostrar, igualmente, el resultado devuelto por
   'la función Resta, pasándole las valores de valor1 y valor2.
   MsgBox Resta(valor1, valor2) '-2
End Sub

'B-División euclidiana
'Escriba el procedimiento Descomponer, de ámbito público.
'Este procedimiento toma como parámetros dos valores, de tipo entero,
'llamados Valor y Divisor.
```

```
Public Sub Descomponer(Valor As Integer, Divisor As Integer)
   'El procedimiento mostrará el resultado de la división entera de
   'Valor entre Divisor,
   MsgBox Valor \ Divisor
   'y luego mostrará el resto de la división entera.
   MsgBox Valor Mod Divisor
End Sub

'Cree la macro EmpezarDescomposicion.
Public Sub EmpezarDescomposicion()
   'Esta macro llamará el procedimiento Descomponer, pasándole
   'los valores 10 y 3.
   Descomponer 10, 3 '3 y luego 1
End Sub
```

2. Ejercicio 2: Operadores de comparación

```
'Ejercicio 2-Operadores de comparación
'A-Comparaciones de valores numéricos

'Escriba la función MasGrandeQueElDoble, de ámbito público, que
'devuelva un valor booleano.
'Esta función toma como parámetros dos valores de tipo entero,
'denominados A y B.
Public Function MasGrandeQueElDoble(A As Integer, B As Integer)
As Boolean
   'La función devolverá Verdadero si el valor A es al menos dos
   'veces mayor que el valor B, Falso en caso contrario.
   MasGrandeQueElDoble = A > B * 2
End Function

'Cree la macro MostraMasGrandeQueElDoble.
Public Sub MostrarMasGrandeQueElDoble()
   'Esta macro mostrará el resultado de llamar la función
   'MasGrandeQueElDoble, pasándole los valores 6 y 2,
   MsgBox MasGrandeQueElDoble(6, 2)
   'y luego el resultado de llamar a la misma función pasándole
   'los valores 7 y 4.
   MsgBox MasGrandeQueElDoble(7, 4)
End Sub

'B-Comparación de fechas
'Escriba la función TengoTiempo, de ámbito público, que devuelve
'un valor booleano.
'Esta función toma tres parámetros de entrada,
'una variable de tipo Date llamada FechaDeSalida,
'una segunda variable de tipo Date llamada FechaLimite, y
```

```
'una variable de tipo entera llamada DuracionDeLaTarea.

Public Function TengoTiempo(FechaDeSalida As Date, _
                            FechaLimite As Date, _
                            DuracionDeLaTarea As Integer) As Boolean
   'La función devolverá Verdadero si una tarea, que comienza en
   'FechaDeSalida que requiere un esfuerzo de DuracionDeLaTarea
   'días, puede ser completada antes de la FechaLimite. Si no es
   'así, la función devolverá Falso.
   TengoTiempo = FechaLimite - FechaDeSalida >= DuracionDeLaTarea

End Function

'Cree la macro MostrarTengoTiempo.
Public Sub MostrarTengoTiempo()
   'Esta macro mostrará sucesivamente el valor devuelto por la
   'función TengoTiempo,
   'a la que pasará los valores 10 de agosto de 2024 como
   'FechaDeSalida, 15 de agosto de 2024 para FechaLimite
   'y una DuracionDeLaTarea de tres días,
   MsgBox TengoTiempo(#8/10/2024#, #8/15/2024#, 3) 'Verdadero
   'y luego lo que devuelve la misma función, esta vez pasándole
   'para la FechaDeSalida el 1 de septiembre de 2024,
   'una FechaLimite del 15 de septiembre de 2024 y una
   'DuracionDeLaTarea de 25 días.
   MsgBox TengoTiempo(#9/1/2024#, #9/15/2024#, 25) 'Falso
End Sub
```

3. Ejercicio 3: Operadores lógicos

```
'Ejercicio 3-Operadores lógicos
'A- Las mujeres y los niños, primero
'Escriba la función MujerONino, de ámbito público,
'que devuelva un valor booleano.
'Esta función toma como entradas dos parámetros,
'ambos de tipo booleano, llamados respectivamente
'EsDeSexoFemenino y EsUnNino.
Public Function MujerONino(EsDeSexoFemenino As Boolean, EsUnNino
As Boolean) As Boolean
   'El parámetro EsDeSexoFemenino permite determinar si una
   'persona es una mujer (True) o un hombre (False),
   'y el parámetro EsUnNino, determinar si una persona
   'es un niño (Verdadero) o un adulto (Falso).
   'La función debe devolver Verdadero si la persona es
   'una mujer o un niño, y Falso en caso contrario.
   MujerONino = EsDeSexoFemenino Or EsUnNino
End Function
```

```
'Cree la macro MostrarMujerONino.
Public Sub MostrarMujerONino()
   'Esta macro debe probar los 4 posibles valores devueltos por
   'la función MujerONino.
   'Mostrará sucesivamente el valor devuelto por la función
   'para los valores Verdadero/Verdadero
   MsgBox MujerONino(True, True) 'Verdadero
   'Verdadero/Falso,
   MsgBox MujerONino(True, False) 'Verdadero
   'Falso/Verdadero
   MsgBox MujerONino(False, True) 'Verdadero
   'y Falso/Falso.
   MsgBox MujerONino(False, False) 'Falso
End Sub

'B- Guante derecho o izquierdo
'Escriba un procedimiento llamado PosiblePar de ámbito público.
'Este procedimiento recibe como parámetros tres valores
'booleanos, llamados GuanteDerecho1, GuanteDerecho2 y GuanteDerecho3.

Public Sub PosiblePar(GuanteDerecho1 As Boolean, GuanteDerecho2 As
Boolean, GuanteDerecho3 As Boolean)
   'Este procedimiento mostrará "Posible" si se puede hacer un par.
   'En el caso de que no se pueda formar ninguna pareja, '
   'se mostrará "Imposible 3 derechos" o "Imposible 3 izquierdos"
   'según los valores recibidos
   If (GuanteDerecho1 Xor GuanteDerecho2) Or (GuanteDerecho1 Xor
GuanteDerecho3) Then
      MsgBox "Posible"
   Else
      MsgBox "Imposible, 3 " & IIf(GuanteDerecho1, "derechos",
"izquierdos")
   End If
End Sub

'Cree la macro MostrarParPosible.
Public Sub MostrarParPosible()
   'Esta macro llamará al procedimiento PosiblePar 4 veces
   'con valores sucesivos
   'Falso/Falso/Verdadero
   PosiblePar False, False, True 'Posible
   'Verdadero/Falso/Falso
   PosiblePar True, False, False 'Posible
   'Verdadero/Verdadero/ Verdadero
   PosiblePar True, True, True 'Imposible, 3 derechos
   'Falso/Falso/Falso.
   PosiblePar False, False, False 'Imposible, 3 izquierdos
End Sub
```

H. Cadenas

1. Ejercicio 1: Concatenar cadenas

```
Option Explicit

'Concatenar cadenas
'A-Símbolo a su elección
'Escriba una función llamada Concatenar de ámbito público.
'Esta función toma como parámetros dos cadenas,
'llamadas CadenaA y CadenaB.
Public Function Concatenar(CadenaA As String, CadenaB As String)
As String
   'Esta función devolverá una cadena que contiene CadenaA y CadenaB
   'separadas por el carácter espacio " ".
   Concatenar = CadenaA & " " & CadenaB
   'también funciona
   'Concatenar = CadenaA + " " + CadenaB
End Function

'Cree la macro MostrarConcatenar.
Public Sub MostrarConcatenar()
   'Esta macro mostrará lo que devuelve la función Concatenar,
   'pasándole los valores "Buenos días," y "bienvenido".
   MsgBox Concatenar("Buenos días,", "bienvenido")
End Sub

'B-Un solo símbolo posible
'Escriba una función llamada ConcatenarNumeros de ámbito público.
'Esta función toma como parámetros dos valores numéricos enteros,
llamados NumeroA y NumeroB.
Public Function ConcatenarNumeros(NumeroA As Integer, NumeroB
As Integer)
   'Esta función devolverá una cadena que contiene
   'NumeroA y NumeroB sin caracteres de separación.
   ConcatenarNumeros = NumeroA & NumeroB
   'Cuidado NumeroA + NumeroB no funciona
End Function

'Cree la macro MostrarConcatenarNumeros.
Public Sub MostrarConcatenarNumeros ()
   'Esta macro mostrará lo que devuelve la función ConcatenarNumeros
   'pasándole los valores 20 y 5.
   MsgBox ConcatenarNumeros(20, 5)
End Sub
```

2. Ejercicio 2: Partes de una cadena

```
'Ejercicio 2- Partes de una cadena
'A-Más corto o largo
'Escriba la función MasLargoQue, de ámbito público, que devolverá
'un valor booleano.
'Esta función toma dos parámetros como entrada, una
'cadena strCadena y un valor entero Longitud.
Public Function MasLargoQue(strCadena As String, Longitud As Integer)
As Boolean
   'Esta función debe devolver Verdadero si la longitud de
   'la cadena strCadena es superior o igual al valor
   'numérico Longitud, y Falso en caso contrario.
   MasLargoQue = Len(strCadena) >= Longitud
End Function

'Cree la macro UtilizarMasLargoQue.
Public Sub UtilizarMasLargoQue()
   'Esta macro debe pedir al usuario que introduzca un texto
   'mostrando el mensaje "Introduzca su código".
   Dim strCodigo As String
   strCodigo = InputBox("Introduzca su código")
   'La macro llamará entonces a MasLargoQue, proporcionándole
   'el valor introducido por el usuario y el valor numérico 12.
   'Si el valor devuelto de esta llamada es Verdadero,
   'la macro mostrará "OK"; de lo contrario, mostrará
"Demasiado corto".
   If MasLargoQue(strCodigo, 12) Then
      MsgBox "OK"
   Else
      MsgBox "Demasiado corto"
   End If
End Sub

'B-Descomponer una fecha
'En este ejercicio, tendrá que dividir una cadena, compuesta de
'un texto de 4 caracteres, seguido de cifras que representan una
'fecha. Ejemplo: TAB1_2024_09_16. El objetivo aquí es tener una
'función que reciba la cadena como entrada, devuelva una fecha
'y modifique el valor del parámetro pasado por referencia.
Public Function TituloYFechaSPLIT(ByVal strEntrada As String,
ByRef strDevuelve As String) As Date
   'La función debe comprobar que la cadena TituloYFecha tiene
   '15 caracteres; de lo contrario, muestra un mensaje de error
   'al usuario (Longitud incorrecta) y se detiene.
   If Len(strEntrada) <> 15 Then
      MsgBox "Longitud incorrecta"
```

```
      Exit Function
   End If
   Dim Matriz As Variant
   Matriz = Split(strEntrada, "_")
   strDevuelve = Matriz(0)
   'declarar variables para la fecha
   Dim iAño As Integer, iMes As Integer, iDia As Integer
   iAño = CInt(Matriz(1))
   iMes = CInt(Matriz(2))
   iDia = CInt(Matriz(3))
   TituloYFechaSPLIT = DateSerial(iAño, iMes, iDia)
End Function

'Escriba una función TituloYFecha, de ámbito público, que devolverá
'un valor de tipo Date. Esta función toma como parámetros una cadena
'strEntrada, pasada por valor, y una cadena strDevuelve, pasada por
'referencia, que se utilizará para devolver el texto contenido en
'la cadena.
Public Function TituloYFechaLEFTRIGHTMID(ByVal strEntrada As String,
ByRef strDevuelve As String) As Date
   'La función debe comprobar que la cadena TituloYFecha tiene
   '15 caracteres, de lo contrario muestra un mensaje de error
   'al usuario (longitud incorrecta) y se detiene.
   If Len(strEntrada) <> 15 Then
      MsgBox "longitud incorrecta"
      Exit Function
   End If
   strDevuelve = Left(strEntrada, 4)
   'declarar variables para la fecha
   Dim iAño As Integer, iMes As Integer, iDia As Integer
   iAño = CInt(Mid(strEntrada, 6, 4))
   iMes = CInt(Mid(strEntrada, 11, 2))
   iDia = CInt(Right(strEntrada, 2))
   TituloYFechaLEFTRIGHTMID = DateSerial(iAño, iMes, iDia)
End Function

'Cree la macro UtilizarTituloYFecha.
Public Sub UtilizarTituloYFecha()
   'Esta macro debe llamar tres veces a la función TituloYFecha.
   Dim strDevueltoEsperado As String
   Dim dtResultado As Date
   strDevueltoEsperado = ""
   'En cada llamada, la macro debe proporcionar una variable
   'de tipo cadena vacía para el parámetro strDevuelve.
   'La macro mostrará un mensaje con la fecha devuelta y
   'el texto, separados por dos puntos (:),como por
   'ejemplo: 19/01/2024 :VBA0.
```

```
    'La primera llamada se hará con una longitud de cadena
    'incorrecta porque quiere verificar que el comportamiento
    'de su función es correcto.
    TituloYFechaLEFTRIGHTMID "incorrecto", strDevueltoEsperado
    'La segunda llamada se hará pasando la cadena ABCD_2024_10_12,
    dtResultado = TituloYFechaLEFTRIGHTMID("ABCD_2024_10_12",
strDevueltoEsperado)
    'que debería devolver la fecha 12/10/2024 y ABCD como texto.
    MsgBox dtResultado & ": " & strDevueltoEsperado
    'Finalmente, la última llamada se hará pasando la cadena
    'TAB1_2024_09_06, que debería devolver 06/09/2024 y el texto TAB1.
    strDevueltoEsperado = ""
    dtResultado = TituloYFechaLEFTRIGHTMID("TAB1_2024_09_06",
strDevueltoEsperado)
    MsgBox dtResultado & ": " & strDevueltoEsperado
End Sub

'Cree la macro UtilizarTituloYFecha.
Public Sub UtilizarTituloYFecha()
    'Esta macro debe llamar tres veces a la función TituloYFecha.
    Dim strDevueltoEsperado As String
    Dim dtResultado As Date
    strDevueltoEsperado = ""
    'En cada llamada, la macro debe proporcionar una variable
    'de tipo cadena vacía para el parámetro strDevuelto. La macro
    'mostrará un mensaje con la fecha devuelta y el texto,
    'separados por dos puntos (:),como por ejemplo: 19/01/2024 :VBA0.
    'La primera llamada se hará con una longitud de cadena
    'incorrecta porque quiere verificar que el comportamiento
    'de su función es correcto.
    TituloYFechaSPLIT "incorrecto", strDevueltoEsperado
    'La segunda llamada se hará pasando la cadena ABCD_2024_10_12,
    dtResultado = TituloYFechaSPLIT("ABCD_2024_10_12",
strDevueltoEsperado)
    'que debería devolver la fecha 12/10/2024 y ABCD como texto.
    MsgBox dtResultado & ":" & strDevueltoEsperado
    'Finalmente, la última llamada se hará pasando la cadena
    'TAB1_2024_09_06, que debería devolver 06/09/2024 y el texto TAB1.
    strDevueltoEsperado = ""
    dtResultado = TituloYFechaSPLIT("TAB1_2024_09_06",
strDevueltoEsperado)
    MsgBox dtResultado & ":" & strDevueltoEsperado
End Sub
```

3. Ejercicio 3: Cadenas en mayúsculas o minúsculas

```
'Ejercicio 3- Cadenas en mayúsculas o minúsculas
'Escriba la función MayusculaOMinuscula, de ámbito público,
'que devuelva una cadena.
'Esta función toma como parámetro una cadena strTexto.
Public Function MayusculaOMinuscula(strTexto As String) As String
   'Esta función debe devolver el valor strTexto en mayúsculas
   'si la longitud de la cadena es par,
   If Len(strTexto) Mod 2 = 0 Then
      MayusculaOMinuscula = UCase(strTexto)
   Else
      'o en minúsculas si la longitud es impar.
      MayusculaOMinuscula = LCase(strTexto)
   End If
End Function

'Cree la macro MostrarMayusculaOMinuscula.
Public Sub MostrarMayusculaOMinuscula()
   'Esta macro mostrará lo que devuelve la función
   'MayusculaOMinuscula pasándole los valores AbC y aBcD
   'sucesivamente.
   MsgBox MayusculaOMinuscula("AbC")
   MsgBox MayusculaOMinuscula("aBcD")
End Sub
```

I. Fechas y horas

1. Ejercicio 1: Mostrar la fecha y la hora actuales del sistema

```
Option Explicit

'Ejercicio 1-Mostrar la fecha y hora actuales del sistema
'A-Hora del sistema
'Cree la macro MostrarFechaYHoraAhora.
Public Sub MostrarFechaYHoraAhora()
   'Esta macro mostrará al usuario la fecha y la hora actuales
del sistema
   MsgBox Now
End Sub

'B-La fecha actual
'Cree la macro MostrarFechaActual.
Public Sub MostrarFechaActual()
   'Esta macro mostrará al usuario la fecha actual.
   MsgBox Date
End Sub
```

2. Ejercicio 2: Crear una fecha y una hora

```
'Crear una fecha y una hora
'A-Uso de DateSerial
'Escriba una función PrimerDiaDelAño, de ámbito público,
'que devuelva una fecha.
'Esta función toma como parámetro un valor entero iAño.
Public Function PrimerDiaDelAño(iAño As Integer) As Date
    'Esta función debe devolver el 1 de enero del año iAño
proporcionado como parámetro.
    PrimerDiaDelAño = DateSerial(iAño, 1, 1)
End Function

'Cree la macro MostrarPrimerDiaDelAño.
Public Sub MostrarPrimerDiaDelAño ()
    'Esta macro mostrará el valor devuelto por la función
PrimerDiaDelAño, a la que se le pasa el año 2024.
    MsgBox PrimerDiaDelAño(2024)
End Sub

'B-Uso de TimeSerial
'Cree la función MenosCuarto, de ámbito público,
'que devuelva una fecha.
'Esta función toma como parámetro un valor entero,
'entre 0 y 23, llamado iHora.
Public Function MenosCuarto(iHora As Integer) As Date
    'Esta función debe devolver la hora indicada en el parámetro,
menos 15 minutos.
    'solución 1, calcular los 15 minutos fuera de TimeSerial
    MenosCuarto = TimeSerial(iHora, +24, 0, 0) - (15 / 24) / 60
    'solución 2, calcular los 15 minutos directamente en TimeSerial
    MenosCuarto = TimeSerial(iHora + 24, -15, 0)
End Function

'Cree la macro MostrarMenosCuarto.
Public Sub MostrarMenosCuarto ()
    'Esta macro mostrará lo que devuelve la función MenosCuarto
    '3 veces pasándole sucesivamente los valores de 10, 13 y 0.
    MsgBox Format (MenosCuarto(10) , "hh:mm:ss")
    MsgBox Format (MenosCuarto(13), "hh:mm:ss")
    MsgBox Format (MenosCuarto(0) , "hh:mm:ss")
End Sub
```

3. Ejercicio 3: Sumas y restas

```
'Sumas y restas
'A-Hasta el próximo año
'Escriba la función ProximoAño, de ámbito público, que devuelva
una fecha.
'Esta función toma como parámetro una fecha llamada FechaPartida.
Public Function ProximoAño(FechaPartida As Date) As Date
    'Esta función devuelve la fecha que está a un año en el futuro
a partir de FechaPartida (ejemplo: 13/09/2024 dará 13/09/2025).
    ProximoAño = DateAdd("yyyy", 1, FechaPartida)
End Function

'Cree la macro MostrarProximoAño.
Public Sub MostrarProximoAño ()
    'Esta macro debe mostrar el valor devuelto por la función
ProximoAño, pasándole sucesivamente los valores de la fecha actual,
    MsgBox ProximoAño(Date)
    'el 1 de enero de 2024
    MsgBox ProximoAño(#1/1/2024#)
    'y finalmente el 29 de febrero de 22024020.
    MsgBox ProximoAño(#2/29/2024#)
End Sub

'B-La semana pasada
'Escriba la función UltimoTratamiento, de ámbito público,
'que devuelva una fecha. Esta función toma como parámetro
'una variable de tipo Date, llamada dtEntrada.
Public Function UltimoTratamiento(dtEntrada As Date)
    'La función debe devolver la fecha del último tratamiento
    'antes de la fecha dtEntrada.
    UltimoTratamiento = dtEntrada - IIf(Weekday(dtEntrada, vbMonday)
= 1, 3, 1)
    'También es posible el uso de DateAdd
    UltimoTratamiento = DateAdd("y", IIf(Weekday(dtEntrada, vbMonday)
= 1, -3, -1), dtEntrada)
End Function

'Cree la macro MostrarUltimoTratamiento.
Public Function MostrarUltimoTratamiento ()
    'Esta macro mostrará el valor que devuelve la función
    'UltimoTratamiento, proporcionándole sucesivamente
    'el 7 septiembre 2024,
    MsgBox UltimoTratamiento(#9/7/2024#)
    'el 10 noviembre 2024
    MsgBox UltimoTratamiento(#11/10/2024#)
    'y el 6 septiembre 2024.
    MsgBox UltimoTratamiento(#9/6/2024#)
End Function
```

4. Ejercicio 4: Partes de una fecha

```
'Partes de una fecha
'A-Tratamientos del 2° trimestre
'Escriba la función ElTrimestreCorrecto, de ámbito público,
'que devuelva un valor booleano.
'Esta función toma como parámetros una variable dtFecha,
'de tipo Date, así como una variable entera, llamada iTrimestre.
Public Function ElTrimestreCorrecto (dtFecha As Date, iTrimestre
As Integer)
As Boolean
    'Esta función debe devolver Verdadero si la fecha dtFecha
    'pertenece al trimestre iTrimestre del año,
    'pasada como parámetro, y Falso en el caso contrario.
    ElTrimestreCorrecto= DatePart("q", dtFecha) = iTrimestre
End Function

'Cree la macro MostrarElTrimestreCorrecto.
Public Sub MostrarElTrimestreCorrecto ()
    'Esta macro llamará a la función ElTrimestreCorrectoy, según
    'el valor devuelto, mostrará "OK" si el trimestre está en
    'la fecha, y "Por verificar" si no lo está.
    'Proporcionará sucesivamente los valores del
    '3 de marzo de 2024 y 1, y del 25 de mayo de 2024 y 1.
    If ElTrimestreCorrecto (#3/3/2024#, 1) Then
        MsgBox "OK"
    Else
        MsgBox "Por verificar"
    End If
    If ElTrimestreCorrecto (#5/25/2024#, 1) Then
        MsgBox "OK"
    Else
        MsgBox "Por verificar"
    End If
End Sub

'B-Tratamientos en semanas
'Escriba la función EnSemana, de ámbito público, que devolverá
'un valor booleano.
'Esta función toma como parámetro una fecha dtFecha.
Public Function EnSemana(dtFecha As Date) As Boolean
    'Esta función devolverá Verdadero si la fecha dtFecha cae
    'entre un lunes y un viernes, y Falso si cae en un sábado
o domingo.
    EnSemana = Weekday(dtFecha, vbMonday) < 6
End Function

'Cree la macro MostrarEnSemana
Public Sub MostrarEnSemana()
    'Esta macro llamará dos veces a la función EnSemana y
```

```
    'mostrará el resultado, pasándole sucesivamente
    'el 5 de septiembre de 2024
    MsgBox EnSemana(#9/5/2024#)
    'y el 6 de septiembre de 2024.
    MsgBox EnSemana(#9/6/2024#)
End Sub
```

5. Ejercicio 5: Un poco de buen formato

```
'Ejercicio 5-Un poco de buen formato
'Escriba la función FormatoCompacto, de ámbito público,
'que devuelva una cadena.
Public Function FormatoCompacto(dt As Date) As String
    'Esta función toma una fecha, dt, como parámetro,
    'devolviéndola en un formato compacto.
    'Por ejemplo, el 25 de diciembre de 2024 devolverá 25-12-24.
    FormatoCompacto = Format(dt, "dd-MM-yy")
End Function

'Escriba la función FormatoIntermedio, de ámbito público,
'que devuelva una cadena.
Public Function FormatoIntermedio(dt As Date) As String
    'Esta función toma una fecha, dt, como parámetro,
    'devolviéndola en un formato intermedio.
    'Por ejemplo, el 25 de diciembre de 2024 devolverá 25-dic-2024.
    FormatoIntermedio = Format(dt, "dd-MMM-yyyy")
End Function

'Escriba la función FormatoCompleto, de ámbito público,
'que devuelva una cadena.
Public Function FormatoCompleto(dt As Date) As String
    'Esta función toma una fecha, dt, como parámetro,
    'devolviéndola en un formato completo.
    'Por ejemplo, el 25 de diciembre de 2024 devolverá
    'miércoles 25 diciembre 2024.
    FormatoCompleto = Format(dt, "dddd dd MMMM yyyy")
End Function

'Cree la macro MostrarVariosFormatosFecha.
Public Sub MostrarVariosFormatosFecha()
    'Esta macro mostrará lo que devuelven las funciones
    'FormatoCompacto, FormatIntermedio y FormatCompleto,
    'pasándole como parámetro a cada una de ellas la fecha
    '25 de diciembre de 2024.
    MsgBox FormatoCompacto(#12/25/2024#)
    MsgBox FormatoIntermedio(#12/25/2024#)
    MsgBox FormatoCompleto(#12/25/2024#)
End Sub
```

J. Celdas y rangos de celdas

1. Ejercicio 1: Valor en una celda

```
Option Explicit

'Valor en una celda
'A-Con activación
'Cree la macro ActivarCeldaA1YBuenosDiasEnCeldaActiva.
Public Sub ActivarCeldaA1YBuenosDiasEnCeldaActiva ()
    'Esta macro activará la celda A1 y luego pondrá el valor
    '"Buenos días" en dicha celda.
    Range("A1").Activate
    ActiveCell.Value = "Buenos días"
End Sub

'B-Sin activación
'Cree la macro EscribirEnCeldaA2.
Public Sub EscribirEnCeldaA2 ()
    'Esta macro escribirá el valor "Manipulación correcta"
    'directamente en la celda A2, sin activarla primero.
    Range("A2").Value = "Manipulación correcta"
End Sub
```

2. Ejercicio 2: Un poco de color

```
Un poco de color
'Cree la macro ColorearCeldaDeAmarillo.
Public Sub ColorearCeldaDeAmarillo ()
    'Esta macro le pedirá al usuario que introduzca la dirección de una
    'celda (hará lo necesario para garantizar que la dirección sea válida).
    Dim strCelda As String
    strCelda = InputBox("Introduzca la dirección de la celda")
    'Una vez conocida la dirección de la celda, la coloreará de amarillo
(constante vbYellow)
    Range(strCelda).Interior.Color = vbYellow
End Sub
```

3. Ejercicio 3: Copiar-pegar celdas

```
'Copiar-pegar celdas
'A-Con el método Copy
'Cree la macro EscribirEnB1YCopiarEnB2.
Public Sub EscribirEnB1YCopiarEnB2 ()
    'Esta macro deberá escribir primero el valor "3A" en la celda B1
    'y luego, utilizando el método Copy, copiar el valor
    'de esa celda a la celda B2
    Range("B1").Value = "3A"
```

```
    Range("B1").Copy Range("B2")
End Sub

'B-Sin el método Copy
'Cree la macro EscribirEnC1YAplicarEnC2.
Public Sub EscribirEnC1YAplicarEnC2 ()
    'Esta macro debe escribir primero el valor "3B" en la celda C1
    Range("C1").Value = "3B"
    ' y luego, sin utilizar el método Copy, copiar el valor de esa
    ' a la celda C2.
    Range("C2").Value = Range("C1").Value
End Sub
```

4. Ejercicio 4: Columnas y filas de celdas

```
'Ejercicio 4- Columnas y filas de celdas
'Escriba la función ArribaDe, de ámbito público, que devuelva un
'valor booleano.
'Esta función toma dos parámetros de tipo Range, llamados RngA y
RngB respectivamente.
Public Function ArribaDe(RngA As Range, RngB As Range) As Boolean
    'Esta función devuelve Verdadero si la celda RngA está por encima
de la celda RngB,
    'incluso si las celdas no están en la misma columna;
de lo contrario, devuelve Falso.
    ArribaDe = RngA.Row < RngB.Row
End Function

'A continuación, escriba la función ALaDerechaDe, de ámbito público,
'que devuelva un valor booleano.
'Esta función toma dos parámetros de tipo Range, llamados RngA y
RngB respectivamente.
Public Function ALaDerechaDe(RngA As Range, RngB As Range) As Boolean
    'Esta función devuelve Verdadero si la celda RngA está a la derecha
de la celda RngB,
    'incluso si las celdas no están en la misma fila, de lo contrario
devuelve Falso.
    ALaDerechaDe = RngA.Column > RngB.Column
End Function

'Cree la macro MostrarArribaDeYALaDerechaDe.
Public Sub MostrarArribaDeYALaDerechaDe()
    'Esta macro pedirá dos veces las coordenadas de una celda
    '(llamadas CeldaA y CeldaB) utilizando la función
    'Application.Inputbox (el tipo Range tiene un valor de 8)
    Dim rngCellA As Range
    Dim rngCellB As Range
    Set rngCellA = Application.InputBox("Seleccione la celda A",
```

```
Type:=8)
    Set rngCellB = Application.InputBox("Seleccione la celda B",
Type:=8)
    'y luego mostrará el valor devuelto por la función ArribaDe y el de
    'la función ALaDerechaDe, a las que pasará las celdas CeldaA y
    'CeldaB a cada una de ellas
    MsgBox ArribaDe(rngCellA, rngCellB)
    MsgBox ALaDerechaDe(rngCellA, rngCellB)
End Sub
```

K. Hojas

1. Ejercicio 1: Hoja activa

```
Option Explicit

'Ejercicio 1- Hoja activa
'Cree la macro MostrarNombreHojaActiva.
Public Sub MostrarNombreHojaActiva ()
    'Esta macro mostrará el nombre de la hoja activa.
   MsgBox ActiveSheet.Name
End Sub
```

2. Ejercicio 2: Copiar de una hoja a otra

```
'Copiar de una hoja a otra
'Cree la macro CrearRellenarYNombrarHoja.
Public Sub CrearRellenarYNombrarHoja ()
    'En esta macro comenzará declarando una variable de tipo hoja
(Worksheets), a la que llamará wsh.
    Dim wsh As Worksheet
    'La macro añadirá una hoja y utilizará la variable wsh para apuntar
a esta nueva hoja
    Set wsh = Worksheets.Add
    'Llame a la nueva hoja Hoja_Temporal.
    wsh.Name = "Hoja_Temporal " 'Cuidado, si ya existe una hoja
con este nombre, la instrucción generará un error
    'A continuación, la macro hará una copia de las celdas de la hoja
Ejercicios_ManipulacionCeldas
    '(deberá haber realizado antes los ejercicios de la hoja
Ejercicios_ManipulacionCeldas que contendrá,
    'por supuesto, los datos a copiar), utilizando el rango de celdas
A1:D1.
    'La macro pegará entonces los datos en la hoja Hoja_Temporal,
en las celdas A2 a D2.
    Worksheets("Ejercicios_ManipulacionCeldas").Range("A1:D1").
Copy wsh.Range("A2:D2")
```

```
End Sub
```

3. Ejercicio 3: Número de hojas del libro

```
'Número de hojas del libro *
'Cree la macro MostrarNombreDeHojaEnLibro.
Public Sub MostrarNombreDeHojaEnLibro ()
   ' Esta macro mostrará el número de hojas del libro.
   MsgBox Worksheets.Count
End Sub
```

4. Ejercicio 4: Jugar con el color de las hojas

```
'Jugar con el color de las hojas *
'El color de la pestaña se obtiene trabajando con la propiedad
Tab.Color del objeto Worksheet.
'Cree la macro ColorearPestanaHojaActivaDeAmarillo.
Public Sub ColorearPestanaHojaActivaDeAmarillo ()
   'El objetivo de esta macro será colorear de amarillo la pestaña
de la hoja activa (constante vbYellow).
   ActiveSheet.Tab.Color = vbYellow
End Sub
```

5. Ejercicio 5: Organizar eventos

- Active el objeto **Hoja2(Ejercicios_ManipulacionCeldas)**.
- En el cuadro combinado de la izquierda seleccione **Worksheet** y en el de la derecha **BeforeRightClick**.
- Escriba el resto del código:

```
'Organizar eventos
'El clic derecho
Private Sub Worksheet_BeforeRightClick(ByVal Target As Range, Cancel
As Boolean)
   'Cuando se activa este procedimiento, debe mostrar al usuario
   'la dirección de la celda en la que se produce el clic derecho.
   MsgBox Target.Address
   'A continuación, cancelará el evento cambiando el valor de Cancel
a Verdadero
   Cancel = True
End Sub
```

- Active la hoja **Ejercicios_ManipulacionCeldas** del libro de Excel y haga un clic derecho en cualquier celda para comprobar que la macro funciona bien.
- Active el objeto **Hoja2(Ejercicios_ManipulacionCeldas)**.
- En el cuadro combinado de la izquierda seleccione **Worksheet**, y en el de la derecha, **Change**.

Escriba el resto del código:

```
'La modificación
Private Sub Worksheet_Change(ByVal Target As Range)
   'Cuando este procedimiento se activa, el color de la tipografía
   'deberá cambiar a rojo
   '(constante vbRed, o valor RGB(255,0,0)).
   Target.Font.Color = vbRed
   'también funciona usando
   Target.Font.Color = RGB(255, 0, 0)
End Sub
```

Active la hoja **Ejercicios_ManipulacionCeldas** del libro de Excel y modifique el contenido de cualquier celda para verificar el buen funcionamiento de la macro.

L. Libros

1. Ejercicio 1: Usar ThisWorkbook

```
Option Explicit

'Usar ThisWorkbook
'A-Ubicación del libro
'Cree la macro MostrarUbicacionLibro.
Public Sub MostrarUbicacionLibro ()
   'Esta macro mostrará la ubicación del libro.
   MsgBox ThisWorkbook.Path
End Sub

'B-Nombre de la hoja activa
'Cree la macro MostrarNombreHojaActivaEnElLibro..
Public Sub MostrarNombreHojaActivaEnElLibro. ()
   'Esta macro mostrará el nombre de la hoja activa del libro.
   MsgBox ThisWorkbook.ActiveSheet.Name
End Sub
```

2. Ejercicio 2: Crear, guardar y cerrar un libro

```
'Crear, guardar y cerrar un libro
'A-Crear un libro
'Cree la macro CrearLibroYMostrarNombreHojas.
Public Sub CrearLibroYMostrarNombreHojas ()
    'Esta macro creará un libro y luego mostrará el número de hojas de este.
    Dim wbk As Workbook
    Set wbk = Application.Workbooks.Add
    MsgBox wbk.Worksheets.Count
End Sub
```

```
'B-Guardar un libro
'Cree la macro EtapasCompletasLibro.
Public Sub EtapasCompletasLibro()
    'Esta macro deberá crear un libro.
    Dim wbk As Workbook
    Dim wsh As Worksheet
    Set wbk = Application.Workbooks.Add
    'En este nuevo libro, la macro añadirá una hoja llamada Temp
    Set wsh = wbk.Worksheets.Add
    wsh.Name = "Temp"
    'y luego guardará el libro.
    'El nombre del libro (sin su extensión xlsx) está en la celda A1
de la hoja Ejercicios_ManipulacionesLibro que ha creado.
    'La carpeta donde se guarda el libro será la misma que la del libro
donde se encuentra su código.
    wbk.SaveAs ThisWorkbook.Path & "\" & ThisWorkbook.Worksheets
("Ejercicios_ManipulacionesLibro").Range("A1").Value &
".xlsx"
End Sub

'C-Cerrar un libro
'Para este ejercicio, el libro creado en el ejercicio anterior
'deberá estar abierto.
'Cree la macro Cerrarlibro.
Public Sub CerrarLibro()
    'Esta macro debe cerrar el libro cuyo nombre está en la celda A1
    'de la hoja Ejercicios_ManipulacionesLibro.
    Workbooks(ThisWorkbook.Worksheets("Ejercicios_ManipulacionesLibro").Range
("A1").Value & ".xlsx").Close
End Sub
```

M. Manipular la aplicación Excel

1. Ejercicio 1: Ejecutar una nueva aplicación Excel

```
Option Explicit
'Ejercicio 1- Ejecutar una nueva aplicación Excel
'Cree la macro AbrirNuevaAplicacionExcel.
Public Sub AbrirNuevaAplicacionExcel ()
   ' Esta macro debe declarar una variable de tipo Excel.Application y
abrir una nueva aplicación.
   Dim xlApp As Excel.Application
   Set xlApp = New Excel.Application
   xlApp.Workbooks.Add
   xlApp.Visible = True
   SetxlApp = Nothing
End Sub
```

2. Ejercicio 2: Obtener objetos activos

```
'Ejercicio 2- Obtener objetos activos
'Cree la macro MostrarNombresObjetosActivos.
Public Sub MostrarNombresObjetosActivos()
   'Esta macro mostrará el nombre del libro activo, luego el nombre
   'de la hoja activa y finalmente el valor de la celda activa.
   MsgBox Application.ActiveWorkbook.Name
   MsgBox Application.ActiveSheet.Name
   MsgBox Application.ActiveCell.Value
End Sub
```

3. Ejercicio 3: Recorrer algunos archivos

```
'Ejercicio 3- Recorrer algunos archivos
'Cree la macro MostrarNombreArchivosSeleccionados.
Public Sub MostrarNombreArchivosSeleccionados ()
    'Esta macro deberá mostrar una ventana Abrir (GetOpenFilename),
con el título "Elija sabiamente".
    'El usuario deberá tener la posibilidad de elegir varios archivos,
    'la extensión de los archivos será *.txt.
    Dim Regresa
    Regresa = Application.GetOpenFilename("Archivos de texto (*.txt),
*.txt", , "Elija sabiamente", , True)
    'Una vez que el usuario haya elegido 0, 1 o más archivos, la macro
    'mostrará "Ningún archivo" si el usuario ha elegido 0,
    'o mostrará todos los archivos seleccionados mediante un MsgBox.
    If IsArray(Regresa) Then
        'si no hay archivos seleccionados
        Dim i As Integer
        For i = LBound(Regresa) To UBound(Regresa)
            MsgBox Regresa(i)
        Next i
    ElseIf Regresa = False Then
        'si se cerró la ventana
        MsgBox "Ningún archivo"
    Else
        'mostrar el archivo
        'esta línea no se ejecutará, pues la opción MultiSelect
es True
        MsgBox Regresa
    End If
End Sub
```

N. Fórmulas

1. Ejercicio 1: Escribir fórmulas en español

```
Option Explicit

'Escribir fórmulas en español
'A-Número total de elementos
'Cree la macro FormulaSumaVolumenes.
Public Sub FormulaSumaVolumenes()
    'Esta macro escribirá en la celda B7 una fórmula SUMA de volúmenes.
    'Deberá utilizar la fórmula en español (FormulaLocal).
    Worksheets("Ejercicios_ManipulacionFormulas").Range("B7").FormulaLocal
= "=SUMA(B2:B6)"
End Sub

'B-Cantidad máxima
'Cree la macro FormulaMaximoVolumenes.
Public Sub FormulaMaximoVolumenes ()
    'Esta macro escribirá en la celda B8 una fórmula MAX de volúmenes.
    'Volverá a utilizar la fórmula en español (FormulaLocal).
    Worksheets("Ejercicios_ManipulacionFormulas").Range("B8").FormulaLocal
= "=MAX(B2:B6)"
End Sub
```

2. Ejercicio 2: Escribir fórmulas en inglés

```
'Escribir fórmulas en inglés
'A-Número total de pedidos
'Cree la macro FormulaTotalYODA.
Public Sub FormulaTotalYODA()
    'Esta macro escribirá en la celda B9 una fórmula que indique el número
    'total de pedidos
    '(SUMA.SI en español, SUMIF en inglés). Utilizará esta vez una fórmula
    'en inglés (Formula).
    Worksheets("Ejercicios_ManipulacionFormulas").Range("B9").Formula =
"=SUMIF(A2:A6,""Pedidos"",B2:B6)"
End Sub

'B-Número total de apariciones de un pedido
'Cree la macro FormulaAparicionesPedido.
Public Sub FormulaAparicionesPedido ()
    'Esta macro pedirá al usuario que introduzca un pedido.
    Dim strPedido As String
    strPedido = InputBox("Escriba un pedido ")
    'La macro mostrará entonces el número de filas que coinciden
    'con ese pedido.
    'Deberá utilizar la función CountIf a través de
Application.WorksheetFunction.
```

```
    MsgBox Application.WorksheetFunction.CountIf(ThisWorkbook.Worksheets
("Ejercicios_ManipulacionFormulas").Range("A2:B6"), strPedido)
End Sub
```

O. Gráficos

1. Ejercicio 1: Crear gráficos sencillos

```
Option Explicit

'Crear gráficos sencillos
'A-Ventas mensuales
'Cree la macro GraficoVentas.
Public Sub GraficoVentas ()
    'Esta macro debe crear un nuevo gráfico, de tipo Líneas,
    Dim cht As Chart
    Set cht = Charts.Add()
    cht.ChartType = xlLine
    'basado en los datos del rango de celdas A1:B5.
    cht.SetSourceData
Worksheets("Ejercicios_ManipulacionGraficos").Range("A1:B5")
    'El título del gráfico será "Volumen de ventas mensuales" y no
    'contendrá ninguna leyenda.
    cht.HasTitle = True
    cht.ChartTitle.Caption = "Volumen de ventas mensuales"
    cht.HasLegend = False
End Sub

'B-Desglose de las ventas por producto
'Cree la macro GraficoDesglosePorProducto.
Public Sub GraficoDesglosePorProducto ()
    'Esta macro debe crear un gráfico, de tipo Circular,
    Dim cht As Chart
    Set cht = Charts.Add()
    cht.ChartType = xlPie
    'basado en los datos del rango de celdas D1:E5.
    cht.SetSourceData
Worksheets("Ejercicios_ManipulacionGraficos").Range("D1:E5")
    'El gráfico debe representar la distribución del volumen de negocio
    'por producto.
    'El título del gráfico será "Volumen de ventas por producto"
    cht.HasTitle = True
    cht.ChartTitle.Caption = "Volumen de ventas por producto"
    'y la leyenda se mostrará a la derecha del área del gráfico.
    cht.HasLegend = True
    cht.Legend.Position = xlLegendPositionRight
End Sub
```

2. Ejercicio 2: Mover un gráfico

```
'Mover un gráfico
'En estos dos ejercicios creará gráficos y los colocará en celdas específicas.
'A-Al crearlo
'Cree la macro GraficoVentasPosicion.
Public Sub GraficoVentasPosicion ()
    'Esta macro creará un gráfico, idéntico al del ejercicio Ventas, pero tendrá
    'que colocarse durante su creación en la esquina superior izquierda de la celda
    'F1. Las características del gráfico serán idénticas a las del ejercicio
    'Ventas.
    With Range("Ejercicios_ ManipulacionGraficos!F1")
        ActiveSheet.Shapes.AddChart2(227, xlLine, .Left, .Top).Select
    End With
    ActiveChart.SetSourceData Worksheets("Ejercicios_
ManipulacionGraficos").Range("A1:B5")
    ActiveChart.HasTitle = True
    ActiveChart.ChartTitle.Caption = "Volumen de ventas mensuales"
    ActiveChart.HasLegend = False
End Sub

'B-Una vez creado
'Cree la macro GraficoDesglosePorProductoPosicion.
Public Sub GraficoDesglosePorProductoPosicion ()
    'Esta macro creará un gráfico, idéntico al del ejercicio Desglose de ventas
    'por producto, pero una vez creado deberá situarse en la esquina superior
    'izquierda de la celda L1. Las características del gráfico serán idénticas a
    'las del ejercicio Desgloses de Ventas por producto.
     With Range("Ejercicios_ManipulacionGraficos!L1")
        ActiveSheet.Shapes.AddChart2(227, xlPie).Select
        ActiveChart.Parent.Top = .Top
        ActiveChart.Parent.Left = .Left
    End With
    ActiveChart.SetSourceData
Worksheets("Ejercicios_ManipulacionGraficos").Range("D1:E5")
    ActiveChart.HasTitle = True
    ActiveChart.ChartTitle.Caption = "Volumen de ventas por producto"

    ActiveChart.HasLegend = True
    ActiveChart.Legend.Position = xlLegendPositionRight
End Sub
```

3. Ejercicio 3: Personalizar el gráfico creado

```
'Un poco más lejos con los gráficos
'Este ejercicio le permitirá ir un poco más allá modificando
'el gráfico creado.
'Cree la macro ManipularPropiedadesGraficas.
Public Sub ManipularPropiedadesGraficas ()
    'Esta macro debe crear un gráfico, basado en los datos del rango
    'de celdas A1:B5,
    GraficoVentasPosicion
    'pero debe realizar un ajuste al gráfico ya creado.
    'El intervalo de las ordenadas se ajustará entre los valores
    '100 000 y 160 000,
    ActiveChart.Axes(xlValue).MinimumScale = 100000
```

```
    ActiveChart.Axes(xlValue).MaximumScale = 160000
    'y el color de la curva será naranja.
    ActiveChart.FullSeriesCollection(1).Format.Line.ForeColor.
ObjectThemeColor = msoThemeColorAccent2
End Sub
```

P. Formularios de usuarios

1. Ejercicio 1: Formulario básico

- Haga clic en el menú **Insertar - UserForm**.
- En la ventana **Propiedades** del formulario, cambie la propiedad **(Name) a UsfEjercicio1**.
- En el **Cuadro de herramientas** seleccione el control **Cuadro de texto** y trácelo en el formulario.
- En el **Cuadro de herramientas** seleccione el control **Botón de comando** y trácelo en el formulario.
- Modifique la propiedad **Caption** del control a **Haga clic aquí**.
- Haga doble clic en el **botón de comando** para acceder al código asociado y complete:

```
Option Explicit

'Ejercicio 1 - Formulario básico.
'Cree un formulario llamado UsfEjercicio1.
'Cuando el usuario hace clic en el botón, debe aparecer un cuadro de
'diálogo MsgBox con el texto contenido en dicho control
Private Sub CommandButton1_Click()
   MsgBox Me.TextBox1.Value
End Sub
```

- Pruebe su formulario: menú **Ejecutar - Ejecutar Sub/UserForm**.

2. Ejercicio 2: Ir un poco más lejos

- Haga clic en el menú **Insertar - UserForm**.
- En la ventana **Propiedades** del formulario, cambie la propiedad **(Name) a UsfEjercicio2**.
- En el **Cuadro de herramientas** seleccione el control **Cuadro de texto** y trácelo en el formulario.
- Inserte de la misma forma una **Casilla de verificación** y un **Botón de comando**.
- Modifique la propiedad **Caption** de la **Casilla de verificación** a **En minúsculas** y la del **botón de comando** a **Haga clic aquí**.

Haga doble clic en el **botón de comando** para acceder al código asociado y complete:

```
Option Explicit

'Ejercicio 2- Ir un poco más lejos
'Cree el formulario llamado UsfEjercicio2.
'
'Coloque un cuadro de texto, un botón de comando y una casilla
'de verificación en este formulario.
'Cuando se muestra el formulario, la casilla de verificación
'debe estar marcada (valor True) y 'la caja de texto debe contener
'el valor "Canadá".
'Cuando el usuario haga clic en el botón, debe aparecer un cuadro
'de diálogo que muestre el texto proporcionado, en minúsculas si
'la casilla está marcada, en mayúsculas si no lo está.
'
Private Sub CommandButton1_Click()
    MsgBox IIf(CheckBox1.Value, LCase(TextBox1.Value),
UCase(TextBox1.Value))
    On Error Resume Next
    Dim o As Integer
    o = 1 / 0
    MsgBox Err.Number
End Sub

Private Sub UserForm_Initialize()
    CheckBox1.Value = True
    TextBox1.Value = "Canadá"
End Sub
```

Q. Gestión de errores y depuración

1. Ejercicio 1: Reforzar los ejercicios precedentes

```
Option Explicit
'Reforzar los ejercicios precedentes
'En un esfuerzo por hacer más robustos los ejercicios de los capítulos
precedentes, he aquí algunas ideas.
'Capitulo 5 MsgBox InputBox - Ejercicio DialogoBasico:  asegúrese de que
'el usuario no introduzca un valor numérico ni una fecha.
Public Sub BlindarDialogoBasico()
    Dim Valor
    Valor = Application.InputBox("Buenos días. ¿Cómo se llama?")
    If Not IsNumeric(Valor) And Not IsDate(Valor) Then
        MsgBox Valor
    Else
        MsgBox "Ha introducido un valor numérico o una fecha", vbOKOnly
+ vbCritical
```

```
    End If
End Sub

'Capitulo 11 Cadenas de caracteres Ejercicio DescomponerUnaFecha:
'Asegúrese de que los caracteres pasados como parámetros permitan
'recuperarlos como una fecha válida.
Public Function Blindar TituloYFechaSPLIT(ByVal strEntrada As String, ByRef
strDevuelve As String) As Date

    If Len(strEntrada) <> 15 Then
        MsgBox "Longitud incorrecta"
        Exit Function
    End If
    Dim Matriz As Variant
    Matriz = Split(strEntrada, "_")
    strDevuelve = Matriz(0)

    Dim iAño As Integer, iMes As Integer, iDia As Integer
    If IsNumeric(Matriz(1)) And IsNumeric(Matriz(2))
And IsNumeric(Matriz(3)) Then
        iAño = CInt(Matriz(1))
        iMes = CInt(Matriz(2))
        iDia = CInt(Matriz(3))
    End If
    TituloYFechaSPLIT = DateSerial(iAño, iMes, iDia)
End Function
```

2. Ejercicio 2: Implementar una gestión de errores

```
'Implementar una gestión de errores
'Para el Ejercicio CrearRellenarYNombrarHoja del Capítulo 14 Manipular hojas
'de Excel: 'Implemente una gestión de errores que muestre al usuario si la
'hoja ya está presente en el libro.
Public Sub Blindar CrearRellenarYNombrarHoja ()
    Dim wsh As Worksheet
    Set wsh = Worksheets.Add
    On Error GoTo HojaYaExiste
    wsh.Name = "Hoja_Temporal "
Copia:
    Worksheets("Ejercicios_ManipulacionesCeldas").Range("A1:D1").Copy
wsh.Range("A2:D2")
    Exit Sub
HojaYaExiste:
    MsgBox "La hoja 'Hoja_Temporal' ya existe", vbOKOnly +
vbCritical
    GoTo Copia
End Sub
```

3. Ejercicio 3: Usar las funciones de control

```
'Usar las funciones de control
'Para el Ejercicio EtapasConmpletasLibro del Capítulo 15 Manipular los libros,
'Use las funciones vistas En este capítulo para asegurarse de que la celda
'utilizada para almacenar el nombre del archivo no está vacía antes de guardar
'el libro

Public Sub Bilndar EtapasCompleasLibro()
    Dim wbk As Workbook
    Dim wsh As Worksheet
    Set wbk = Application.Workbooks.Add
    Set wsh = wbk.Worksheets.Add
    wsh.Name = "Temp"
    If Not IsEmpty(ThisWorkbook.Worksheets
("Ejercicios_ManipulacionesLibro").Range("A1").Value) Then
        wbk.SaveAs ThisWorkbook.Path & "\" &
ThisWorkbook.Worksheets("Ejercicios_ManipulacionesLibro").Range("A1").Value &
".xlsx"
    Else
        MsgBox "La celda A1 de la hoja Ejercicio_ManipulacionesLibro
está vacía.",
vbCritical + vbOKOnly
    End If
End Sub
```

A

APLICACIÓN
Controlar una que no sea Excel........361
Ver también EXCEL

APPLICATION
advertencia: DisplayAlerts................270
Cerrar la aplicación Excel: Quit........269
Declarar la aplicación Excel..............268
Despliegue: DisplayXX, Visible.........270
DisplayFormulaBar...........................270
Ejecutar una nueva aplicación Excel o usar la actual.................................268
EnableEvents...................................272
EnableSound.....................................272
Explorador de archivos: GetOpenFileName...........................272
Habilitar eventos o sonidos.............272
Métodos...272
Modo de cálculo: Calculation...........271
Propiedad común a los objetos: Parent...269
Propiedades......................................269
Usar la aplicación Excel actual.........268
Visible..271

ARRAY
Ver MATRIZ

B

BOOLEANO
Tipo..98

BOTÓN
Ayuda..81
Clic...83
Mostrar...75, 76
predefinido...81
Responder a un clic............................83
Texto a la derecha..............................82

BUCLES
Definición..148
Do - Exit Do......................................156
Do Loop..150
Do Until..151
Do While...152
For - Exit For.....................................155
For Each Next...................................153
For Next..149
Infinitos...154
Salir...155
Situaciones de uso............................147
Superar la capacidad.........................155
Tipos..149
While Wend.......................................153

C

CADENAS
Borrar espacios de más: Trim()........181
Combinar funciones..........................183
Concatenar..173
Cortar en una matriz.........................182
InStr()..179
InstrRev()..180
Join()..183
LCase()...178
Left()..175
Longitud de una cadena: Len()........174
Mid()..177
Presencia de una subcadena en una cadena..179

Reagrupar en una matriz................182
Right()..176
Split()...182
UCase()..177

CELDAS
Activate..223
ActiveCell.....................................214
Address..218
Columnas y filas de celdas...............227
ColumnWidth.................................222
Copiar, cortar y pegar datos............223
Copy..223
Cut..224
Definir una propiedad.....................216
Desplazarse: Offset........................219
Font...219
Formato..219
Interior...220
Métodos.......................................222
Objeto Cells..................................213
Objeto y variable Range..................211
PasteSpecial..................................224
RowHeight....................................222
Seleccionar...................................215
Select...223
Target..215
Ubicación.....................................218
Value, Value2................................216

CÓDIGO
Comentario...................................348
Generalizar procedimientos
y funciones...................................349
Gestión de errores..........................334
InputBox.......................................84
MsgBox..71
Optimizar.....................................347
Reglas de escritura..........................66
Reutilizar......................................349
Rueda..349
Sangría..66

CONDICIONES
Condensadas.................................141
Else...137
ElseIf...137
Estructuras condicionales................135
If Then...136
IIf..141
Noción de prueba...........................135
Selección de casos - Select Case.......139
Select Case...................................139
Si Entonces - If Then......................136
Si no - Else...................................137
Si no Si - ElseIf..............................137

CONSTANTES
Convención de nomenclatura.........110
Office...109
Usuario...108

CONTROLES
Activo...323
Agregar..316
Agregar un valor: AddItem..............322
Botón de comando:
CommandButton............................322
Casilla de verificación: CheckBox....322
Convención de nomenclatura.........112
Cuadro combinado: Combobox.......321
Cuadro de lista: ListBox..................321
Cuadro de texto: TextBox................321
Etiqueta: Label...............................320
Marcada o no: Value.......................322
Propiedades comunes a
los controles..................................323
Rango de celdas de origen:
RowSource....................................321
Texto de la etiqueta: Caption...........321
Texto mostrado en el botón:
Caption...323
Ubicación y dimensiones.................323
Valor seleccionado en la lista: Value 322
Visible..323
Ver también FORMULARIOS

CONVENCIÓN DE NOMENTACLURA

Controles 112
Nombre único 109
Objetos Excel 113
Reglas generales 110
Variables y constantes 110

CORRECCIÓN DE LOS EJERCICIOS

Asignación de valores 374
Bucle Do Loop 383
Bucles For Next 381
Cadenas en mayúsculas o minúsculas 392
Columnas y filas de celdas 398
Compartir variables públicas 376
Concatenar cadenas 388
Condición condensada 381
Copiar de una hoja a otra 399
Copiar-pegar celdas 397
Crear gráficos sencillos 405
Crear una fecha y una hora 393
Crear, guardar y cerrar un libro 401
Declaración múltiple de variables 374
Declaraciones simples de variables 373
Ejecutar una nueva aplicación Excel 402
Escribir fórmulas en español 404
Escribir fórmulas en inglés 404
Escribir funciones 377
Escribir macros 375
Escribir procedimientos 376
Formulario básico 407
Función InputBox 373
Hoja activa 399
Implementar una gestión de errores 409
Ir un poco más lejos 407
Jugar con el color de las hojas 400
Mostrar la fecha y la hora actuales del sistema 392
Mover un gráfico 406
MsgBox 371
Número de hojas del libro 400
Obtener objetos activos 403
Operadores aritméticos 384
Operadores de comparación 385
Operadores lógicos 386
Organizar eventos 400
Partes de una cadena 389
Partes de una fecha 395
Personalizar el gráfico creado 406
Recorrer algunos archivos 403
Reforzar los ejercicios precedentes 408
Salir de un bucle 383
Según Valor 380
Si entonces 378
Si no Si 379
Si si no 378
Un poco de buen formato 396
Un poco de color 397
Usar las funciones de control 410
Usar ThisWorkbook 401
Valor en una celda 397

E

EDITOR DE VISUAL BASIC

Gestión de eventos 241

EJERCICIOS

Asignar valores 115
Booleano 115
Bucle Do Loop 158
Bucles For Next 157
Cadena 115
Cadenas en mayúsculas o minúsculas 187
Color de las hojas 245
Compartir variables públicas 130
Concatenar cadenas 184

Condiciones 142
Constante 115
Copiar de una hoja a otra 244
Copiar y pegar celdas 226
Correcciones 371
Crear gráficos sencillos 304
Crear una fecha y una hora 205
Crear, guardar y cerrar un libro 262
Declaraciones múltiples 114
Declaraciones simples 114
Ejecutar una nueva aplicación Excel 274
Escribir fórmulas en español 292
Escribir fórmulas en inglés 293
Escribir funciones 131
Escribir macros 130
Escribir procedimientos 130
Fecha 115
Formato de las fechas 207
Formulario básico 325
Función InputBox 91
Función MsgBox 88
Hoja activa 244
Implementar una gestión de errores 344
Ir un poco más lejos 325
Mostrar la fecha y la hora actuales del sistema 204
Mover un gráfico 306
Numérico 115
Número de hojas en su libro 245
Obtener objetos activos 274
Operadores aritméticos 166
Operadores de comparación 167
Operadores lógicos 168
Organizar eventos 246
Partes de una cadena 185
Partes de una fecha 206
Personalizar el gráfico creado 307
Recorrer algunos archivos 275
Reforzar los ejercicios precedentes 343
Salir de un bucle 158
Sumar fechas 205
Usar las funciones de control 344
Usar sus propias fórmulas 293
Usar ThisWorkbook 262
Valor en una celda 226

ERRORES
Admitir la existencia de errores 339
Anticipar: On Error 339
Blindar su código 337
CVErr 286
De compilación 332
De concepción 330
De ejecución 333
En el código 334
En fórmulas 329
En los formularios de usuarios 342
En VBA 330
ESERROR 286
Expresiones de Inspección 335
GoTo 339
IsError 286
Next 340
Números de error 287
Objeto error: Err 340
On Error GoTo 0 340
Option Explicit 330
Propios 334
Resume 339
Riesgos 337
SI.ERROR 286
Verificar tipo o valor 338

EVENTOS
Activar o desactivar: EnableEvents 242
Al cargar el formulario: UserForm_Initialize 324
Al hacer clic: Click 324
Al modificar: Change 324
Controles 317
Definir 240
Formulario 324
Gestión de eventos en el Editor de Visual Basic 241

Gestión en el Editor de Visual Basic ... 257
Libros ... 257
Módulos de clase ... 356
Para las hojas ... 242

EXCEL
Controlar ... 359
Formatos condicionales ... 359
Fórmulas ... 279
Gestión de errores ... 329
Mostrar un formulario de usuario ... 360
Personalizar la cinta de opciones ... 360
Proteger hojas y libros ... 360
Tablas dinámicas ... 359
Ver también APLICACIÓN

EXPLORADOR DE PROYECTOS
Ayuda ... 53
Barras de herramientas ... 52
Crear un formulario ... 314
Formularios ... 50
Libros y hojas ... 49
Menú ... 52
Módulos ... 50
Módulos de clase ... 51
Ventana Propiedades ... 51
Zona de edición ... 52

F

FECHAS
Año, mes o día de una fecha: Year(), Month(), Day() ... 197
Date() ... 193
DateAdd() ... 196
DatePart() ... 200
DateSerial() ... 194
DateValue(), TimeValue() y CDate() ... 204
Día de la semana de una fecha: WeekDay() ... 198
Format() ... 202
FormatDateTime() ... 201
Formatear el despliegue de la fecha en forma de texto ... 201
Gestión con VBA Excel ... 192
IsDate() ... 203
Now() ... 193
Numérica ... 195
Recordatorio ... 191
Suma y resta de fechas ... 195
TimeSerial() ... 194
Tipo ... 99, 192
Transformar un valor en fecha u hora ... 203
Ver también HORAS

FORMATOS DE ARCHIVO
Después de Office 2007 ... 43
xls ... 43
xlsb ... 44
xlsm ... 43
xlsx ... 43

FORMULARIOS
Agregar controles ... 316
Cerrar ... 320
Controles ... 320
Crear ... 313
Definición ... 311
Dimensionar ... 314
Eventos de los controles ... 317
Forzar al usuario a elegir ... 343
Gestión de eventos ... 324
Gestionar errores ... 342
Guiar al usuario ... 343
Modal o no ... 319
Mostrar ... 318
Ocultar ... 319
UserForm ... 311
Validar datos ... 342
Ver también CONTROLES

FÓRMULAS
Average 290
BUSCARH 290
BUSCARV 290
Calcular una hoja, calcular un libro: Calculate 291
Errores en la salida 280
Escribir una fórmula en una celda ... 282
Formato regional 284
FormulaLocal 284
Gestión de errores 286
HLOOKUP 290
Matriciales: FormulaArray 285
MAX 290
MIN 290
Ocultar: FormulaHidden 285
Opciones de cálculo en VBA: Calculation 291
Pestaña 279
Promedio 290
Propiedades 284
Referencia relativa: FormulaR1C1, FormulaR1C1Local 285
Usar fórmulas de Excel: WorksheetFunction 289
Usar sus propias funciones 288

FUNCIONES
Ámbito 124
Declarar 121
Ejecutar desde el VBE 63
Llamar 121

G

GRABADORA DE MACROS
Acciones 36
Código generado 281
Detener 37
Errores 41
Iniciar la grabación 34
Pestaña Programador 31
Serie de acciones 34
Usar 280
Usar para crear un gráfico 303
Usar su código 349
Utilidad 33

GRÁFICOS
Capa de diseño: Shape 298
ChartTitle 301
ChartType 300
Colección Charts 299
Crear 299
En Excel 297
HasAxis 300
HasLegend 301
HasTitle 300, 301
Hoja del gráfico: ChartObject 299
Jerarquía de los objetos Shape, ChartObject y Chart 298
Legend 301
Rango de datos de origen: SetSourceData 300
Ubicación 302

H

HOJAS

Add....232
BeforeDoubleClick....243
BeforeRightClick....243
Colección de hojas de un libro:
Worksheets....231
Comparar datos....244
Copiar de un hoja a otra....243
Count....232
Delete....232, 233
Eventos....240
Hoja activa: ActiveSheet....234
Mostrar la lista de hojas....231
Move....233
Name....236
Names....238
Objeto Hoja de cálculo: Worksheet....233
PageSetup....238
Principales propiedades....236
PrintOut....239
Proteger....360
Range....237
Select....239
Visible....237
Worksheet_Activate
y Worksheet_Deactivate....242
Ver también WORKSHEET

HORAS

Horas, minutos y segundos de
una fecha: Hour(), Minute()
y Second()....199
Recordatorio....191
Ver también FECHAS

I

ICONO

vbCritical....78
vbExclamation....78
vbInformation....79
vbQuestion....79

INPUTBOX

Application.InputBox....84
Ayuda....86
Diálogo básico....84
Propiedades....85
Texto y título....85
Type....86
Valor devuelto....87
Valor predefinido....86
VBA.InputBox....84

L

LIBROS

Activate....256
ActiveWorkbook y ThisWorkbook....253
Add....250
BeforeClose....259
BeforeSave....258
Close....252
Colección de libros de la aplicación:
Workbooks....249
Conocer el número de libros abiertos:
Count....250
Deactivate....260
En la interfaz VBE....252
Eventos....258
FullName....255
Manipular datos de varios libros....261
Mostrar la lista....249
Name....255

Names 255
Open 251, 258
Path 255
Principales propiedades 255
PrintOut 257
Proteger 360
Save 256
SaveAs 256
Sheets 255
Workbook_NewSheet 260
Ver también WORKBOOK

M

MACROS
Declarar 122
Ejecutar 37
Ejecutar desde VBE 62
Formatos del archivo 43
Grabar 34
Llamar 122
Ver GRABADORA DE MACROS

MATRIZ
Array 107
Concepto 103
Declarar 103
Erase 107
Límites 106
Multidimensional 104
Option Base 106
Preserve 105
Tamaño dinámico 104
Tamaño fijo 103

MÉTODOS
Activar y seleccionar una celda 223
Combinar o separar celdas 225
Definición 222
Hoja 239
Módulos de clase 355
Principales métodos de un libro 256

MÓDULOS DE CLASE
Agregar 354
Definición básica 353
Eventos 356
Get 354
Let 355
Métodos 355
Propiedades 354
Set 355
Usar 356
Variables 354

MSGBOX
Botones 74
Despliegue básico 72
Despliegue multilíneas 74
Iconos 78
Título 80

N

NOMENTACLURA
Ver CONVENCIÓN DE NOMENTACLU-RA

NUMÉRICOS
Valores decimales 97
Valores enteros 96

O

OBJETO
ActiveXX 269
Application 267
Cells 213
Chart 299
Err 340
Range 211

OBJETOS EXCEL
Convención de nomenclatura 113

OPERADORES
And 164
Aritméticos 161
Asignación = ... 161
Comparación 163
División / 162
División entera \ 162
Exponente ^ 162
Like 180
Like e Is 163
Módulo mod 162
Multiplicación * 162
Not 164
Or 164
Prioridad 165
Resta - 162
Suma + ... 162
Xor 165

OUTLOOK
Crear y rellenar un correo electrónico de Outlook 362

P

PARÁMETROS
ByRef 126
ByVal 126
Diferencias entre ByRef o ByVal 126
Llamar 128
Opcionales 127
Pasar por referencia 126
Pasar por valor 126
Sintaxis general 125

PROCEDIMIENTOS
Ámbito 124
Declarar 119
Ejecutar desde VBE 62
Llamar 120

PROGRAMACIÓN VBA
Ejecutar un programa 61
Funcionar 27
Gestión de errores 330
Gestión de fechas 192
Optimizar 27
Refactorizar 27
Ver también CÓDIGO

PRUEBAS
Ver CONDICIONES

R

RANGO
Asignación 212
Declaración 212
Uso 212

T

TEXTO
Tipo 98

TIPO DE DATOS
Convertir 102

V

VARIABLES
Ámbito 122
Asignar un valor 101
Constantes 108
Convención de nomenclatura 110
Declaración múltiple 100
Declarar 95
Definiciones 95
Duración de vida 124
Leer su valor 101
Matriz 103
Módulos de clase 354
Range 212
ReDim 105
Reglas de nomentaclura 109
Tablas 103
Tipo Variant 99
Tipos de datos 96
Tipos numéricos 96
Verificar los valores 334

VBA
Comentarios 40
Fórmulas 280
Ver también PROGRAMACIÓN VBA, VBE

VBE
Acceder 47
Accesibilidad 57
Barra de herramientas Edición 56
Configurar el entorno 55
Ejecutar un procedimiento o una macro 62
Ejecutar un programa 61, 62
Entorno de programación 48
Explorador de proyectos 49
Hojas de cálculo 233
Modo paso a paso 64
Puntos de interrupción 65
Ventana Inmediato 55
Ventana Inspecciones 55
Ventana Propiedades 49

W

WORD
Crear y escribir en un documento de Word 361

WORKBOOK
Asignar 254
Declarar 253
Objeto libro 252
Ver también LIBROS

WORKSHEET
Asignar 234
Declarar 234
Ver también HOJAS

WORKSHEETFUNCTION
Miembros de la propiedad 289
Propiedad 289

eni